交通技术精品著作系列

交通出行行为分析
选择行为建模及应用

景鹏 著

机械工业出版社

本书立足于选择行为基本理论的介绍，深入解析估计算法的原理和实现，基于交通行为实证数据，解释估计结果和可能的应用。从模型使用全过程角度，即基本原理、估计方法、软件命令、编程实现、结果解释这五个层面，将行为选择模型的研究成果以及在交通出行行为领域的应用展现在读者面前，使读者能更好地使用选择行为模型来解释在社会和经济环境中人们的各种行为。

本书适合从事交通行为研究的学者、研究生和高年级本科学生，以及对公共交通政策制定和评估有兴趣的相关人员阅读使用。

图书在版编目（CIP）数据

交通出行行为分析：选择行为建模及应用/景鹏著．—北京：机械工业出版社，2022.5

（交通技术精品著作系列）

ISBN 978-7-111-70575-8

Ⅰ. ①交… Ⅱ. ①景… Ⅲ. ①交通运输管理-研究 Ⅳ. ①F502

中国版本图书馆 CIP 数据核字（2022）第 064304 号

机械工业出版社（北京市百万庄大街 22 号　邮政编码 100037）
策划编辑：李　军　　　　　责任编辑：李　军　丁　锋
责任校对：樊钟英　刘雅娜　　封面设计：马精明
责任印制：单爱军
北京虎彩文化传播有限公司印刷
2022 年 7 月第 1 版第 1 次印刷
169mm×239mm・18.25 印张・2 插页・375 千字
标准书号：ISBN 978-7-111-70575-8
定价：169.00 元

电话服务　　　　　　　　　网络服务
客服电话：010-88361066　　机 工 官 网：www.cmpbook.com
　　　　　010-88379833　　机 工 官 博：weibo.com/cmp1952
　　　　　010-68326294　　金　书　网：www.golden-book.com
封底无防伪标均为盗版　　　机工教育服务网：www.cmpedu.com

前　　言

　　选择行为模型，即离散选择模型（Discrete Choice Model，DCM）是计量经济学中的重要组成部分。近年来，随着对人类及人们之间相互关系行为研究的重视，选择行为模型在科研和工程实践中的应用越来越广泛。特别在交通运输领域，针对个体出行行为的研究已经越来越深入。通过对交通出行选择行为的分析，可以对群体的交通决策做出客观的描述、深入的解释、合理的预测以及科学的引导，这对于交通需求政策、交通管理策略以及各种交通措施的有效实施，都具有非常重大的理论与实践意义。

　　国外已经有不少优秀的书籍对选择行为的基本原理、形式和方法进行了介绍，但这些介绍更多体现在理论层面。如何根据实证数据、统计软件将行为选择的原理和公式转化为可直接使用的程序命令，这是许多初次接触选择行为模型的学生和学者较为头疼的问题。选择行为模型的使用遵循原理理解、估计算法和应用解释这三个步骤，现有相关书籍大多对第一个步骤进行了重点介绍。从模型原理推导出估计公式，根据统计软件实现参数估计，根据对参数的估计结果进行解释，只有对这一过程有较为全面的把握，才能熟练地将模型灵活应用在各种行为选择的具体场景。特别在基于统计软件实现参数估计的环节，当前仅在软件的说明书和一些零散的教程及文章中有所体现，和选择行为模型原理的介绍相比，较为散乱和不成体系。另外，很多经典的选择行为模型可以直接通过统计软件的集成命令来实现估计。这虽然方便了使用者，只需要知道输入数据格式和如何解读结果即可，但这些命令封装了模型估计算法实现的过程，对于需要深入研究选择行为模型的内在机理，并希望进一步推动模型改进和发展的学者而言，这种封装的方式反而限制了他们对新兴模型的探索兴趣。

　　因此工具软件不仅需要对选择行为模型有很好的适用性，还要进一步解析估计算法在软件中的实现途径和原理。本书选择 STATA 作为对选择行为模型的估计工具，原因如下：

①STATA非常小巧，并且对计量模型有较好的扩展性、兼容性和可编程性；②版本更新稳定，能及时把一些新出现的模型纳入软件中；③STATA主要采用命令行方式，比以图形界面为主的软件要方便很多，可以通过鼠标单击选择来建模；④说明书非常细致，甚至在一定程度上可以作为计量统计的教科书，对命令不仅有基础性的描述和参数解释，并且对内在的数学原理和公式也有详细的阐述，并给出参考文献；⑤STATA还定期出版 The Stata Journal 期刊，介绍新的模型和算法，其中很多文章由STATA开发者撰写，很有参考价值，并且该期刊为SCI检索源期刊。

本书立足于选择行为基本理论的介绍，深入解析估计算法的原理和实现，基于交通行为实证数据，解释估计结果和可能的应用。从模型使用全过程角度，即基本原理、估计方法、软件命令、编程实现、结果解释这五个层面，将行为选择模型的研究成果以及在交通出行行为领域的应用展现在读者面前，使读者能更好地使用选择行为模型解释在社会和经济环境中人们的各种行为。

本书是国家自然科学基金面上项目（编号：71871107）的阶段性成果，出版得到了国家自然基金委的资助，在此表示感谢。本书如有错误或不当之处，请不吝指出，以期日后更正，谢谢。

景鹏

jingpeng@ujs.edu.cn

于江苏大学汽车与交通工程学院

目 录

前言
第1章 选择行为 ·· 1
  1.1 概述 ·· 2
  1.2 行为研究范式 ··· 3
    1.2.1 行为研究的特色及分支 ··· 3
    1.2.2 行为研究过程 ·· 3
    1.2.3 行为心理测量的方法 ··· 4
  1.3 行为研究中的概念 ··· 4
    1.3.1 行为统计的基本概念 ··· 5
    1.3.2 行为科学中的变量和测量 ··· 8
  1.4 交通行为选择 ··· 11

第2章 交通行为的线性回归模型 ··· 14
  2.1 类别变量作为自变量的处理 ··· 16
  2.2 虚拟变量的解释和因子变量 ··· 19
  2.3 多元回归中的虚拟变量 ··· 22
  2.4 多元回归中的交互项 ·· 24
    2.4.1 分类变量和连续变量的交互 ·· 25
    2.4.2 连续变量之间的交叉 ·· 33

第3章 离散选择和效用理论 ··· 35
  3.1 离散选择模型概述 ·· 36
  3.2 线性回归模型的转换 ··· 37
  3.3 效用理论 ·· 41
    3.3.1 效用的可观测项 ·· 42
    3.3.2 通用参数和选项相关参数 ·· 42
    3.3.3 选项相关常数 ··· 44
    3.3.4 无选项和保持现状 ··· 44
    3.3.5 个体特征和决策环境要素 ·· 45
  3.4 效用函数中的变量转换 ·· 48
    3.4.1 交互效应 ··· 49
    3.4.2 虚拟和效应编码 ·· 49
  3.5 离散模型小结 ·· 52

第4章 基于效用理论的选择行为建模 ··· 53
  4.1 效用的尺度 ··· 54

V

- 4.2 效用的随机项 ………………………………………………………………… 55
- 4.3 probit 模型 …………………………………………………………………… 56
  - 4.3.1 二项 probit 模型 …………………………………………………………… 56
  - 4.3.2 多项 probit 模型 …………………………………………………………… 57
- 4.4 logit 模型 ……………………………………………………………………… 59
  - 4.4.1 模型概述 …………………………………………………………………… 59
  - 4.4.2 logit 模型的推导 …………………………………………………………… 61
  - 4.4.3 logistic 分布 ………………………………………………………………… 64
- 4.5 probit 模型和 logit 模型的比较 ……………………………………………… 65
- 4.6 logit 模型小结 ………………………………………………………………… 66

第 5 章 选择模型的估计 ……………………………………………………………… 67
- 5.1 极大似然估计 …………………………………………………………………… 68
- 5.2 选择行为模型的极大似然估计 ………………………………………………… 71
  - 5.2.1 二项 probit 模型的似然函数 ……………………………………………… 71
  - 5.2.2 二项 logit 模型的似然函数 ………………………………………………… 72
- 5.3 用 ml 命令进行极大似然估计 ………………………………………………… 73
  - 5.3.1 似然函数的进一步整理 …………………………………………………… 74
  - 5.3.2 正态分布参数的对数似然函数程序 ……………………………………… 75
  - 5.3.3 二项 probit 模型的极大似然估计 ………………………………………… 80
  - 5.3.4 二项 logit 模型的极大似然估计 …………………………………………… 82
- 5.4 和极大似然估计相关的统计检验 ……………………………………………… 86
  - 5.4.1 似然值回顾及检验思路 …………………………………………………… 87
  - 5.4.2 似然比检验 ………………………………………………………………… 88
  - 5.4.3 Wald 检验 …………………………………………………………………… 91
  - 5.4.4 拉格朗日乘数检验 ………………………………………………………… 92
  - 5.4.5 关于三种检验的总结 ……………………………………………………… 93

第 6 章 交通二项选择模型 …………………………………………………………… 94
- 6.1 二项选择模型理论 ……………………………………………………………… 95
- 6.2 二项选择模型的估计命令 ……………………………………………………… 98
- 6.3 logit 模型估计举例 ……………………………………………………………… 100
  - 6.3.1 样本数据集描述 …………………………………………………………… 100
  - 6.3.2 建立模型及估计 …………………………………………………………… 101
  - 6.3.3 模型的结果解读 …………………………………………………………… 102
  - 6.3.4 胜率比的解释 ……………………………………………………………… 105
- 6.4 二项选择模型估计后分析 ……………………………………………………… 109
  - 6.4.1 假设检验 …………………………………………………………………… 109
  - 6.4.2 模型的预测 ………………………………………………………………… 113
  - 6.4.3 拟合优度 …………………………………………………………………… 122

第7章 二项选择模型估计结果 130
7.1 边际效应概念和种类 131
7.1.1 边际变化 132
7.1.2 离散变化 133
7.2 边际效应的计算 134
7.2.1 均值处边际效应（MEM）............ 134
7.2.2 特定值处的边际效应（MER）............ 134
7.2.3 平均边际效应（AME）............ 134
7.3 边际效应举例模型 135
7.4 均值处边际效应 136
7.4.1 均值处的边际变化 136
7.4.2 均值处的离散变化 140
7.5 平均边际效应 145
7.5.1 平均边际效用的边际变化 145
7.5.2 定值处平均边际效应的离散变化 147
7.5.3 样本观测值处平均边际效应的离散变化 150
7.6 边际效应的分布 151
7.6.1 用predict计算边际变化的分布 152
7.6.2 用predict计算离散变化的分布 154
7.6.3 用自定义的margdis命令计算边际效应的分布 156
7.7 边际效应的绘图 165
7.7.1 确定连续变量的范围 166
7.7.2 拟合模型，用margins命令预测概率值 166
7.7.3 用marginsplot命令绘制图形 167

第8章 多项选择模型 171
8.1 多项选择模型的表达 172
8.2 多项logit模型及特性 174
8.3 mlogit估计命令及结果解释 175
8.3.1 mlogit命令举例说明 176
8.3.2 假设检验 184
8.3.3 模型估计结果的解释 188
8.4 选择样本数据集 193
8.4.1 选择数据集的整理 194
8.4.2 选择数据集的定义 200
8.4.3 选择数据集的描述性统计 201
8.5 条件logit模型 204
8.5.1 cmclogit命令 205
8.5.2 clogit命令 220

第 9 章　巢式 logit 模型 ……………………………… 223
9.1　巢式 logit 模型的推导 ……………………………… 224
9.2　估计命令 nlogit ……………………………… 226
9.2.1　数据集描述 ……………………………… 226
9.2.2　模型的拟合 ……………………………… 229
9.3　IIA 特性的检验 ……………………………… 233
9.3.1　mlogit 模型的检验 ……………………………… 234
9.3.2　clogit 模型的检验 ……………………………… 235

第 10 章　混合 logit 模型 ……………………………… 238
10.1　混合 logit 模型的推导 ……………………………… 239
10.2　估计命令 cmmixlogit ……………………………… 241
10.2.1　积分点的设置 ……………………………… 244
10.2.2　边际效应的计算 ……………………………… 245
10.2.3　随机系数的相关性 ……………………………… 246

第 11 章　潜在类别模型 ……………………………… 248
11.1　标准潜在类别模型 ……………………………… 249
11.2　出行模式的数据描述 ……………………………… 251
11.3　模型拟合和类别选取 ……………………………… 254
11.3.1　建立潜在类别模型 ……………………………… 254
11.3.2　模型拟合命令 ……………………………… 255
11.3.3　拟合优度和类别选取 ……………………………… 261

附录 A　STATA 软件基础 ……………………………… 264
附录 B　STATA 命令详解 ……………………………… 272
参考文献 ……………………………… 283

第1章 选择行为

1.1 概述

人在生活过程中，总是要做出各种选择行为。为什么会有选择行为的存在？我们不是为了去做选择而选择，而是希望能达到某个目标、实现某个愿望、满足某个需求。为达到这样一个目的，首先要有一个期望，继而做出一些事情往期望的结果努力。在进行每一件事情之前、之中，都会面临着很多选择，并且这些选择是有边界的，也就是会在受到各种外在和内在条件约束的前提下，反复考虑每一种选择的可能性以及能给自己带来的满意（satisfaction）程度。比如，在考大学填报志愿时，目标是能上大学，希望通过大学的学习和经历，实现掌握基本的知识体系、培养独立思考的习惯、锻炼处事的能力等目标。在选择具体的志愿学校时，一般会充分考虑自己的成绩、专业兴趣、大学区位等因素的约束，选择一个让自己甚至家人最满意的学校。又比如，大学生毕业后工作了，要买一辆汽车，脑海中首先会有一个期望，我想要一辆什么样的车。有了车以后，能够满足我什么样的需求。根据经验和喜好，开始在众多的品牌和型号中进行挑选，最终要在一定的约束下，实现需求和车辆特性之间的匹配。这里的约束主要指金钱、时间等。当然，期望和需求也会随着见识的增长发生动态的变化。总结一下，选择本身不是目的，而是先有一个目标，围绕目标形成一个期望，为了达到期望需要去做选择，选择过程受到外界条件的制约和期望目标的引导，最终对选择结果进行评估。完成一个选择行为，有目标、约束、满意度这三个基本要素。

目标有长有短、有大有小。满足每天生活所需的目标，如出门交通工具的选择、早中晚餐的选择、购买日常用品的选择等，具有频率高、重复性的特点，是一种习惯性（habitual）的选择行为。在小学四年级的时候，我和爷爷奶奶住在传统的四合院中，房屋是木质结构。后来发现白蚁，房屋变成危房需要改造，全家只好临时住在爷爷工作单位的仓库里。刚搬家时的一天下午放学，我可能在胡思乱想，完全没有意识，一直快走到四合院门口，才猛然惊醒往回走。这就是习惯的力量。还有一些目标，需要较为长期的筹备或考虑，才能做出决定，如购车、买房、填报高考志愿等，可以归为一次性决定（once-off decision）。

无论目标是什么类型，人们在做出选择的决策过程中，通常是在各种选项（alternative）之间反复权衡。这些选项的集合，称为选择集（choice set）。比如，每天早晨出门和不出门，是一个选择集；出门所能使用的各种交通工具，构成了另一个选择集。在行为选择建模和分析中，明确选择集的边界、范围或数量是至关重要的第一步。选择集中每一个选择项，都会具有一些固有的属性（attributes），如出行方式选择中，乘坐每种交通方式的价格、时间、舒适性等。这些属性正是在决策过程中权衡考量的因素。除了选项自身的特征以外，决策者在考虑过程中还会关注选择行为个体自身的属性，如年龄、性别、职业、收入等，这些称为社会经济特征（socio-economic characteristics，SECs）。

到现在为止，我们知道行为选择会有目标、约束和满意度，并且根据目标的类型，可以将选择分为习惯性和一次性两类。在选择的过程中，会权衡各种选项的属性以及行为个体的自身特征。那么如何将这些信息整合起来，形成一套科学的理论框架，能够客观地描述过去行为选择的过程、合理地解释选择行为的内在机理、准确地预测不同选择环境下决策的结果、有效实现选择行为的引导，就是行为选择分析重点需要考虑的问题，这也非常符合心理学研究的范式。

1.2 行为研究范式

1.2.1 行为研究的特色及分支

人的行为源于心理，心理学的四个要素为科学（scientific）、行为（behavior）、个体（individual）和心理活动（mental）。心理学是一门科学，需要有科学的方法和原则去收集客观的数据（证据）作为基础来进行研究。心理学研究的主题是人类或动物表现出来的行为，即有机体适应环境的形式。心理学研究的对象通常是个体，可以是处于各种状态下的人或其他生物。心理活动是心理学研究的核心，因为心理活动对外在行为有不可忽视的影响。在社会科学中，心理学家关注个体行为，社会学家关注群体行为，人类学家关注不同文化环境中行为的差异。

心理学的目标是描述、解释、预测和控制行为。描述是对行为的客观刻画，解释是找出发生行为的潜在原因，预测是理解潜在原因后对未来行为发生可能性的判断，控制是支配行为是否发生，如何启动、维持和停止行为，影响行为的强度和发生频率等。

现代心理学有七种观点，每一种对行为的看法、行为决定的因素、研究的焦点以及基本研究方法都不同。心理学家又细分为很多种，和交通行为有关的可能为社会心理学家（Social psychologists）、定量心理学家（Quantitative psychologists）、心理测量学家（Psychometricians）、数学心理学家（Mathematical psychologists）。社会心理学家研究人们在社会群体中如何发挥作用，以及人们选择、解释及记忆社会信息的过程。定量心理学家和心理测试学家（心理计量学家）开发和评估新的统计方法、构建和验证测量工具。数学心理学家开发数学公式用以精确地预测行为和检验比较不同的心理学理论。

1.2.2 行为研究过程

行为研究过程依次有个七个阶段。

第一个阶段为观察（observation）。通过观察提出和心理行为相关的问题，比如为什么收入高的人愿意选择小汽车出行。在该阶段，可以获取丰富的信息，来形成理论来解释现象或行为。理论是一系列概念的集合，其核心为决定论（determinism），即行为都是由特定的心理因素所决定或导致的。这种行为和心理因素之间规律性的因果关系就构成了心理学理论。

第二个阶段为假设（hypothesis）。当要构建一个新的心理理论来解释行为或现象时，需要试探性给出心理因素之间的因果关系。编程中的 if...then... 就是典型的假设判断。比如我们假设收入高的群体对舒适性有更高的要求，小汽车的舒适性在城市内交通方式中较高，所以提出假设，如果个体对舒适性更为看重，那么有更多的可能选择小汽车出行。假设如何来验证，就要依赖科学的方法。

第三个阶段为设计（design）。设计科学的方法来验证假设是否成立。

第四个阶段为分析（analysis）。通过设计的科学方法，收集到足够的数据，通过分析这些数据来得到结论，即理论在什么样的范围和条件下是有效的。

第五个阶段为发布（report）。

第六个阶段为讨论（discussion）。就发布的问题，研究者表明意义、局限和展望。

第七个阶段为深化（act）。就问题展开深入的研究。

1.2.3 行为心理测量的方法

想要客观、准确地测量人们复杂多变的心理活动是比较困难的事情。在心理学中有许多种特点各异的测量方法，力图完成这个困难的任务。在收集数据阶段，通常用自我报告法（self-report）。在评估观测的准确性和客观性时，通常用信度（reliability）和效度（validity）两个指标。

行为研究经常要了解人们的内部心理状态，比如态度（attitude）、信念（belief）、感受（feeling）。这时往往采用自我报告的方法，也就是通过文字或语音让被调查者回答研究者提出的一系列问题。具体包括问卷调查（questionnaire）和访谈（interview）两种方法。为了保证数据的信度和效度，问卷调查一般采用标准化的量表。访谈则不一定标准化，可以根据访谈的实际情况围绕要研究的主题变化问题。自我报告方法存在着较大的局限，比如无法言语、有心理障碍、语言差异、调查时的情境、调查时的社会期望等。

在获取数据后，需要用信度和效度来检验数据是否可靠和有效。信度指获取的行为数据是否具有一致性或可靠性。可靠性的意思就是心理测量的结果是否具有可重复性。比如对于不同的样本，相同的问卷测量出的结果不应该有很大的差异。效度指行为数据是否准确测量了心理变量或活动。这里的准确，指个体在大多数情境下有一致的回答。

1.3 行为研究中的概念

我们研究行为决策的目的是客观地描述行为现象，能够解释、预测甚至诱导行为。统计科学能够使研究者基于客观的信息和数据，采用科学的方法去描述和解释研究对象，并得到合理可靠的结论。显然，统计学是研究者探索人们行为的有力工具。

1.3.1 行为统计的基本概念

本部分介绍行为统计学的基本术语概念，如总体、样本、参数、统计量以及这些概念之间的关系。给出描述性统计和推论统计的概念，举例说明样本误差的含义。

1. 统计（statistics）的概念

比如课堂记笔记有两种行为选择：用纸质笔记本和用计算机（或平板）记录。如果要研究哪一种方式更能迅速、准确地记录下课堂讲授的知识，并能显著提高学习效果，就需要了解学生的学习习惯、记笔记的速度、用笔整理信息的能力、用计算机整理笔记的能力、课堂表现和课程成绩等信息。这些信息如同做菜的素材一样，会非常繁杂，那么怎么才能利用好这些信息，做出一道色香味俱全的菜肴呢？可以通过统计学，把特定的信息整理汇总后输入到统计模型或方法中，通过解读输出结果，就实现了对这些信息的分析和解释，最终得到一个科学合理的结论。

从这个角度来说，统计学（statistics）就是一套用于组织、整理和解释信息的数学方法或流程。

换句话说，统计学能确保用准确有效的方法去提炼信息，相当于能从混乱中提炼规则。另外，我们接触到的都是学术界公认的统计方法，这样使得不同的行为研究者能够迅速而充分地理解各种研究成果，共同推动对某一类行为认识的深入。如同做菜的流程标准化后，才能推广。

2. 总体（population）和样本（sample）的概念

行为科学研究的对象往往是特定的群体。比如想要知道影响老年人出行方式选择行为的因素，那么研究者针对的就是老年人群体。为了能够了解通勤公交方式出行时间的分布，需要针对所有上下班出行选择公交方式的出行者。用统计学的术语来说，这些研究者针对的群体，就是总体。所以总体就是在特定研究中涉及所有个体的集合。

实际上，总体根据研究的需要，可以非常大，也可以非常小，完全由研究者自己来定义。比如研究一个城市的交通活动模式和特征，要进行居民出行调查，其总体就是城市所有的居民，包括常住和流动人口。显然调查一个城市所有居民在同一时间段内的交通活动行为成本非常巨大，所以我们往往选择其中一部分居民，作为调查研究的对象。这部分选出来的居民，在统计学中称之为总体的样本。再比如有外星人到达地球，想要了解人类这个物种，他们不可能把所有的人类抓捕起来研究，只可能选取个别的人，希望通过对这些个别人的分析，来了解人这个总体的概念。所以样本就被定义为从总体中选择出来的个体的集合，通常用于在研究中代表总体。

这里需要注意的是样本和总体之间的关系，样本相当于总体的子集，从总体中选择而来，并且研究者通过对样本的研究，目的在于使得研究成果能够推广到整个总体，如图 1.1 所示。

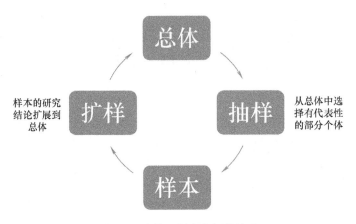

图 1.1　总体和样本之间的关系

3. 变量（variable）和数据（data）的概念

总体或样本中个体的特征，或者是外在的环境因素，都有可能影响人们的行为。比如具有不同的性别或年龄的个体，也往往具有不同的驾驶行为模式。天气的变化，可能使人们开车的行为发生改变，雨天可能会使人们开车更为谨慎，导致交通流缓慢，这是拥堵的一大诱因。这些变化的特征或因素就是变量。变量就是个体变化的特征或者能够改变的环境要素。举例来说，在行为科学中，变量可以是个体的性别、年龄、身高、体重、个性等，也可以是温度、时间、空间等外在要素。

变量的变化，体现在数据（data）或得分（score）的差异。数据来源于每一次的观测或测量。一个数据集就是多次观测或测量结果的集合。

这里值得注意的是，原来的总体和样本是基于个体定义的。由于研究者往往关注于从个体上测量出的数据，所以总体和样本也可以指对应于个体的总体数据集和样本数据集。

4. 参数（parameter）和统计量（statistic）

样本是总体的一个子集，一个总体可以有无数个子集，也就是无数个样本。总体和样本中每个个体的特征以及影响这些特征的外在环境要素称为变量。个体特征的度量值集合称为数据。对样本或总体某些变量数据的整体特征描述，如均值，分别称为统计量和参数。参数就是描述总体的数值，通常来源于对总体中个体特征的度量。统计量是描述样本的数值，来源于对样本中个体特征的度量。一个总体中可以有无数个样本，总体的某个参数也就对应着无数个统计量，通过研究两者之间的关系，可以从统计量推断出我们感兴趣的参数。

5. 描述性统计（descriptive statistics）和推论性统计（inferential statistics）

尽管统计学中方法繁多，但总的可以分为两大类，即描述性统计和推论性统计。描述性统计就是用简要、概括性的方式表达数据的统计学方法。这里的概括性指用图表，从较为宏观的尺度去描述数据的特性。推论性统计是利用样本数据来推断出总体特征的统计学方法。

如前文例子，总体有可能非常巨大，我们无法度量总体中每一个个体的特征。所以，我们从总体中选出子集——样本来代表总体，并且希望通过对样本的研究，能够了解总体的特性。结合前面的概念，用统计术语来说，就是用样本统计量推断总体参数。然而问题是样本只是总体的部分，只包含了总体的部分信息，无法精确刻画总体的全部。用术语来说，样本统计量和总体参数之间存在差异，这个差异称之为样本误差（sampling error）。

比如，将全班同学作为一个总体，分为两等份，即有两个样本。计算每个样本中个体年龄的均值（可以用年龄乘以365加上生日的天数）以及总体年龄的均值。显然样本1的均值、样本2的均值和总体的均值之间可能都会存在差异，样本和总体均值之间的差异就是样本误差。这种误差可能是各种随机因素导致。

用上文做课堂笔记方法的例子做一个引申。假设将学生随机分为两个群体，分别采用纸质笔记本记笔记和计算机记笔记，期末测试发现，用计算机记笔记的同学成绩均值要比另外一组高3分。那么这3分，如果是样本误差，则两种学习方法就没有真正的差别；如果不是样本误差，那可能表明确实学习方法有差异。判断这3分是否属于样本误差，就非常有意义，这也是推论统计要回答的问题。

6. 相关性的数据结构和研究方法

很多行为研究中希望了解两个或以上变量之间的关系。比如经常玩暴力游戏的青少年是否在实际生活中表现出更多的攻击性行为？大学生的睡眠时间和学习成绩之间是否有关联？显然这要通过调查和观测获取数据，再利用统计学的方法进行判断。和相关性相关研究的数据有两种结构，对应有不同的统计学方法。

（1）使用相关性方法（correlational method）处理每个个体各个变量的测量值

以大学生起床时间和学习成绩之间的关系为例，我们可以调查一群学生每个人的日常起床时间和期末的绩点，这样对每一个学生，我们就有时间和成绩两个数值。如果学生数，即样本数足够，可以绘制出关于时间和成绩的散点图，观察这两个变量之间变化的趋势，也可以用相关性方法分析这两个变量之间相关的程度。

需要注意的是，这里的相关性分析仅能给出变量之间是否具有关联性，并不能确定变量之间的因果关系。比如在上例中，虽然通过相关性分析发现起床晚的学生绩点相对要低，但不能就此判断是因为起床早就会导致成绩高，也不能说因为绩点高会导致起床早。可能还有很多其他因素导致了学习成绩的变化。如果想要了解变量之间的因果关系，就要用到实验性方法。

（2）使用实验性方法（experimental method）或非实验性方法（nonexperimental method）处理多个类别变量的相关性

在大学生起床时间和学习成绩的例子中，仅测量了每个大学生的两个变量。实际上，大学生本身有不同的特征，比如可以按照性别将大学生分组，然后再考虑不同组别的起床时间和学习成绩的关系。再比如，以10岁的男孩为研究对象，随机将男孩分为两组,让一组去玩有暴力画面的游戏,另一组玩没有暴力画面的游戏,然后观测两组男孩在实际行为中的暴力倾向性是否有差异。实验性方法和非实验性方法就是用来研究这种具有分组变量的相关性。这两种方法的区别在于,前者可以解释变量的因果关系,即一个变量的变动会导致另一个变量的变化;后者只能说明两个变量有关联性,即当一个变量变化了,另一个也会变化,但无法知晓两个变量的变化是否为因果关系。

在使用实验性方法时,有两个基本特征,分别是可操纵性(manipulation)和可控制性(control)。可操纵性是指研究者能够改变个人的某一个变量值,然后观察在不同变量值前提下,其他变量的变化。比如在研究男孩玩暴力游戏和暴力行为之间的关系时,研究者分配一组男孩玩暴力游戏,另一组玩其他游戏,这就实现了对男孩是否玩暴力游戏行为的操纵。可控制性指研究者要将影响相关性的其他外生因素排除掉、控制住,以聚焦于所关心变量之间的相关性研究。

要控制的因素可分为两类:被调查者变量(participant variable)和环境变量(environmental variable)。被调查者变量指年龄、性别、智力等和个体相关的特征。比如在上例中,如果不控制性别,很有可能女孩在玩了暴力游戏后,依然比不玩暴力游戏的男孩,呈现的暴力行为倾向性要少。环境变量主要包括时间、天气等。很可能在不同时间段,观测到的男孩暴力行为倾向性会有差异。

为了控制住这些外生变量,可以用三种方法:随机分配(random assignment)、匹配(matching)和控制为常量(holding constant)。随机分配指每一个被调查者有均等的机会分配到任意一个组,这样能使两组个体之间不会在年龄、智力或性别比例上有显著差别。匹配是指控制住每组中个体特征的比例相同,比如两个组中性别比例都一致。控制为常量,就是男孩玩暴力游戏例子中用的方法,将研究对象控制为 10 岁的男孩,这样就避免了年龄和性别的干扰。

所以在实验性方法中,通常是操纵一个变量,然后观测另一个变量。为了建立这两个变量之间的因果关系,研究者需要控制住其他外生变量以避免其影响。其中被操纵的变量称为自变量(independent variable),被观测变量称为因变量(dependent variable)。自变量其实体现了是否将所关心的因素加载到被观察个体上。没有被加载因素的组称为控制组,有加载称之为实验组。控制组的目的是为实验组的比较研究提供一个基准。

但是有些因素是研究者无法操纵的,比如性别。这时就是非实验性方法,无法操纵的自变量称为伪自变量(quasi-independent variable)。

1.3.2 行为科学中的变量和测量

通过本部分内容能够了解操作性定义如何来定义构想,并能识别操作性定义的两个阶段。理解什么是离散和连续型变量。了解名义、有序、区间和比例尺度的概念。

1. 构想（construct）**和操作性定义**（operational definition）

变量是变化的个体或外在特征。有一些变量非常具体、客观，比如身高、体重、年龄、性别等，可直接被观察到并能测出具体的数值。在行为科学中，还有一类变量，能够反映个体的内在心理活动，进而用来解释行为。比如我们说某人非常喜欢冰淇淋，因为在挑选甜食时，他（她）总是选择冰淇淋；说某人很聪明，因为成绩总是很好；说某人很饥饿、焦虑等。这里的喜欢、聪明、饥饿、焦虑，是人们内在的心理活动，无法直接观测。这类变量被称为构想（construct），经常也被称为假设性构想（hypothetical construct）。在有的文献中，也称为构念。

虽然构想无法被直接观测，但是我们可以间接地通过构想所导致或产生的实际行为来对构想进行度量。比如我们看不见喜欢，但能看见喜欢导致的行为，总是有相对固定的选择。可操作性定义就是通过可观测的实际行为来定义构想。比如，可以通过一个人的 IQ 值来判断是否聪明，通过距离上一次吃饭的时间来定义饥饿。

具体来说，构想就是无法被直接观测的个体内在特征，但能帮助我们去描述和解释实际行为。可操作性是通过一系列方法观测外在实际行为，并用观测的结果作为对假设性构想的定义。所以可操作性定义包含两个部分，一个是观测描述行为，一个是定义构想。

2. 离散（discrete）**和连续**（continuous）**变量**

变量可以根据其具体值的特征进行划分。如果对某一个变量的观测值是独立、不可分割的类别，将该变量称为离散变量或类别变量（categories variable）。比如掷骰子，只会观察到 1 到 6 之间的值，但不会出现 5 和 6 的中间数。所以离散变量定义为由独立、不可分割的类别构成，相邻类别之间不存在数值。

离散变量可以是个数，如每次上课的学生人数，会在一定范围内变动，但不可能存在相邻两个数的中间值，例如昨天上课 30 人，今天上课 31 人，30 和 31 之间不可能再有值。离散变量也可以是类别的划分，比如人的性别、职业、大学生的专业等。比如性别，男和女是相互独立的，不存在中间态。

还有一些变量不具有离散的特性，如时间、身高、体重等。我们可以用小时、分钟、秒、毫秒等来测量时间，身高和体重也可以用无限细分的单位去测量。这类变量称之为连续变量。连续变量可以在两个观测值之间再进一步无限细分。

因而连续变量具有两个特征：一是当测量两个不同个体的同一个连续变量时，几乎不可能有完全相同的观测值。这正是因为连续变量具有无限细分的特性，使得两个人几乎不可能有完全一样的身高或体重。反过来，如果发现两个个体有一致的连续变量值，要么测量方法有误，要么该变量不是连续的。二是连续变量的测量值因为可以无限细分，具有不确定性，所以需要将其限制在固定的范围内，方便后续的分析与绘图。这里固定间隔范围的上下限称为组限（real limit）。组限往往是相邻观测值单位的一半，如体重 50kg，上限组限（upper real limit）可以为 50.5kg，下限组限（lower real limit）为 49.5kg。

需要注意的是，离散变量和连续变量是从变量本身的特性来划分，而不是观测值的特征。比如体重可以是60kg、70kg、80kg，从数值上看像离散变量，但实际上还是连续变量，因为60kg和70kg之间还可以无限细分下去。只要在测量一个变量时，能够任意选择其单位或精度，那一定是连续变量。

3. 测量的尺度（scales of measurement）

当我们观测不同个体的同一个变量时，就得到了关于该变量的数据。实际上，我们可以通过将数据划分为不同的类别，从而得到分类变量，这样每个个体就可以被归于某一个类别中。比如，类别可以是性别、职业等。变量的类别就构成了测量的尺度，或者说类别间的关系决定了尺度间的差异。针对不同差异的尺度，我们可以选择更为适合的统计工具去处理数据。下面介绍四种不同的测量尺度。

（1）名义尺度（nominal scale）

对名义尺度的测量就是将个体划分到彼此不相关的类别中。比如观察一群大学生的专业，类别可以是车辆、交通、艺术、生物、工商、化学等。每一个学生都有一个自己的专业，也就意味着被划分到某一个类别。通过名义尺度，能够让我们知道个体之间是否有差异，但是不知道差异的大小和类型，也就是说这种差异无法度量。在上例中，比如一个学生是车辆专业，另一个学生是艺术专业，那我们可以说这两个学生专业不同，但无法判断这两个专业之间的差值是多少，哪个专业大、哪个专业小等。再比如，性别、种族、职业，也都属于名义尺度的类别。

所以名义尺度就是具有不同名称的类别，对名义尺度的测量，可以将个体划分在不同的类别中，但是无法定量计算出个体类别之间的差异。

需要注意的是，虽然名义尺度定义的类别无法定量，但有时也可以用数值来表示。比如房间号，仅仅是对房间的标识，并不能说109房间就比101房间大。因为这里的数值仅表达了某个类别的代号。再比如问卷调查关于性别的问题项，将答案输入计算机时，往往也是用代号表示，1为男性、0为女性。名义尺度中类别的数值仅是一个名称，没有定量的含义，也就无法在比较时产生定量的差值。

（2）有序尺度（ordinal scale）

和名义尺度一样的是，有序尺度的类别也具有不同的命名，不一样的是有序尺度的类别可以根据一定的大小或量级进行排序。有序尺度就是由一系列具有次序的类别构成，往往依据一定的大小或量级实现观测值的排序。比如出行的时间可以按照先后，分为早、中、晚；考试排名第一、第二、第三等。所以在对有序尺度的变量进行度量时，不仅可以知道两个个体之间会有差异，而且还能进一步了解差异的方向，但是无法精确地知道差异的大小。比如在点牛排时，我们可以要一分熟（rare）、三分熟（medium rare）、五分熟（medium）、七分熟（medium well）和全熟（well done）。但是我们很难量化熟程度之间的差异，往往是根据自己的喜好口感和经验来判断。再比如我们对某个食品的喜欢程度，很喜欢、喜欢、一般、不喜欢、非常不喜欢，可以知道喜欢程度的变化方向，但是很难定量解释很喜欢和喜欢

(3) 区间尺度（interval scale）和比例尺度（ratio scale）

区间尺度和比例尺度与有序尺度一样，都是由有序的类别构成，不一样的是相邻类别之间具有相等的定量间隔。比如长度上的厘米、温度上的摄氏度，长度之间的间隔是1cm、温度之间的间隔都是1℃。这样，我们就能同时知道类别之间差异的方向和大小。比如，20℃就比15℃高，并且高5℃。

区间尺度和比例尺度的区别在于0的意义。区间尺度的0并不意味着该类别或变量是空缺，只是尺度上的相对定义，是相对值。比如在温度上，0℃还是有意义的，也存在比0℃低的温度。比例尺度的0有明确的意义，表明完全没有变量值的缺失。比如身高、体重、出行时间等绝对值。

区间尺度由具有相同间隔的有序类别构成。区间尺度上的零点并不意味着变量本身空缺或没有，具有相对的含义。比例尺度的零表明为空或没有，其他含义与区间尺度相同。

举例来说，交通通勤时间以min为单位，可能是5min、10min、15min……我们可以说通勤15min比10min要长5min，这表明我们可以准确测量类别之间的差异和方向。0min表示在家没有出门去上班或上学，也不可能出现负的时间，所以通勤时间的测量是比例尺度。但假设通勤时间的均值为10min，变量定义为每个人的通勤时间和平时时间的差值，那么就可能为−5min、0min和5min，在这个尺度上，0表明个体的通勤时间和平均时间相同，还是有意义的，所以是区间尺度。

通过判断测量尺度的类型可以帮助我们选择恰当的统计量和统计方法来处理数据、客观地描述行为。其中从测量的数值上看，名义尺度和有序尺度是定性的，区间尺度和比例尺度是定量的。对于定量的尺度，我们可以用算法的方法，如加、减、乘、除等；对于定性的尺度，就需要用到其他类别的方法。

1.4 交通行为选择

交通行为又称为出行行为，是指人们在交通活动过程中所做出的各种选择和决策行为的综合。从出行活动的全过程来看，可把出行行为划分为出行前的选择行为和出行过程中的决策行为。出行前的选择可以包括关于出行方式、出行目的、出行路径和出行时间的选择，在出行过程中，依然可以对方式和路径进行修正，在一定优化目标下做出新的决策。并且在出行过程中，如果是出行者自己驾驶出行工具（包括步行）选择出行路径，那么在驾驶行为活动中会针对速度、路径、驾驶装备、安全措施、与其他出行者关系等做出一系列的选择和决策。所以，出行行为是出行整个过程各种活动选择和决策的综合性描述。为了达到交通运输安全、高效、舒适的目的，就有必要在出行过程中的各个环节分析人们行为的影响因素和内在机理，掌握行为发生的规律，甚至可以通过跟踪和预测行为过程，采取一些行为干预措施来提高交通的安全性和时效性。

交通选择行为分析的对象不是个体,而是具有一定特征的群体,如城际出行者、通勤出行者等。由于每个个体之间的差异,会使群体在做决策时具有巨大的变动性(variability),这种变动性也称为异质性(heterogeneity)。由于观测手段和方法的限制,我们并不能观测到群体决策时所有的变动性。我们往往通过实证数据,来尽可能多地捕获能观测到的变动性。需要注意的是,我们无法捕获的变动性,也会对行为选择具有影响。

为了能够理解行为选择背后的机理,我们首先要清楚驱动人们在各种选项中做出最终决定的影响因素是什么。从经济学、心理学和行为学的角度,可以概括出是偏好(preference)促使人们在选项中下定决心。偏好产生的原因是不同的选项具有不同的属性或特征,选项可以抽象为属性或特征的特定组合。例如,人们在选择上班的交通方式时,可以选择乘坐小汽车或乘坐公交车。无论哪一种方式,都会以出行时间、出行费用、舒适性、安全性等属性,对每一个通勤者而言,选择乘坐小汽车方式就是有特定出行时间、出行费用、舒适性和安全性值的一种选项,选择乘坐公交车方式也亦然。

在不同的选项之中做出选择,其实就是比较选项各个属性间的组合差异相对于个体的重要性,形成偏好,最终做出决定。不同个体对不同属性组合的选项具有不同的偏好,例如乘坐小汽车费用高,但出行时间短;乘坐公交车费用低,但出行时间长。不同个体对费用和时间的敏感性不一样,自然对不同费用和时间水平组合的交通方式具有不同的偏好。把这个过程定量化,例如量化个体对费用和时间组合的偏好:给某个个体对小汽车方式中的高费用打5分,少时间打10分,同一个个体对公交方式的低费用打8分,长时间打2分,则显然这个个体偏好于小汽车。通过打分的方式来测量偏好,称为基数测量(cardinal measurement)。以排序的方式体现偏好(如某个个体在交通方式的喜好程度上,小汽车排第一,公交车排第二),称为定序测量(ordinal measurement)。在心理学中,将通过基数测量得到的分值称为满意度(level of satisfaction);在经济学中,称为效用水平(level of utility)。如果个体按照满意度或效用最大的原则来确定选项、做出选择行为,称为效用最大化行为(utility–maximizing behavior)。

虽然目前有很多统计方法应用在出行方式选择上,但使用最为广泛的还是基于随机效用理论的离散选择分析。随机效用理论假设个体通过选择来获取最大效用。由于效用对研究者而言是未知的,所以通过随机变量来表示这些效用。具体而言,某一个选择枝的随机效用由一系列可观测部分(可测量项或系统项)和不可观测部分(随机项或误差项)构成。可观测部分包括选择枝的属性和出行者的个体特征,而随机项部分包括四种不确定项:无法观测的选择枝属性、无法观测的个体出行者特征、测量误差和工具变量。

不同的随机项联合概率密度决定了离散选择模型的具体种类。如假设随机项相互独立且同样服从于 Gumbel 分布，则就得到了应用最为广泛的具有封闭形式的多项 logit 模型（Multinomail Logit Model，MNL）。当然，也可以假设随机项服从其他分布，则会构成更多的离散选择模型。离散选择模型的输出是个体出行者做出某种效用最大化选择的概率，这些非集计的个体选择概率可通过一定的方法集计成为一个群体（如交通小区）的总体选择比例。

  随机效用模型在经典的经济学消费理论中应用的规模很大，这也使得随机效用模型的很多假设都来源于消费者理论。McFadden 将其核心的理性假设分为三种类型：感知理性、偏好理性和过程理性。简单来说，经济学理论假设每个人都是理性的个体，具有稳定的偏好，能够收集所有必需的信息，并根据这些信息理性地决策对自己效用最大的选择。这一理论很重要的一个特性是认为消费者的偏好在任何面临抉择的情况下都是稳定不变的，和具体的选择枝无关。这些假设一直以来都有广泛的争议，对随机效用理论进行完善和扩展的研究也在不断持续地进行。

第2章 交通行为的线性回归模型

通常将变量分为类别变量（categories variable）或离散变量（discrete variable）和连续变量（continue variable）。类别变量中包括二项变量（binary variable）、名义变量（nominal variable）和有序变量（ordinal variable）等。在行为回归模型中，根据变量间相互依赖的关系，可分为自变量（independent variable）或预测变量（predictor variable）和因变量（dependent variable）或结果变量（outcome variable）。预测变量和结果变量都是连续变量的情况，在简单线性回归中已经涉及。实际上，在行为研究领域，很多时候需要考虑自变量或因变量是分类变量的情况。比如交通方式的行为选择中，交通方式显然是名义变量，往往是研究者感兴趣的因变量。人的一些社会经济特征，如年龄，很多时候作为自变量时，不一定作为连续变量出现，可以分解为青年、中年和老年三个年龄段，研究年龄段对某种社会行为的影响，这就是将有序的分类变量作为自变量。

在概率论与数理统计的课程中，会介绍只有连续自变量的简单线性回归和多个自变量的多元线性回归。在行为研究领域中，不都是这样的情况，也会出现自变量为类别变量的模型。

以 2013 年绍兴市的大规模居民出行调查数据集"PlanZone 2013"为例，数据集每一行为每一个交通分区的属性，具体包含：每个交通分区的编号（zoneid），编号在 100 以内为城区的分区，编号在 100～499 范围内，为城乡接合部的分区，编号大于 500，为乡村的交通分区；每个交通分区调查当日的交通产生量（tripnum），单位为人·次/日；交通分区的被调查人口数（pop）；交通分区被调查家庭的小汽车数（cars），单位为辆。对应 zoneid 的编号规则，新生成交通分区的属性变量（dist），为 1 时是城区，标签记为"urban"；为 2 时是城乡接合部，标签记为"urban-rural"；为 3 是乡镇，标签记为"rural"。变量 dist 的生成代码如下：

```
. recode zoneid (1/99=1 "urban") (100/499=2 "urban-rural") (500/599=3 "rural"), gen(dist)
```

recode 命令能根据设定好的规则改变变量中的值。如果变量中的值不满足规则中设定的条件，则不发生改变。recode 命令语法为：

recode varlist(erule) [(erule) …][if][in][, options]

varlist 为变量列表，recode 命令可以同时改变多个变量中的值。erule 为对变量中值 elecment 设定的规则。比如把原变量中的 5 都变为 1，（erule）为（5 =1）；把原变量中的 2、3、4、5 都变为 2，（erule）为（2/5 =2）；把原变量中的 1 和 2 都变为 5，同时设置 5 的标签为"positive"，（erule）为（1 2 = 5 "positive"）。

options 中有三个比较重要的选项：generate（newvar），根据之前的规则生成新的变量 newvar；prefix（str），给新生成的变量增加前缀 str；label（name），根据规则给新生成变量的值的标签定义名称。

数据集中的相关变量可以用带 compact 选项的 codebook 命令来展现。codebook 命令详解见附录 B 中的在 STATA 中直观地观察数据。

```
. codebook zoneidtripnum pop cars dist, compact

Variable    Obs Unique      Mean    Min    Max  Label

zoneid      276    276   254.6594     1    565  zone's id
tripnum     276    220   318.3188     6   1979  zone's trip numbers every day
pop         276    200   203.2609     3   1593  population in zone
cars        276     94   35.90942     0    345  the number of cars in zone
dist        276      3   1.949275     1      3  attribution of zone
```

交通分区属性变量的频率分布为：

```
. tabulate dist

attribution
    of zone  |    Freq.     Percent        Cum.

      urban  |       61       22.10       22.10
urban-rural  |      168       60.87       82.97
      rural  |       47       17.03      100.00

      Total  |      276      100.00
```

2.1 类别变量作为自变量的处理

在上例中，变量 dist 代表了交通分区的属性，是城区、城郊还是乡村。虽然这样的划分比较模糊，但是在直观上，会认为相对城郊和乡村而言，城区的出行强度（单位时间内有交通出行的数量）可能会更高。那么我们通过线性回归来判断这个直观的感觉是否正确。以交通分区的出行量 tripnum 为因变量，以交通分区的属性 dist 为自变量进行线性回归，对于第 i 个交通分区，则基于 dist 预测 tripnum 的公式为

$$\text{tripnum}_i = a + b \times \text{dist}_i + \varepsilon_i \tag{2.1}$$

其中，ε_i 为第 i 个交通分区预测的出行量和观测到的真实出行量之间的残差。用 STATA 的 regress 命令，对出行量和交通分区属性做线性回归。在 STATA 中，用 regress 命令基于最小二乘法进行线性回归。命令语法为：

regress depvar[indepvars][if][in][weight][,options]

其中，depvar 为因变量，indepvars 为自变量，自变量可以为因子变量。在 regress 命令中，因变量只能有一个，自变量可以有一个或多个。常用的选项有 noconstant，表明去掉常数项；选项 beta，表明在输出结果中要给出标准化的系数，标准化系数就是将自变量和因变量都转化为 z 值后，再拟合得到的回归方程中标准化的自变量系数。详见［R］regress。执行命令：

```
. reg tripnum dist
```

Source	SS	df	MS			
Model	1353936.3	1	1353936.3	Number of obs	=	276
Residual	33914953.6	274	123777.203	F(1, 274)	=	10.94
				Prob > F	=	0.0011
				R-squared	=	0.0384
				Adj R-squared	=	0.0349
Total	35268889.9	275	128250.509	Root MSE	=	351.82

tripnum	Coef.	Std. Err.	t	P>|t|	[95% Conf. Interval]	
dist	-112.3362	33.96573	-3.31	0.001	-179.2032	-45.46925
_cons	537.2931	69.5129	7.73	0.000	400.4458	674.1403

从结果可以看到，交通分区属性 dist 的系数为 -112.3362，说明 dist 每增加一个单位，会使交通分区的出行量下降 112 人·次，并且在 0.01 水平下这个系数显著不为零。问题是，对于类别变量 dist 而言，1、2、3 这三个数只是代表了城区、城郊和乡镇之间区别的代码，这三个数字之间的差值 1 无法赋予实际的意义，并且城区与城郊的差别和城郊与乡镇的差别，未必相等。比如我们也可以用 1、20、100 代表城区、城郊和乡镇。所以，直接将具有 1、2、3 编码的 dist 有序变量作为线性方程的自变量会使模型结果无法解释，模型本身也有问题。

所以类别变量想要进入回归模型起作用，必须经过转换。将表示类别的数字代码转化为能够标识样本数据集中个体属性的一组 0-1 型变量。比如，我们可以生成三个新的变量 urban、urban_rural、rural，每个变量的取值为 0 或 1，当数据集中的交通分区属于某个类别时，对应类别的变量就取 1，其他就取 0。如果分区属于城区，那么这三个变量取值为 1、0、0。需要注意的是，用三个变量代表三个类别过于冗余，我们可以用两个变量来代表三种类别，比如城区用 1、0，城郊用 0、1，乡镇用 0、0 即可。这种通过类别变量转化而成的 0-1 型变量称为虚拟变量（dummy variable），在 STATA 中也称为指标变量（indicator variable）。虚拟变量的生成流程如下：

1）如果类别变量有 j 个类别或水平，那么要创建 $j-1$ 个虚拟变量。如上例中，有 3 个类别，就要生成两个虚拟变量。

2）从 j 个类别中任意选择一个作为基准类别或参考类别，便于解释即可。在上例中，我们可以以城区为基准类别，在解释模型结果时，考虑的就是其他类别相对于城区的差异。

3）当样本数据集中个体属于某个类别时，给对应类别的虚拟变量编码为 1，其他类别的虚拟变量编码为 0；如果该类别为基准类别，则没有对应的虚拟变量，所有其他类别的虚拟变量编码为 0。

4）将虚拟变量放入回归模型中，解释回归结果。

在上例中，变量 dist 有三个类别，所以需要创建两个虚拟变量。选择城区作为基准类别，分别对应城郊和乡镇创建虚拟变量 urban_rural 和 rural。当交通分区为城区时，虚拟变量 urban_rural 和 rural 都为 0；当交通分区为城郊时，虚拟变量 urban_rural 和 rural 分别为 1、0；当交通分区为乡镇时，虚拟变量 urban_rural 和 rural 为 0、1。在 STATA 中，有多种方法生成虚拟变量。

（1）用 generate 和 replace 命令

根据虚拟变量的定义和流程，可以用 generate 加 if 条件，来生成虚拟变量。首先生成城郊的虚拟变量，条件是 dist 为 2，urban_rural 为 1；dist 不为 2，urban_rural 为 0，执行命令：

```
. gen urban_rural = 1 if dist == 2
(108 missing values generated)
. replace urban_rural = 0 if dist != 2
(108 real changes made)
```

虚拟变量 rural 也可以用类似的命令生成：

```
. gen rural = 1 if dist == 3
(229 missing values generated)
. replace rural = 0 if dist != 3
(229 real changes made)
```

我们可以用 tabulate 命令的表格形式来展现这两个虚拟变量如何表达三种不同的类别，执行命令：

```
. tabulate urban_rural rural
```

urban_rura l	rural 0	1	Total
0	61	47	108
1	168	0	168
Total	229	47	276

（2）直接使用 generate 命令

第二种方法是直接使用 generate 命令，用该命令等号右边的逻辑判断来取代 if 条件。

```
. gen urban_rural = (dist == 2)
. gen rural = (dist == 3)
```

上述命令可以这样理解，对于虚拟变量 urban_rural，对 dist 变量等于 2 进行逻辑判断，如果括号中的 dist 等于 2，那么括号逻辑判断结果为 true，就将 1 赋予 urban_rural；如果 dist 不等于 2，那么括号的逻辑判断结果为 false，那么就将 0 赋予 urban_rural。

同样可以用 tabulate 来查看两个虚拟变量划分三个类别的频率表，会得到上述一样的结果。

(3) 用带 generate ( ) 选项的 tabulate 命令生成虚拟变量

在 tabulate oneway 命令中，可以用 generate（subname）选项，STATA 会根据 tabulate 后面跟随的分类变量，自动生成名为 subname1、subname2……的虚拟变量。以 dist 变量为例，执行命令：

```
. quietly tabulate dist, gen(dummy)
. codebook dummy1-dummy3, compact

Variable     Obs  Unique     Mean   Min  Max   Label

dummy1       276       2  .2210145    0    1   dist==urban
dummy2       276       2  .6086957    0    1   dist==urban-rural
dummy3       276       2  .1702899    0    1   dist==rural
```

从结果可以看出，其实是 dummy2 相当于之前的虚拟变量 urban_rural，dummy3 相当于虚拟变量 rural。如果我们用命令 tabulate dummy2 dummy3 会得到和上面一样的结果。

2.2 虚拟变量的解释和因子变量

根据上文所创立的虚拟变量，重新建立交通分区出行量 tripnum 和交通分区属性 urban_rural、rural 之间的线性回归方程，其公式为

$$\text{tripnum}_i = a + b_1 \times \text{urban\_rural} + b_2 \times \text{rural} + \varepsilon_i \tag{2.2}$$

为了便于更好地理解虚拟变量系数的含义，我们计算交通分区在城区的出行量的期望值为

$$E(\text{tripnum} \mid \text{dist} = 1) = a + b_1 \times 0 + b_2 \times 0 = a \tag{2.3}$$

dist 为 1 时，表明交通分区在城区，此时虚拟变量 urban_rural 和 rural 都为 0，且残差的期望为 0，所以交通分区在城区时出行量的期望就是截距 a。换句话说，截距 a 是自变量为基准类别时因变量的期望值。

同理，交通分区在城郊出行量的期望值为

$$E(\text{tripnum} \mid \text{dist} = 2) = a + b_1 \times 1 + b_2 \times 0 = a + b_1 \tag{2.4}$$

交通分区在乡镇出行量的期望值为

$$E(\text{tripnum} \mid \text{dist} = 3) = a + b_1 \times 0 + b_2 \times 1 = a + b_2 \tag{2.5}$$

显然，用交通分区在城郊出行量的期望值减去城区的期望值正好等于斜率 b_1，在乡镇出行量的期望值减去城区的等于斜率 b_2。这证明，斜率，即虚拟变量的系数，为虚拟变量为 1 时所代表的类别相对于基准类别因变量期望值的差值。

根据上述结论，我们可以直接计算出行量的期望，即均值，来确定系数 a、b_1、b_2 的值。在本例中，用 sum 命令计算城区 tripnum 的均值，执行命令：

```
. sum tripnum if dist == 1
```

Variable	Obs	Mean	Std. Dev.	Min	Max
tripnum	61	501.8361	295.4419	92	1641

从结果可以看出，城区范围内交通分区的出行量均值为 502 人·次/日。或者我们也可以用带 by() 选项的 tabstat 命令，同时计算三个类别出行量的均值，执行命令：

```
. tabstat tripnum, stat(n mean) by(dist)
Summary for variables: tripnum
     by categories of: dist (attribution of zone)

       dist |    N       mean
------------+------------------
      urban |   61   501.8361
urban-rural |  168   256.7917
      rural |   47   300.0638
------------+------------------
      Total |  276   318.3188
```

城郊出行量均值为 256.79 人·次，城郊和城区出行量均值之差为 -245.05；乡镇出行量均值为 300.06 人·次，乡镇和城区出行量均值之差为 -201.77。将两个虚拟变量 urban_rural 和 rural 代入回归方程，得到：

```
. regress tripnum urban_rural rural

      Source |       SS       df       MS              Number of obs =     276
-------------+------------------------------           F(2, 273)     =   11.34
       Model |  2706035.06     2   1353017.53          Prob > F      =  0.0000
    Residual |  32562854.9   273   119277.857          R-squared     =  0.0767
-------------+------------------------------           Adj R-squared =  0.0700
       Total |  35268889.9   275   128250.509          Root MSE      =  345.37

     tripnum |     Coef.   Std. Err.      t    P>|t|     [95% Conf. Interval]
-------------+----------------------------------------------------------------
 urban_rural |  -245.0444   51.62714    -4.75   0.000    -346.6823   -143.4065
       rural |  -201.7722   67.03135    -3.01   0.003    -333.7363   -69.80819
       _cons |   501.8361   44.21962    11.35   0.000     414.7813    588.8909
```

从回归结果可以看到，常数项为 501.84，城郊和乡镇虚拟变量的系数分别为 -245.04 和 -201.77，和上述手动计算结果一致。以城郊的系数为例，位处城郊的交通分区出行量的均值要比位处城区的少 245 人·次/日。

实际上，在 STATA 中不需要手动生成虚拟变量，可以根据类别变量直接在模型中自动生成虚拟变量参与回归计算，这种转化称为因子变量（factor variable）。在附录 B 中的因子变量详解，较为详细地介绍了因子变量的生成和使用方法。通过在类别变量前面加前缀"i."，可以在回归模型中将类别变量转化为因子变量，以虚拟变量的形式参与回归。关于因子变量的说明，详见 [U] 11.4.3 Factor variables。

直接在类别变量 dist 前面加"i."，表明其为因子变量，执行命令：

```
. regress tripnum i.dist
```

Source	SS	df	MS		
Model	2706035.06	2	1353017.53		
Residual	32562854.9	273	119277.857		
Total	35268889.9	275	128250.509		

Number of obs	=	276
F(2, 273)	=	11.34
Prob > F	=	0.0000
R-squared	=	0.0767
Adj R-squared	=	0.0700
Root MSE	=	345.37

tripnum	Coef.	Std. Err.	t	P>|t|	[95% Conf. Interval]	
dist						
urban-rural	-245.0444	51.62714	-4.75	0.000	-346.6823	-143.4065
rural	-201.7722	67.03135	-3.01	0.003	-333.7363	-69.80819
_cons	501.8361	44.21962	11.35	0.000	414.7813	588.8909

从结果可以看出，完全和使用虚拟变量 urban_rural 和 rural 一致。系统自动选择 dist 中最小的数值作为基准类别，因为城区编码为 1，所以选择城区作为基准类别。如果要设定其他类别作为基准，可以用前缀"ib#."来设定，其中#为类别编码，b 表明为 baseline category。例如，我们以乡镇作为基准类，乡镇编码为 3，所以前缀为"ib3."，执行命令：

```
. regress tripnum ib3.dist
```

Source	SS	df	MS		
Model	2706035.06	2	1353017.53		
Residual	32562854.9	273	119277.857		
Total	35268889.9	275	128250.509		

Number of obs	=	276
F(2, 273)	=	11.34
Prob > F	=	0.0000
R-squared	=	0.0767
Adj R-squared	=	0.0700
Root MSE	=	345.37

tripnum	Coef.	Std. Err.	t	P>|t|	[95% Conf. Interval]	
dist						
urban	201.7722	67.03135	3.01	0.003	69.80819	333.7363
urban-rural	-43.27216	56.9896	-0.76	0.448	-155.4671	68.92278
_cons	300.0638	50.37685	5.96	0.000	200.8874	399.2403

从结果可以看出，城区和乡镇出行量均值差异没有变量，但是城郊和乡镇出行量均值差异在之前的回归中没有计算出来，在这里给出了。

因子变量是 STATA 中非常重要的概念，用其来取代手动生成虚拟变量非常方便，并且在一些后估计命令中，因子变量还会起到非常大的作用。

2.3 多元回归中的虚拟变量

交通分区的出行量不仅受到分区所在位置的影响，还会和分区的人口、小汽车拥有量、经济水平等很多社会经济统计特征相关。在回归模型中加入这些变量，能极大提高模型的拟合程度。在本例中，我们增加交通分区的人口和小汽车拥有量作为新增自变量，和分区所在位置一起，利用线性回归模型，去解释出行量在不同分区的变动性。这样，共有三个自变量：人口（pop）、小汽车拥有量（cars）、分区位置（dist），一个因变量：出行量（tripnum）。需要注意的是，在所有这些变量中，只有交通分区所在位置 dist 为有序的类别变量，其他都是连续变量。我们可以构建多元线性回归模型公式为

$$\text{tripnum}_i = a + b_1 \times \text{pop}_i + b_2 \times \text{cars} + b_3 \times \text{urban\_rural}_i + b_4 \times \text{rural}_i + \varepsilon_i \tag{2.6}$$

在 STATA 中，我们可以用因子变量 i.dist 来替代虚拟变量，执行命令：

```
. regress tripnum pop cars i.dist
```

Source	SS	df	MS			
Model	31752898.7	4	7938224.67	Number of obs	=	276
Residual	3515991.27	271	12974.1375	F(4, 271)	=	611.85
				Prob > F	=	0.0000
				R-squared	=	0.9003
				Adj R-squared	=	0.8988
Total	35268889.9	275	128250.509	Root MSE	=	113.9

tripnum	Coef.	Std. Err.	t	P>|t|	[95% Conf. Interval]	
pop	1.135589	.0607635	18.69	0.000	1.015961	1.255218
cars	1.353858	.3589395	3.77	0.000	.6471933	2.060522
dist						
urban-rural	-49.75874	19.67101	-2.53	0.012	-88.48617	-11.0313
rural	-62.85298	23.40409	-2.69	0.008	-108.9299	-16.77603
_cons	79.87285	18.93992	4.22	0.000	42.58476	117.1609

下面分别从模型的拟合程度、常数项和系数来解读模型回归的结果。

（1）拟合程度解释

模型输出结果右上角的 F 检验，检验的是模型所有自变量和因变量之间的相互关系。该检验的零假设为所有自变量前的系数同时都为 0，也就是所有预测变量都和结果变量同时无关联。就本例而言，该零假设就是交通分区的人口、小汽车拥有量和分区的位置，同时都和交通出行的出行量无关。该检验的结果是 $F(4, 271) = 61185$，$\text{Prob} > F = 0.0000$，说明在 0.0001 水平下，可以拒绝零假设，

认为所有自变量中至少有一个和因变量有显著性关联，也就是所有的系数不显著同时为 0。

R^2 为判定系数，我们在之前的内容中介绍过，表明了因变量变动性（或方差）中能够被自变量（或回归方程，或自变量和因变量间的关系）解释的比例。本例中 R^2 为 0.9003，表明交通分区的人口、小汽车拥有量和分区所在位置，解释了出行量在分区之间 90% 的变动性。

根据 R^2 计算公式，随着自变量个数的增加，R^2 必然会增加，但增加的自变量未必一定会对因变量变动性的解释有贡献，所以为了真实反映自变量变化后回归模型和实际数据的拟合程度，需要对判定系数 R^2 进行调整，调整公式为

$$R^2_{\text{adj}} = 1 - \frac{(1-R^2)(n-c)}{n-k} \tag{2.7}$$

其中，回归方程中有常数项时，c 为 1，否则为 0；k 为自变量的个数。在本例中，调整之后的判定系数为 0.8988。

均方根误差（root mean squared error，RMSE）就是线性回归标准误估计量，体现了因变量真实值（样本观测值）和预测值（基于自变量的样本观测值通过回归模型计算所得）之间误差的均值，是残差的标准差。这个值越小，模型和实际数据的拟合程度越高。当前均方根误差为 113.9，说明样本中各个交通分区的出行量和多元线性回归模型预测出的出行量之间的平均差异为 114 人·次/日。随着自变量的增多，并且增加的自变量也会对因变量的解释有贡献，那么均方根误差会减少。

（2）常数项（截距）的解释

常数项就是所有自变量为 0 时因变量的均值。在本例中，就是当交通分区位于城区（城郊和乡镇的虚拟变量都为 0）时，且该分区的人口和小汽车拥有量都为 0，这个交通分区的出行量期望值为 80 人·次/日。实际上，除非是完全新开发的用地，交通分区中居住人口和小汽车拥有量都为 0 的情况，基本是没有意义的。我们可能更有兴趣知道的是，在城区的交通分区，人口和小汽车拥有量都处于平均水平时，出行量期望值是多少。

我们可以通过对自变量进行均值中心化（mean - cntered）的转变，再进行回归得到的常数项，就是自变量在均值水平上，因变量的期望值。在本例中，可以将人口 pop 和小汽车拥有量 cars 进行均值中心化的转变，执行命令：

```
. quietly sum pop
. gen c_pop = pop - r(mean)
. quietly sum cars
. gen c_cars = cars - r(mean)
```

用均值中心化后的人口 c_pop 与小汽车拥有量 c_cars 再次进行回归，并提取常数项，执行命令：

```
. quietly reg tripnum c_pop c_cars i.dist
. dis _b[_cons]
359.30999
```

其中，_b[]用于提取回归结果中自变量的系数和常数项，如人口的系数为_b[c_pop]，常数项都为-b[_cons]。得到位于城区的交通分区，当人口和小汽车拥有量位于平均水平时，出行量的期望值为359人·次/日。

除了可以对自变量进行均值中心化外，还可以对自变量进行标准化。标准化相比均值中心化，就多了一步除以标准差。我们可以用egen命令的std()函数来对变量进行标准化，详见[D] egen。egen命令通过对内存中已有变量的各种算术运算来生成新的变量，其命令语法为：

egen[type]newvar = fcn(arguments) [if][in][, options]

从命令语法可以看出，新生成的变量newvar要通过函数fcn()的计算得到。fcn()的种类十分丰富，有一种专门用于生成z值变量和给定均值与标准差的分布变量。std(exp)[, mean(#) std(#)]，如果不给定参数中的均值和标准差，则分别默认为0和1，也就是z值，如果给定，就可以转化为新的分布。执行命令：

```
. egen z_pop = std(pop)
. egen z_cars = std(cars)
```

进行回归，提取常数项，执行命令：

```
. quietly reg tripnum z_pop z_cars i.dist
. dis _b[_cons]
359.30999
```

得到的结果都一样。

（3）系数（斜率）的解释

在本例中，自变量分为连续和分类两种，连续的是人口和小汽车拥有量，分类变量为交通分区的位置。其中，城郊虚拟变量的系数为-49.76，表明固定人口和小汽车拥有量为均值的前提下，位于城郊的交通分区相对于城区，出行量期望要小50人·次/日。而对于连续的自变量，例如人口的系数为1.14，表明无论交通分区位于城区、城郊还是乡镇，固定小汽车拥有量，人口每增加1人，会使交通分区的出行量增加1.14人·次/日。

（4）模型的解释力

回归模型中最为理想的预测变量（自变量）是和输出变量（因变量）有较强的相关性，而预测变量彼此之间的相关性较弱。如果回归模型中预测变量之间的相关性较强，那么预测变量在预测输出变量所提供的贡献中彼此会存在冗余，这样即使因为变量的增多，给回归模型带来拟合程度的提高也会非常有限。但如果预测变量之间相关性很弱，预测变量的增加会显著提升回归模型对于输出变量的解释力。

在本例中，如果仅仅以交通分区所在地的属性dist为预测变量，回归模型的判定系数R^2为0.0767，增加人口pop和小汽车拥有量cars后，R^2增加到了0.9003，显然有大幅度的提高，说明这两个变量的增加，极大提高了模型的解释力。

2.4 多元回归中的交互项

到目前为止，通过回归模型我们可以分别解释各个自变量和因变量之间的关系。如在其他变量固定的前提下，小汽车数量每增加一辆，会使交通分区的出行量增加 1.35 人·次/日。在每解释一个自变量的系数时，总是要固定其他变量。但自变量之间的相互关系也可能影响因变量，比如当自变量 x_1 取不同的值，自变量 x_2 和因变量 y 之间的关系（具体说就是斜率）可能会不一样。这时，就可以说两个自变量 x_1 和 x_2 的交互作用对因变量 y 有影响，或者是自变量 x_1 对自变量 x_2 和因变量 y 之间的关系有中介作用。

例如，考虑小汽车数量和交通分区区位对出行量的影响中，可能在城区中因为拥堵或停车难等问题，出行者的小汽车使用率不一定要高于城郊和乡镇。那么当交通分区位于城区时，很可能小汽车数量和出行量之间的关系就要强于城郊和乡镇范围内小汽车数量和出行量之间的关系。所以在考虑小汽车拥有量和区位对出行量影响的多元线性回归中，不仅需要分别解释小汽车拥有量与区位和出行量之间的关系，还需要考虑在不同区位条件下，小汽车拥有量和出行量之间的关系是否会发生变化。

2.4.1 分类变量和连续变量的交互

为了简化问题，便于更加清晰地解释交互关系，我们仅考虑出行量与小汽车拥有量和区位之间的关系，暂时去掉人口自变量，并且将原有的城区、城郊和乡镇三种区位简化为城区和非城区两种，城乡和乡镇都汇入非城区的分类中。命名新的区位分类变量为 dist_cat2，使用 recode 命令，执行命令：

```
. recode dist (1 = 1 "urban") (2/3 =2 "rural"), gen(dist_cat2)
```

先不考虑小汽车拥有量和区位交互的影响，仅考虑这两个自变量各自对因变量的影响，则多元线性回归模型为

$$\text{tripnum}_i = a + b_1 \times \text{dist\_cat2} + b_2 \times \text{cars}_i + \varepsilon_i \tag{2.8}$$

其中，i 为交通分区编号。按照这个模型，在 STATA 中执行回归命令：

```
. regress tripnum i.dist_cat2 cars
```

Source	SS	df	MS			
Model	27174367.2	2	13587183.6	Number of obs	=	276
Residual	8094522.79	273	29650.2666	F(2, 273)	=	458.25
				Prob > F	=	0.0000
				R-squared	=	0.7705
				Adj R-squared	=	0.7688
Total	35268889.9	275	128250.509	Root MSE	=	172.19

tripnum	Coef.	Std. Err.	t	P>|t|	[95% Conf. Interval]	
dist_cat2						
rural	64.19882	27.06614	2.37	0.018	10.91393	117.4837
cars	7.254889	.2521932	28.77	0.000	6.758398	7.751379
_cons	7.790045	27.94663	0.28	0.781	-47.22826	62.80835

从拟合结果中可以看出,在固定小汽车拥有量的前提下,非城区交通分区的出行量要比城区平均高出 64 人·次/日。无论交通分区在城区还是非城区,小汽车拥有量和出行量之间的关系不变,都是交通分区每增加一辆车平均会增加出行 7.25 人·次/日。我们可以用 margins 命令,来基于回归模型预测在不同区位下、不同车辆数对应的出行量。

STATA 中的 margins 命令非常灵活和强大,有特别丰富的参数,可以用来计算自变量在特定值时因变量的预测值,以及关于因变量预测值的统计量。所以 margins 命令只能跟随在回归模型之后执行。其命令语法为:

margins [marginlist] [if] [in] [weight] [, response options options]

其中,marginlist 是要在计算结果中显示的因变量或交叉项。在这里我们需用到的一个重要选项(options)是"at (atspec)",指定自变量为特定值时,计算对应因变量的预测值。"atspec"具体有以下几种形式:"varlist" "(stat) varlist" "varname = #" "varname = (numlist)" "varname = generate (exp)"。其中,stat 是标准的统计量计算标识,如"mean" "median"等。比较常用的是"varname = (numlist)",例如,要预测交通分区中小汽车拥有量(cars)取值 0,50,100,…,350 时的出行量,可以用"at (cars = (0 (50) 350))"来指定,中间括号的(50)表明按照 50 递增,从 0~350。详见 [R] margins。

首先用 sum 命令查看不同交通分区小汽车拥有量的取值范围,执行命令:

. sum cars

Variable	Obs	Mean	Std. Dev.	Min	Max
cars	276	35.90942	44.61246	0	345

小汽车拥有量 cars 在样本中取值范围为 0~345,区位 dist_car2 的取值为 1 和 2。用 margins 命令,计算小汽车拥有量为 0,50,100,150,…,345,交通分区区位 dist_cat2 为 1 和 2 处,出行量的预测值,执行命令:

. margins, at(cars = (0(50)345) dist_cat2 = (1 2))

```
Adjusted predictions          Number of obs =    276
Model VCE     : OLS
Expression    : Linear prediction, predict()

1._at :  dist_cat2 =   1
         cars      =   0
```

```
 2._at : dist_cat2 =   1
            cars   =  50
 3._at : dist_cat2 =   1
            cars   = 100
 4._at : dist_cat2 =   1
            cars   = 150
 5._at : dist_cat2 =   1
            cars   = 200
 6._at : dist_cat2 =   1
            cars   = 250
 7._at : dist_cat2 =   1
            cars   = 300
 8._at : dist_cat2 =   2
            cars   =   0
 9._at : dist_cat2 =   2
            cars   =  50
10._at : dist_cat2 =   2
            cars   = 100
11._at : dist_cat2 =   2
            cars   = 150
12._at : dist_cat2 =   2
            cars   = 200
13._at : dist_cat2 =   2
            cars   = 250
14._at : dist_cat2 =   2
            cars   = 300
```

	Margin	Delta-method Std. Err.	t	P>|t|	[95% Conf. Interval]	
_at						
1	7.790045	27.94663	0.28	0.781	-47.22826	62.80835
2	370.5345	22.5145	16.46	0.000	326.2104	414.8586
3	733.2789	23.46909	31.24	0.000	687.0755	779.4823
4	1096.023	30.21094	36.28	0.000	1036.547	1155.499
5	1458.768	39.90752	36.55	0.000	1380.202	1537.333
6	1821.512	50.89722	35.79	0.000	1721.311	1921.713
7	2184.257	62.50161	34.95	0.000	2061.21	2307.303
8	71.98887	13.54659	5.31	0.000	45.31981	98.65792
9	434.7333	13.12287	33.13	0.000	408.8984	460.5682
10	797.4777	21.88416	36.44	0.000	754.3946	840.5609
11	1160.222	33.22093	34.92	0.000	1094.82	1225.624
12	1522.967	45.23662	33.67	0.000	1433.91	1612.024
13	1885.711	57.50721	32.79	0.000	1772.497	1998.925
14	2248.455	69.89861	32.17	0.000	2110.847	2386.064

从结果可以看出，交通分区的小汽车拥有量和区位两两组合，共生成了 14 个出行量的预测值。margins 命令还给出了这 14 个出行量的标准误、t 或 z 统计量和

置信区间。我们可以用 marginsplot 命令，将不同区位下交通分区的小汽车拥有量和出行量之间的关系用图形来表示。

marginsplot 将 margins 命令的输出结果绘制成图形。需要注意的是，marginsplot 必须紧跟在 margins 命令后面，不然会提示错误。marginsplot 命令的语法为：

marginsplot [,options]

其中，options 中的 noci，表明不在图形上显示置信区间；options 的 twoway options 中的 title（tinfo），可以设置图形的标题，本例中将标题设置为空，所以是 title（" "）。详见 [R] marginsplot。

紧接着上文的 margins 命令，执行命令：

. marginsplot, noci

从图 2.1 可以看出，随着小汽车拥有量的增加，预测出行量都在增加。但是代表非城区的拟合直线和代表城区的拟合直线，斜率相同，截距不同。城区直线的截距就是回归模型的常数项 a，为 7.79 人·次/日；非城区小汽车拥有量和出行量的回归关系中，截距为常数项和区位因子变量系数之和，为 $a+b_1=7.79+64.20=71.99$。在固定小汽车拥有量的前提下，也就是无论小汽车拥有量取值多少，非城区交通分区的出行量要比城区平均高出 64 人·次/日。城区和非城区的交通分区中，小汽车拥有量和出行量线性关系的斜率相同，都为小汽车数量的系数 b_2，即 7.25。

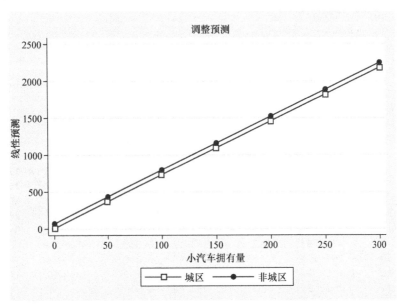

图 2.1 随小汽车拥有量变化交通分区出行量的边际变化

如果按照之前的假设，认为城区和非城区交通分区中，小汽车拥有量和出行量

之间的线性关系会有所差异，那么我们可以通过增加交叉项的方式，来在回归模型中体现这种差异。有交叉项的回归模型公式为

$$\text{tripnum}_i = a + b_1 \times \text{dist\_cat2}_i + b_2 \times \text{cars}_i + b_3 \times \text{dist\_cat2} \times \text{cars}_i + \varepsilon_i \tag{2.9}$$

交叉项就是两个变量的相乘，我们可以直接用 generate 来生成交叉项的变量，如令交叉项变量为 dist2_cars，则执行命令：

```
. generate dist2_cars = dist_cat2*cars
```

然后直接用变量 dist2_cars 作为自变量，执行命令：

```
. quietly regress tripnum dist_cat2 cars dist2_cars
```

我们也可以用因子变量的二元操作符"#"来直接在回归模型中实现交叉项。关于因子变量的操作和解释详见附录 B 中的因子变量详解或 [U] 11.4.3 Factor variables。对变量 dist_cat2 和 cars 用交叉项操作符"#"，在 dist_cat2 变量前增加前缀"i."，表明该变量为因子变量；在变量 cars 前增加前缀"c."，表明是连续变量。执行命令：

```
. regress tripnum i.dist_cat2 c.cars i.dist_cat2#c.cars
```

Source	SS	df	MS			
Model	27960544.9	3	9320181.64	Number of obs	=	276
Residual	7308345.02	272	26868.9155	F(3, 272)	=	346.88
				Prob > F	=	0.0000
				R-squared	=	0.7928
				Adj R-squared	=	0.7905
Total	35268889.9	275	128250.509	Root MSE	=	163.92

tripnum	Coef.	Std. Err.	t	P>|t|	[95% Conf. Interval]	
dist_cat2						
rural	-100.9793	39.95405	-2.53	0.012	-179.6378	-22.32084
cars	5.143343	.4582751	11.22	0.000	4.241126	6.04556
dist_cat2#c.cars						
rural	2.910199	.5380064	5.41	0.000	1.851013	3.969385
_cons	151.5828	37.60851	4.03	0.000	77.54207	225.6236

我们可以通过对回归公式取期望，来理解各个变量前系数的含义。首先对在城区交通分区的出行量取期望，则虚拟变量 rural 为 0，得到：

$$\begin{aligned} E(\text{tripnum} \mid \text{rural} = 0) &= a + b_1 \times 0 + b_2 \times \text{cars} + b_3 \times 0 \times \text{cars} \\ &= a + b_2 \times \text{cars} \end{aligned} \tag{2.10}$$

所以常数项 a 为城区范围内当小汽车拥有量为 0 时的平均出行量，即为 152 人·次/日。系数 b_2 体现了在城区范围内小汽车拥有量和出行量之间线性关系的斜率。再来考虑非城区中交通分区的情况，虚拟变量 rural 为 1，则公式为

$$E(\text{tripnum} \mid \text{rural} = 1) = a + b_1 \times 1 + b_2 \times \text{cars} + b_3 \times 1 \times \text{cars}$$

$$= a + b_1 + b_2 \times \text{cars} + b_3 \times \text{cars}$$
$$= a + b_1 + (b_2 + b_3) \times \text{cars} \tag{2.11}$$

从式（2.11）可以看出，常数项 $a+b_1$ 就是在非城区范围内当小汽车拥有量为 0 时出行量的均值，即 $151.58-100.98=50.6$。其中 b_1、-100.98 就意味着城区和非城区在出行量截距上的差异。系数 b_2+b_3 体现了非城区范围内小汽车拥有量和出行量之间线性关系的斜率，而 b_2 体现了城区内小汽车拥有量和出行量之间的线性关系，所以 b_3、2.91，就是城区和非城区小汽车拥有量相对于出行量斜率的差异。

针对 b_3 的 t 检验的零假设为 b_3 为 0，即城区和非城区小汽车拥有量与出行量之间的关系没有区别。但是假设检验的结果是 t 值为 5.41，$p<0.0001$，所以在 0.0001 水平下，可以拒绝零假设，认为在城区和非城区范围内，小汽车拥有量与出行量之间的线性关系有显著性差别，差别体现在斜率上差值较大。

在带交叉项的回归模型中，因为自变量 dist_cat2 和 cars 都是交叉项的组成部分，所以这两个变量的系数 b_1 和 b_2 被称为一阶系数（first-order coefficient），交叉项的系数 b_3 称为高阶系数（higher_order coefficient）。因为变量 dist_cat2 和 cars 在回归方程中既单独出现，又出现在交叉项中，所以一阶系数的解释不能等同于不带交叉项的回归模型。带交叉项的目的是为了检验第三个变量在不同特定值条件下，另外两个变量之间的关系是否会受到影响。交叉项的引入，只会影响交叉项中变量的系数，对于不在交叉项中的系数，其解释不变。

如在有交叉项的回归模型中引入新的变量人口 pop，执行命令：

```
. quietly regress tripnum i.dist_cat2 c.cars i.dist_cat2#c.cars pop
. dis _b[pop]
1.1006319
```

这时，人口变量（pop）的系数为 1.10，就可解释为交通分区中每增加一人，会给出行量带来 1.1 的增量。

我们可以用 margins 和 marginsplot 命令将交互项的作用通过可视化图形方式表现。首先，用 margins 命令计算小汽车拥有量 cars 在 0，50，100，…，345 时，交通分区区位属性 dist_cat2 为 1 和 2 时，带交叉项回归方程中出行量的预测值，执行命令：

```
. quietly margins, at(cars = (0(50)345) dist_cat2 = (1 2))
```

因为在带交叉项的回归方程中，交通分区区位属性可以为城区和非城区，所以用 marginsplot 绘制的图形是城区和非城区两种情况下小汽车拥有量和出行量之间的拟合直线。绘制命令及详细解释见附录 B 中的用 marginsplot 实现边际变化线性拟合图的绘制。

从图 2.2 可以看出，非城区范围内随着小汽车拥有量的增长，出行量增长的速度要高于城区。城区内的增长率系数 b_2 为 5.14，即每增加 1 辆小汽车，交通分区的出行量平均增长 5.14 人·次/日；而在非城区范围，增长率为系数 $b_2 + b_3$ = 5.14 + 2.91 = 8.05，即每增加 1 辆小汽车，非城区交通分区平均出行量增加 8.05 人·次/日，相比城区要高 b_3，即 2.91。两条回归直线在 (34.70, 330.06) 处相交，在交点的左边，城区回归直线的截距 a 为 151.58，非城区回归直线的截距为 $a + b_1$ = 151.58 − 100.98 = 50.6。虽然城区回归直线的出行量要高于非城区，但是过了交点后，就明显小于非城区。此时，两个回归直线方程可表示为

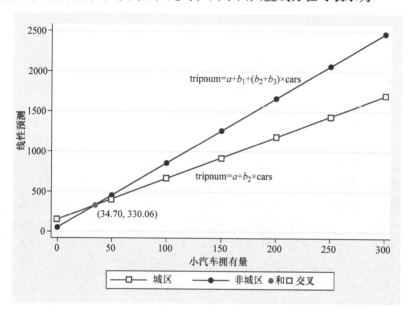

图 2.2　小汽车拥有量和交通分区出行量的拟合关系

$$E(\text{tripnum} \mid \text{urban}) = a + b_2 \times \text{cars} = 151.58 + 5.14 \times \text{cars} \quad (2.12)$$
$$E(\text{tripnum} \mid \text{rural}) = a + b_1 + (b_2 + b_3) \times \text{cars} = 50.6 + 8.05 \times \text{cars} \quad (2.13)$$

虽然带交叉项的回归模型给出了变量以及交叉项的系数，但是这些系数并没有完全给出显著性检验、置信水平等。特别对于非城区的回归方程而言，截距为 $a + b_1$，斜率为 $b_2 + b_3$，在数值上系数可直接得到，但是没有加和之后系数的显著性检验和置信水平。这时我们可以用 lincom 命令来线性地整合待估计的参数。

lincom 命令是 Linear combination of parameters 的简称，是用于回归估计模型之后，计算系数线性组合后的点估计、标准误、t 或 z 统计量、p 值和置信区间的命令。其命令语法为：

lincom exp [, options]

其中，exp 为系数线性组合的表达式。详见 [R] lincom。

在使用 lincom 命令之前，首先要明确每一个自变量系数在 STATA 中对应的名称。可以在 regress 命令后增加 coeflegend 参数来显示：

```
. regress tripnum i.dist_cat2 c.cars i.dist_cat2#c.cars, coeflegend
```

Source	SS	df	MS			
				Number of obs	=	276
				F(3, 272)	=	346.88
Model	27960544.9	3	9320181.64	Prob > F	=	0.0000
Residual	7308345.02	272	26868.9155	R-squared	=	0.7928
				Adj R-squared	=	0.7905
Total	35268889.9	275	128250.509	Root MSE	=	163.92

tripnum	Coef.	Legend
dist_cat2		
rural	-100.9793	_b[2.dist_cat2]
cars	5.143343	_b[cars]
dist_cat2#c.cars		
rural	2.910199	_b[2.dist_cat2#c.cars]
_cons	151.5828	_b[_cons]

从输出结果下部表格的"Coef."列中,可以看出每个自变量系数对应的名称,a 为常数项,b_1 为变量 dist_cat2 的系数,b_2 为变量 cars 的系数,b_3 为交叉项 i.dist_cat2#c.cars 的系数。对于非城区的回归直线而言,常数项 $a+b_1=50.6$ 对应着_b[_cons] + _b[2.dist_cat2];斜率 $b_2+b_3=8.05$ 对应着_b[cars] + _b[2.dist_cat2#c.cars]。基于 lincom,首先计算合并截距的命令:

```
. lincom _b[_cons]+_b[2.dist_cat2]
( 1)  2.dist_cat2 + _cons = 0
```

tripnum	Coef.	Std. Err.	t	P>|t|	[95% Conf. Interval]	
(1)	50.60352	13.48799	3.75	0.000	24.04938	77.15765

可以看出,非城区回归直线的常数项为 50.60,在 0.001 水平下显著,并且给出了置信区间。

再计算合并斜率的命令:

```
. lincom _b[cars]+_b[2.dist_cat2#c.cars]
( 1)  cars + 2.dist_cat2#c.cars = 0
```

tripnum	Coef.	Std. Err.	t	P>|t|	[95% Conf. Interval]	
(1)	8.053542	.2818418	28.57	0.000	7.498674	8.608411

从结果可以看出,在非城区范围内,交通分区的小汽车拥有量每增加1辆,都会使出行量平均增加 8.05 人·次/日。并且在 0.001 水平下,可以拒绝小汽车拥有量和出行量无关的零假设,认为在非城区范围内小汽车拥有量对出行量有显著性影响,且95%置信区间为 [7.50, 8.61]。

2.4.2 连续变量之间的交叉

一般情况下,并不建议将连续变量转化为分类变量,这样会使信息发生损失。比如我们将60岁以上的出行者划分为老年人,那么大于60岁的年龄之间的差异就完全被抹杀掉了。下面我们以人口和小汽车拥有量作为预测变量,来和出行量进行回归。为了便于在回归模型中解释系数,将小汽车拥有量和人口转化为z值,即标准化后,再进行回归,并考虑小汽车拥有量和人口的交叉项。将小汽车拥有量按照标准差分为三类。采用egen的std()函数来实现变量的标准化,标准化后的变量均值为0、标准差为1,当均值为0时,对变量而言实际上在均值处。执行命令:

```
. egen z_pop = std(pop)
. egen z_cars = std(cars)
```

对标准化之后的人口和小汽车拥有量及其交叉项进行回归,其回归方程为

$$tripnum = a + b_1 \times z\_pop + b_2 \times z\_cars + b_3 \times z\_pop \times z\_cars \quad (2.14)$$

需要注意的是,因为是连续变量做交叉项,需要加前缀"c."。在STATA中执行回归命令:

```
. regress tripnum z_pop z_cars c.z_pop#c.z_cars
```

Source	SS	df	MS			
Model	31720166.1	3	10573388.7	Number of obs	=	276
Residual	3548723.87	272	13046.7789	F(3, 272)	=	810.42
				Prob > F	=	0.0000
				R-squared	=	0.8994
				Adj R-squared	=	0.8983
Total	35268889.9	275	128250.509	Root MSE	=	114.22

tripnum	Coef.	Std. Err.	t	P>|t|	[95% Conf. Interval]	
z_pop	271.2899	14.27454	19.01	0.000	243.1873	299.3926
z_cars	96.79861	15.79023	6.13	0.000	65.712	127.8852
c.z_pop#c.z_cars	-8.91117	3.687769	-2.42	0.016	-16.17137	-1.650972
_cons	326.0781	7.588265	42.97	0.000	311.1389	341.0173

在回归结果中,系数 a 对应着_b[_cons]为326.0781,意味着当自变量z_pop和z_cars为零时(相当于人口pop和小汽车拥有量cars在均值处),交通分区的平均出行量为326人·次/日。系数 b_1 对应着_b[z_pop]为271.2899,表明当自变量z_cars为零时z_pop对出行量tripnum的斜率; b_2 同理; b_3 对应着_b[c.z_pop#c.z_cars]为-8.91117,是z_pop和z_cars对应的斜率之差。

我们还是可以用margins命令和marginsplot命令绘制出不同小汽车拥有量情况下,人口和出行量之间的变化情况,执行命令:

```
. quietly margins, at(z_pop = (-2(0.5)2) z_cars =(-2 0 2))
. marginsplot, title("")
```

从图 2.3 可以看出，小汽车拥有量较高的交通分区人均出行率较低，小汽车拥有量较低的地区人均出行率较高，这可能是因为没有考虑城区和非城区的因素。

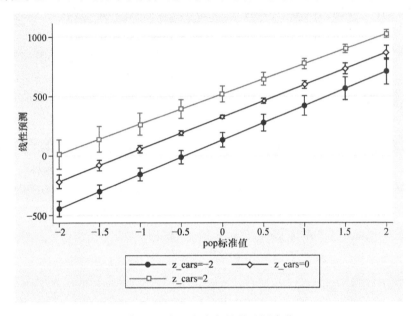

图 2.3　人口和出行量的边际变化

第 3 章 离散选择和效用理论

3.1 离散选择模型概述

个体在一定约束下的偏好导致了最终的选择行为。将众多个体的选择集计（aggregate）起来，就形成了市场上对某种商品或服务的需求。如分析一个人群对交通方式的选择行为，汇总统计每种方式被选择的人次，则体现了该种交通方式在人群中的需求总量。所以用于计算或预测市场需求的模型通常基于集计数据来建立，集计数据中的变量一般代表了市场中商品或服务在某个时间段的供应量。每个个体在做出选择时受到的影响因素或约束条件构成的数据，如个体的年龄、收入、职业、选项的属性特征等，称为非集计（disaggregate）数据，是离散选择（discrete choice）模型构建的基础。

选择是个体的行为，需求是群体中个体选择的集合。所以 Truong 和 Hensher 在 2012 年分析离散选择模型和连续需求模型之间的理论联系时，认为前者关心和聚焦的是个体的偏好，而后者往往用于在一个大的经济环境中描述群体的偏好性。

用于建立离散选择模型、描述个体偏好的非集计数据和描述群体宏观需求特征的集计数据有较大的区别。在进行个体选择行为分析和研究时，做出选择决策时的环境特别重要，决策环境由各种影响因素构成，这些因素也是离散选择模型最为常用的变量。例如，对于出行方式选择决策而言，出行目的就是一个重要的影响要素，还有可供决策的选项（各种出行方式，包括公交、小汽车、电动车等）、选项的属性（各种方式所需要花费的时间和费用等）、决策者个体的特征（性别、年龄、职业等）。

离散选择模型要求选项具有完全性（exhaustive）、有限性（finite）、互斥性（mutually）。即在做决策时，选项要尽可能完全，包括了样本中所有个体所能接触到的选项；对每一个个体而言，选项的个数不能无穷大，是有限的；最后，选项之间相互排斥，一个个体，在一次决策中不能同时选择两个及以上的选项。这些对选项的要求，使得离散选择模型更加适合于分析选择了什么而不是选择了多少的问题。

离散选择模型其实由一系列的回归方程构成，每一个选项对应一个回归方程，每一个回归方程的因变量是关于对应选项的效用（utility）。基于各个选项的效用，结合概率论的方法，就可以判断出哪一个选项有最大的可能被选定。所以如果选项个数为 n，离散选择模型就是 n 个回归方程的组合，研究者的任务就是估计出这些回归方程中的未知参数。和常规线性回归模型不一样的是，离散选择模型中的回归方程的因变量（输出变量）并不是可观测的客观变量，而是表达每种选项潜在满意度的效用，这些效用是进一步判断和预测行为决策的基础。

3.2 线性回归模型的转换

从我们最熟悉的线性回归模型，逐步引申到离散选择模型中的回归方程。假设因变量为 Y，有 k 个自变量 x，那么线性回归模型如下：

$$Y_n = \beta_0 + \beta_1 x_{1n} + \beta_2 x_{2n} + \cdots + \beta_k x_{kn} + \varepsilon_n \qquad (3.1)$$

其中，β_0 为常数项，$\beta_1 \sim \beta_k$ 为自变量 $x_1 \sim x_k$ 与因变量 Y 之间的线性关系系数。在模型中，β_0 到 β_k 为待估计的未知参数。下标 n 表示样本中的每一条记录，或一个被调查者，或一个样本点。ε 反映了模型所表达线性关系的误差，体现了除了自变量 x 以外其他因素对因变量 Y 的影响，比如无法观测到的、无法模型化的因素，或者是在测量的过程中发生的偏差等。

线性回归模型体现了自变量和因变量之间的线性关系。但实际上在很多变量之间不一定是线性关系，我们可以通过一些数学方式的转换，使得线性回归模型依然成立，比如将自变量或因变量或这两种变量同时取对数、开平方、交叉等。

想要用最小二乘法得到线性回归模型参数的无偏估计，要满足以下几个基本假设：

1）参数线性假设。如上述线性公式，自变量 x_k 的单位增加或减少引起因变量 y 的变化固定为 β_k，也就是自变量的单位变化对因变量的影响为常数，即保持不变。

2）随机抽样假设。从总体中提取了样本量为 n 的一个随机样本 $\{(x_{i1}, x_{i2}, \cdots, x_{ik}, y_i) : i = 1, \cdots, n\}$，样本的总体满足线性关系。

3）无完全共线性（collinearity）。在样本中没有自变量为常数，并且自变量之间没有完全的线性关系。如任意两个自变量之间存在完全的线性关系，如 x_i 是 x_{i+1} 的常数项倍，那么称这样的多元线性回归模型具有完全的共线性（perfect collinearity）。但是需要注意的是，该假设允许自变量之间相关。另外，如样本量 n 小于自变量和因变量个数和，即 $n < k + 1$，假设也不能成立。

4）零条件均值假设。在给定自变量 x 条件下误差项 ε 的期望为 0，$E(\varepsilon | x_1, x_2, \cdots, x_k) = 0$，或 $E(Y_n) = \beta_0 + \beta_1 x_{1n} + \beta_2 x_{2n} + \cdots + \beta_k x_{kn}$。

5）同方差性假设。在任意给定自变量 x 条件下误差项 ε 具有相同的方差，即 $\text{Var}(\varepsilon | x_1, x_2, \cdots, x_k) = \sigma^2$。

6）正态假设。总体误差 ε 独立于自变量 $x_1, x_2, \cdots, x_k$，并且服从均值为 0，方差为 σ^2 的正态分布：$\varepsilon_n \sim \text{Normal}(0, \sigma^2)$。$\varepsilon$ 独立于自变量，意味着协方差为 0，即 $\text{Cov}(\varepsilon_i, \varepsilon_j) = 0$。

但是在行为选择领域，选项的个数是有限的离散数值，如果要以人们的最终决策作为输出变量（因变量），那么就要假设因变量 Y_n 为可供个体选择的 n 个选项中的某一种，这种因变量称为分类（categorical）变量。如果 n 为 2，也可称为二分

(dichotomous)变量，可以用 0 和 1 来代表两种选择，则此时 $Y_2 \in [0,1]$。因此，在有些文献中，离散选择模型又被称为分类因变量（categorical dependent）模型。相对于离散选择而言，分类变量的应用范围更加广泛。

如果因变量 Y_n 取 1 时，根据参数线性假设，代入线性回归模型，得到

$$\varepsilon_n = 1 - (\beta_0 + \beta_1 x_{1n} + \beta_2 x_{2n} + \cdots + \beta_k x_{kn}) \tag{3.2}$$

当因变量 Y_n 取 0 时，同理可以得到

$$\varepsilon_n = -(\beta_0 + \beta_1 x_{1n} + \beta_2 x_{2n} + \cdots + \beta_k x_{kn}) \tag{3.3}$$

对于任意样本，ε_n 只能取固定的两个值，这显然违背了正态假设。另外，如果 Y_n 为 1 时的概率为 p_n，那么 Y_n 为 0 时的概率为 $1-p_n$。根据概率公式，Y_n 的均值为 $E(Y_n) = 1 \times p_n + 0 \times (1-p_n) = p_n$。将该均值代入零条件均值假设中，可以得到

$$p_n = \beta_0 + \beta_1 x_{1n} + \beta_2 x_{2n} + \cdots + \beta_k x_{kn} \tag{3.4}$$

但显然等式右边的取值范围会突破（0,1）之间的范围，和概率 p_n 的定义不符合。

为了能够深入理解具有分类因变量的线性回归模型的内涵，通过一个交通方式选择的例子来说明。以绍兴市 2013 年居民出行调查数据为例，为了简化模型，只考虑小汽车和电动自行车两种出行方式，形成数据集"SHAOXING2013 MODE-CAR ELECTRIC.dta"。其中，变量 mode_car 为 1 时，表明出行采用小汽车方式；变量 mode_car 为 0 时，采用电动自行车方式。变量 electrics 为家庭拥有电动自行车的数量。显然，mode_car 为分类变量，electrics 为连续变量，以 mode_car 为因变量，electrics 为自变量，建立回归模型。在 STATA 中执行命令：

```
. regress mode_car electrics
```

Source	SS	df	MS			
				Number of obs	=	4,581
				F(1, 4579)	=	1367.68
Model	261.612234	1	261.612234	Prob > F	=	0.0000
Residual	875.881326	4,579	.191282229	R-squared	=	0.2300
				Adj R-squared	=	0.2298
Total	1137.49356	4,580	.248361039	Root MSE	=	.43736

mode_car	Coef.	Std. Err.	t	P>|t|	[95% Conf. Interval]	
electrics	-.3019688	.0081653	-36.98	0.000	-.3179767	-.2859609
_cons	.8483592	.0123566	68.66	0.000	.8241344	.8725841

需要注意的是，这里的 mode_car 是一个名义变量，不是有序变量，0 代表电动自行车方式出行，1 代表小汽车方式出行，虽然 1 大于 0，但是这两种出行方式没有次序，也没有大小之分。从回归结果可以看出，判定系数 R^2 为 0.23，并且变量 electrics 对因变量有显著性影响。electrics 的系数为 -0.302，表明家庭拥有电动自行车数量的增多，会使人们不倾向于使用小汽车。按照传统线性回归模型的解释，每增加 1 辆电动自行车，带来交通方式变化是 -0.302。显然，因为因变量不是连

续变量，是分类或离散变量，出行方式只能是 0 或 1，−0.302 无法在数量上解释方式的变化。

可以用 STATA 中的 predict 命令计算回归模型中因变量的预测值。预测结果中，每一个 electrics 对应的因变量预测值都一样，所以可以用 tabdisp 命令来显示结果。tabdisp 命令的简化语法命令为

tabdisp rowvar[colvar[supercolvar]][if][in], cellvar(varnames)

其中，cellvar(varname)中的 varname 表示在表中要显示的变量。具体使用方法如下：

```
. predict mode_car_hat
.tabdisp electrics, cell( mode_car_hat)
```

electrics	Fitted values
0	.8483592
1	.5463904
2	.2444216
3	-.0575472
4	-.359516
5	-.6614848
6	-1.265422

同理，当家庭拥有电动自行车数量为 2 时，通过回归模型利用 STATA 的 predict 命令计算出因变量 mode_car 的预测值是一个小数，为 0.244，也无法和分类变量的 0 或 1 匹配。需要注意的是，这里的 0.244 不能代表选择小汽车方式的概率。将线性模型的散点和拟合图用 STATA 绘制出来，如图 3.1 所示。

```
twoway (scatter mode_car electrics) (lfit mode_car electrics)
```

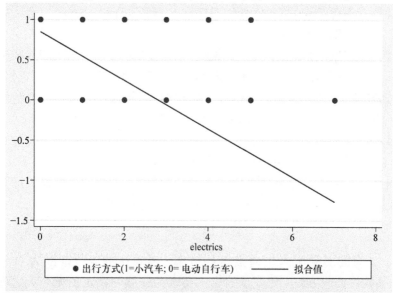

图 3.1　出行方式和电动自行车拥有量回归模型散点及拟合

从图 3.1 可以看出，当电动自行车拥有量大于 3 左右时，因变量的预测值开始小于 0。概率取值为 (0, 1) 之间，不会出现小于 0 的情况，所以当电动自行车拥有量为 2 时，因变量 mode_car 的预测值为 0.244 不是概率。

为了能够满足线性回归模型的因变量为连续的假设，那就需要将离散的分类变量通过数学方式转换为连续变量。如前文所述，转化的方法有很多种，若转化函数为 $f(\ )$，则可以将上面的线性回归模型写成

$$f(Y_n) = Y_n^* = \beta_0 + \beta_1 x_{1n} + \beta_2 x_{2n} + \cdots + \beta_k x_{kn} + \varepsilon_n \qquad (3.5)$$

这里的 $f(Y_n)$ 称为链接函数（link function），实现了因变量从离散的 Y 到连续的 Y^* 之间的转换。如果转换方法为取对数，那么链接函数就为 $f(Y_n) = \log(Y_n)$。在上例中，显然不能用对数作为链接函数，因为对数在 0 和 1 处无定义。在概率论中，如果给定一个分布，那么我们可以通过累积密度函数（cumulative density function, CDF）实现随机变量中任意值和概率之间的相互转化。对于正态分布而言，设累积密度函数为 Φ，则随机变量 x 和小于等于 x 的概率 p 之间的关系为 $p = \Phi(x)$。

分类因变量 Y 只能取值 0 或 1，这是我们客观观测到人们所选择的结果，如果为 1，相当于人们选择小汽车出行的概率为 100%，为 0，选择小汽车的概率为 0。为了实现从离散的概率 Y 到连续的随机变量 Y^* 的转换，上面的累积分布函数可以写为 $Y = \Phi(Y^*)$。那么链接函数显然为累积分布函数的反函数，即 $Y^* = f(Y) = \Phi^{-1}(Y)$。结合上述公式，线性回归模型可以重新整理为

$$Y_n = \Phi(\beta_0 + \beta_1 x_{1n} + \beta_2 x_{2n} + \cdots + \beta_k x_{kn} + \varepsilon_n)$$
$$\Phi^{-1}(Y_n) = Y_n^* = \beta_0 + \beta_1 x_{1n} + \beta_2 x_{2n} + \cdots + \beta_k x_{kn} + \varepsilon_n \qquad (3.6)$$

此时的链接函数 $f(Y) = \Phi^{-1}(Y)$ 又被称为概率单位链接函数（probability unit link function），简称 probit。这时的回归模型就称为 probit 模型。式 (3.6) 中，Y^* 为服从正态分布的潜在随机变量。

如果因变量 Y_n 仅取值为 0 或 1，那么 probit 模型也称为二项 probit 模型。在模型中，实际上是将取值 0 或 1 的因变量替换为关于线性回归模型右边部分累积分布反函数的潜在变量 Y^*。所以，和线性回归模型不同的是，probit 模型预测的取值是在 (0, 1) 之间的事件发生的概率。这个概率值和自变量之间的关系为 S 型曲线（sigmoidal curve）。

除了 probit 模型以外，常用的还有 logit 模型。logit 模型中并不要求正态分布，而是 Gumbel 分布，并且概率和因变量之间通过胜算（odds）来转换。胜算比指一个事件发生的概率和不发生的概率之商。胜算比的公式为

$$\text{Odds}(Y) = \frac{p}{1-p} \qquad (3.7)$$

其中，p 为因变量 Y 为 1 时发生的概率。胜算比的取值范围为 $\text{Odds}(Y) \in (0, \infty)$，而线性回归方程中因变量的取值要求为连续的在正负无穷大之间。我们

可以通过给胜算比取对数的方式,来实现对因变量的取代,此时 $\log|\mathrm{Odds}(Y)| \in (-\infty, \infty)$。概率 p 和胜算比 Odds 之间的关系见表 3.1。

表 3.1 概率、胜算比和对数胜算比

p	Odds(Y)	log(Odds(Y))
0	0.00	*
0.1	0.11	−2.20
0.2	0.25	−1.39
0.3	0.43	−0.85
0.4	0.67	−0.41
0.5	1.00	0.00
0.6	1.50	0.41
0.7	2.33	0.85
0.8	4.00	1.39
0.9	9.00	2.20
1	*	*

对 logit 模型而言,链接函数为胜算比对数。如果因变量 Y 为 0 或 1 的二项变量,那么其形式如下:

$$\log\left(\frac{p_n}{1-p_n}\right) = Y_n^* = \beta_0 + \beta_1 x_{1n} + \beta_2 x_{xn} + \cdots + \beta_k x_{kn} + \varepsilon_n \tag{3.8}$$

求出概率 p_n,推导:

$$\frac{p_n}{1-p_n} = \exp(Y_n^*) \tag{3.9}$$

求解得到

$$p_n = \frac{\exp(Y_n^*)}{1 + \exp(Y_n^*)} \tag{3.10}$$

和 probit 模型一样,logit 模型也是一条 S 型曲线。

3.3 效用理论

上文分类因变量模型中的潜在随机变量 Y^* 被称为效用 (utility),通常用 U 表示,说明对某个选项或分类的满意程度。效用可以分为两个部分:可观测部分和不可观测的误差部分。对于第 n 个个体,处于 s 决策环境下,对于选项 j 的效用为 U_{nsj}。可观测部分为 V_{nsj},不可观测部分为 ε_{nsj},则

$$U_{nsj} = V_{nsj} + \varepsilon_{nsj} \tag{3.11}$$

在经济学中,效用有很多种类型,常用的有基数效用 (cardinal utility) 和序数

效用（ordinal utility）。对于每一种选项，都对应可测量的且有意义的效用，称为基数效用。例如一个人购买手机，可供选择的品牌有苹果和华为，使用苹果手机能给他带来的效用为 10 个单位，使用华为手机能带来 20 个单位的效用。那么显然，选择华为手机能够给他带来的满意和愉悦，是苹果手机的 2 倍。这里的 10 和 20 都是有意义的度量。

序数效用的概念和有序尺度类似，序数效用表达了个体对两个选项偏好的排序，每个选项本身的效用值无意义。比如在上面的例子中，我们能说相对于苹果手机，个体更加偏好和喜欢使用华为手机。偏好和喜欢的程度是多少，是无法说清楚的或对于序数效用而言，并无意义。如果同时给苹果手机和华为手机加 100 的效用，比较下来，还是华为手机大于苹果手机，那么序数效用不变。所以序数效用是一种相对效用。离散选择模型中的效用是序数效用，这就意味着不同选项自身的绝对效用值无意义，只有相对效用差才有意义。如果对效用公式的两边都乘以一个大于 0 的常数，虽然并不会让序数效用发生变化，但是会影响效用可观测项的尺度。

3.3.1 效用的可观测项

如式（3.11）所示，选项 j 的效用的可观测项，可以标记为 V_{nsj}，是关于 k 个影响因素变量 x_{nsjk} 的函数，公式为

$$V_{nsj} = f(\boldsymbol{x}_{nsjk}, \boldsymbol{\beta}, \lambda) \tag{3.12}$$

其中，x_{nsjk} 可能为关于选项 j 的 k 个属性向量，或者是用于综合体现决策个体特征（如年龄、性别、收入等）、决策环境（如选择行为的目的）和选项属性的协方差矩阵。简单来说，在影响行为选择的因素中，可大致分为三类：关于选项的属性、决策个体的特征和环境要素。$\boldsymbol{\beta}$ 为待估计参数向量，也可以看成不同因素影响对选项偏好的权重。λ 为联系效用可观测项和不可观测项的尺度参数，该参数将在下文介绍，此处设定为 1。可以基于实证数据估计出未知参数 $\boldsymbol{\beta}$ 的具体值，再将估计出的参数值代入到模型中，则能够计算出一个个体选择某个选项的效用值。

式（3.12）中效用可观测项中的函数形式并没有定例，在目前绝大多数离散选择分析的研究中，主要选用简单的线性模型，公式为

$$V_{nsj} = \sum_{k=1}^{K} \beta_k x_{nsjk} \tag{3.13}$$

效用的可观测部分如果定义为线性函数，未知参数 β 在不同领域有不同的名称：在估计算法中，往往将 β 称为参数（parameters）、估计参数或系数（coefficients）；在行为研究领域，称为偏好权重（preference weights）或口味权重（taste weights）；在经济学领域，也可称为边际效用（marginal utility），这里的边际指的是微小的变化引起另一个量的变化。在线性模型中，β_k 可以解释为属性或特征 x_k 发生一个单位的变化而引起效用发生的变化。

3.3.2 通用参数和选项相关参数

前文提到，影响行为选择的第一类因素是关于选项的属性，在效用函数的未知

参数中，对应的就是关于选项的参数。这里的通用参数（generic parameters）和选项相关参数（alternative-specific parameters）其实都是属于选项属性的系数，其中通用参数适用于所有的选项，比如出行方式选择中的公交和小汽车两种方式，都有出行时间这一属性，那么对应的参数就称为通用参数。因为通用参数与选项无关，所以在效用函数中不需要加关于选项的下角标。如对第 n 个个体，K 个选项属性，在 s 决策环境中，若 β_k 为通用参数，选择小汽车和公交方式的效用可观测项为

$$\begin{cases} V_{ns,\text{car}} = \sum_{k=1}^{K} \beta_k x_{ns,\text{car},k} \\ V_{ns,\text{bus}} = \sum_{k=1}^{K} \beta_k x_{ns,\text{bus},k} \end{cases} \quad (3.14)$$

从式（3.14）中可以看出，β_k 和方式 car 与 bus 无关，因为对于任意交通方式，β_k 的含义都一样。在不同的选项中，可能存在影响效用的不同因素，这些因素的权重或系数，就被称为选项相关参数。如小汽车出行方式中的停车费和公交出行方式中的等车时间这两个属性，不能在不同的方式中交换，因为一般私家小汽车出行方式不存在等车时间，乘客一般也不需要因为坐公交车而支付停车费用。这类属性的权重，和选项密切相关，所以在效用函数中需要体现出其选项属性，以小汽车和公交出行方式的效用可观测项为例，若 $\beta_{k,\text{car}}$ 为小汽车出行方式的独有属性系数，$\beta_{k,\text{bus}}$ 为公交出行方式独有属性系数，则公式如下：

$$V_{ns,\text{car}} = \sum_{k=1}^{K} \beta_{k,\text{car}} x_{ns,\text{car},k}$$
$$V_{ns,\text{bus}} = \sum_{k=1}^{K} \beta_{k,\text{bus}} x_{ns,\text{bus},k} \quad (3.15)$$

在实际的选择行为决策情景中，通用参数和选项相关参数并不是绝对割裂的，通常都会混合在一起，共同解释选项效用的可观测部分。如出行时间（time）是小汽车和公交出行方式的共有通用属性，公交票价（fare）是公交出行方式的独有属性，过路费（toll）和停车费（parking）是小汽车出行方式独有的属性，那么选择这两种交通方式效用的可观测部分为

$$V_{ns,\text{car}} = \beta_1 \text{time}_{ns,\text{car}} + \beta_{2,\text{car}} \text{toll}_{ns,\text{car}} + \beta_{3,\text{car}} \text{parking}_{ns,\text{car}}$$
$$V_{ns,\text{bus}} = \beta_1 \text{time}_{ns,\text{bus}} + \beta_{2,\text{bus}} \text{fare}_{ns,\text{bus}} \quad (3.16)$$

甚至还会出现，在一个决策的所有选项中，部分选项拥有共同的通用属性，其他选项拥有独有的属性。如将地铁（subway）和有轨电车（tram）交通方式加入到上述小汽车和公交两种可选的方式中，出行时间可以作为地铁、有轨电车和公交的通用属性、小汽车的独有属性，因为地铁和公交都属于公共交通（public transport，pt），出行时间都相对比较长。票价是地铁和有轨电车的通用属性，而常规公交的定价策略肯定和轨道交通（railway）有所区别，所以票价是公交的独有属性。则公

式为

$$\begin{aligned} V_{ns,\text{car}} &= \beta_{1,\text{car}}\text{time}_{ns,\text{car}} + \beta_{2,\text{car}}\text{toll}_{ns,\text{car}} + \beta_{3,\text{car}}\text{parking}_{ns,\text{car}} \\ V_{ns,\text{bus}} &= \beta_{1,\text{pt}}\text{time}_{ns,\text{bus}} + \beta_{2,\text{bus}}\text{fare}_{ns,\text{bus}} \\ V_{ns,\text{subway}} &= \beta_{1,\text{pt}}\text{time}_{ns,\text{subway}} + \beta_{2,\text{rail}}\text{fare}_{ns,\text{subway}} \\ V_{ns,\text{tram}} &= \beta_{1,\text{pt}}\text{time}_{ns,\text{tram}} + \beta_{2,\text{rail}}\text{fare}_{ns,\text{tram}} \end{aligned} \tag{3.17}$$

3.3.3 选项相关常数

选项相关常数（alternative-specific constant，ASC）是指效用函数中和自变量（选项的属性、个体的特征、环境要素等影响效用的因素）无关的项。实际上，ASC 体现了效用可观测部分中无法观测变量对效用的平均影响。如选择公交出行方式的效用函数中，关于出行时间和费用是可测量的变量，而便利性和舒适性等心理方面的因素无法直接测量，就可以用常数项 ASC，来体现对公交出行方式选择效用的平均影响。

在离散选择模型中，如上文所述，选项效用的绝对值无意义，效用差才有意义。ASC 作为效用绝对值的常数组成部分，只要保证不同选项之间的 ASC 差值不变，ASC 本身的值可以有无限种组合。例如，某个个体对于小汽车、公交和地铁三种交通方式的选择效用，分别假设为 15、10 和 8。通过效用的差值，我们可以知道该个体最偏好使用小汽车出行，公交次之，相比较其他两种方式，最不愿意用地铁出行。如果我们同时改变所有方式的效用，都减去 8，三种方式的效用为 7、2 和 0，这时个体对三种方式的偏好程度的相对位置没有发生变化，对选择决策的结果也就没有影响。

所以在进行离散选择分析时，为了便于计算，往往将其中一个选项的效用相关常数 ASC 设定为 0，这不会影响分析的结果。如小汽车、公交和地铁三种交通方式效用相关常数为 2、1、0，和 0、-1、-2 之间并没有区别，因为效用差没有发生变化。如上例的公式中，有小汽车、公交、地铁和有轨电车四种交通方式，可以设定有轨电车的选项相关常数 ASC 为 0。则公式为

$$\begin{aligned} V_{ns,\text{car}} &= \beta_{0,\text{car}} + \beta_{1,\text{car}}\text{time}_{ns,\text{car}} + \beta_{2,\text{car}}\text{toll}_{ns,\text{car}} + \beta_{3,\text{car}}\text{parking}_{ns,\text{car}} \\ V_{ns,\text{bus}} &= \beta_{0,\text{bus}} + \beta_{1,\text{pt}}\text{time}_{ns,\text{bus}} + \beta_{2,\text{bus}}\text{fare}_{ns,\text{bus}} \\ V_{ns,\text{subway}} &= \beta_{0,\text{subway}} + \beta_{1,\text{pt}}\text{time}_{ns,\text{subway}} + \beta_{2,\text{rail}}\text{fare}_{ns,\text{subway}} \\ V_{ns,\text{tram}} &= \beta_{1,\text{pt}}\text{time}_{ns,\text{tram}} + \beta_{2,\text{rail}}\text{fare}_{ns,\text{tram}} \end{aligned} \tag{3.18}$$

其中，小汽车、公交和地铁三种出行方式的选项相关常数分别为 $\beta_{0,\text{car}}$、$\beta_{0,\text{bus}}$ 和 $\beta_{0,\text{subway}}$。

3.3.4 无选项和保持现状

在实际的行为决策中，还可能会遇到不做任何选择和保持现状的情况。需要注意的是，这里的不做任何选择和保持现状在离散分析中具有很大的区别，重点在于是否考虑有对效用的影响因素。

例如，一个人发现当天上映的三部电影都不是他喜欢的类型，于是决定不出门去看电影。这属于不做出选择，因为不出门去看电影的选项效用中，没有明显可观测的影响因素。如果出门选择任意一部电影，都会受到票价（ticket）、放映时长（length）或其他通用因素（genre）的影响。根据上文所述，由于效用差或者常数项的差才有意义，所以可以任意设置一个选项的常数项为0。选择看哪部电影和不去看电影的效用可观测项公式如下：

$$\begin{aligned} V_{ns,\text{movieA}} &= \beta_{0A} + \beta_1 \text{genre}_{nsA} + \beta_2 \text{ticket}_{nsA} + \beta_3 \text{length}_{nsA} \\ V_{ns,\text{movieB}} &= \beta_{0B} + \beta_1 \text{genre}_{nsB} + \beta_2 \text{ticket}_{nsB} + \beta_3 \text{length}_{nsB} \\ V_{ns,\text{movieC}} &= \beta_{0C} + \beta_1 \text{genre}_{nsC} + \beta_2 \text{ticket}_{nsC} + \beta_3 \text{length}_{nsC} \\ V_{ns,\text{nochoice}} &= 0 \end{aligned} \quad (3.19)$$

此时定义不去看电影的效用常数为0，并且没有影响选择哪部电影的因素。当然，也可以设置选择任意一部电影效用的常数为0，则不去看电影的效用可观测部分就是一个常数：

$$\begin{aligned} V_{ns,\text{movieA}} &= \beta_{0A} + \beta_1 \text{genre}_{nsA} + \beta_2 \text{ticket}_{nsA} + \beta_3 \text{length}_{nsA} \\ V_{ns,\text{movieB}} &= \beta_{0B} + \beta_1 \text{genre}_{nsB} + \beta_2 \text{ticket}_{nsB} + \beta_3 \text{length}_{nsB} \\ V_{ns,\text{movieC}} &= \beta_1 \text{genre}_{nsC} + \beta_2 \text{ticket}_{nsC} + \beta_3 \text{length}_{nsC} \\ V_{ns,\text{nochoice}} &= \beta_{0,\text{nochoice}} \end{aligned} \quad (3.20)$$

上述两组公式，在效用差有意义的前提下是等同的。还有一种情况是保持现状。例如一个人租房居住，租约到期后，在续租租金、其他公寓房租金、房屋面积以及其他因素影响下，可以选择保持现状、续租现在的公寓，或者从其他的公寓房A、B、C中任意选择一个。这里的保持现状其实也是一种选择，因为在续租不变的前提下，个体考虑了当前公寓房的各种条件。效用可观测项公式如下：

$$\begin{aligned} V_{ns,\text{ApartmentA}} &= \beta_{0A} + \beta_1 \text{rent}_{nsA} + \beta_2 \text{Area}_{nsA} \\ V_{ns,\text{ApartmentB}} &= \beta_{0B} + \beta_1 \text{rent}_{nsB} + \beta_2 \text{Area}_{nsB} \\ V_{ns,\text{ApartmentC}} &= \beta_{0C} + \beta_1 \text{rent}_{nsC} + \beta_2 \text{Area}_{nsC} \\ V_{ns,\text{statusquo}} &= \beta_1 \text{rent}_{nsSQ} + \beta_2 \text{Area}_{nsSQ} \end{aligned} \quad (3.21)$$

同样，在效用常数项差值有意义前提下，设定续住，就是保持现状或选择其他任意公寓效用常数项为0等同。

$$\begin{aligned} V_{ns,\text{ApartmentA}} &= \beta_{0A} + \beta_1 \text{rent}_{nsA} + \beta_2 \text{Area}_{nsA} \\ V_{ns,\text{ApartmentB}} &= \beta_{0B} + \beta_1 \text{rent}_{nsB} + \beta_2 \text{Area}_{nsB} \\ V_{ns,\text{ApartmentC}} &= \beta_1 \text{rent}_{nsC} + \beta_2 \text{Area}_{nsC} \\ V_{ns,\text{statusquo}} &= \beta_{0SQ} + \beta_1 \text{rent}_{nsSQ} + \beta_2 \text{Area}_{nsSQ} \end{aligned} \quad (3.22)$$

3.3.5 个体特征和决策环境要素

在离散选择分析中，由于不同选项之间的效用差才有意义，导致了只有刻画选项间差异的参数才能基于样本数据被估计出来。模型参数就是模型变量或各种要素对效用的影响程度——权重或系数。对于表达选项属性的变量，由于选项之间有互斥性，所以显然能描述选项间的差异。对于体现个体特征和环境要素的变量，和选项无关，不会随着选项的变化而变化。比如个体的性别，不会随着面临选项的差异而发生变化，显然一个人不可能在选公交出行方式时的性别和选小汽车出行方式时的性别会有差异。但是这类变量也会对不同选项的效用有影响，这种差异可以通过变量的参数体现出来。

设第 n 个个体的特征为 v_n，选择环境因素为 s，如果有两个选项，那么不同选项效用的可观测部分为

$$V_{ns1} = \sum_{k=1}^{K} \beta_k x_{ns1k} + \delta_1 v_n$$
$$V_{ns2} = \sum_{k=1}^{K} \beta_k x_{ns2k} + \delta_2 v_n$$
(3.23)

其中，x_{nsjk} 为第 n 个个体和选项 j 相关的第 k 个属性变量。δ_j 为和选项 j 相关的关于个体 n 特征 v_n 的参数。表达个体特征的变量 v_n 不随选项发生变化，也就意味着当 δ_1 和 δ_2 不同时，因为效用差才有意义，所以通过模型估计，只能确定 δ_1 和 δ_2 的差值。在 δ_1 和 δ_2 的差值确定的前提下，δ_1 和 δ_2 各自的绝对值有无数种组合，因而可以将其中一个参数，δ_1 或 δ_2 固定为一个特定的数值，通常用 0。我们通过一个例子来说明个体特征变量参数的设置与解释，如下列公式所示：

$$V_{ns,\text{car}} = \beta_{0,\text{car}} + \beta_{1,\text{car}}\text{time}_{ns,\text{car}} + \beta_{2,\text{car}}\text{toll}_{ns,\text{car}} + \beta_{3,\text{car}}\text{parking}_{ns,\text{car}} + \beta_{4,\text{car}}\text{age}_n$$
$$V_{ns,\text{bus}} = \beta_{0,\text{bus}} + \beta_{1,\text{pt}}\text{time}_{ns,\text{bus}} + \beta_{2,\text{bus}}\text{fare}_{ns,\text{bus}} + \beta_{3,\text{bus}}\text{waiting}_{ns,\text{bus}} + \beta_{4,\text{bus}}\text{age}_n$$
$$V_{ns,\text{sub}} = \beta_{0,\text{sub}} + \beta_{1,\text{pt}}\text{time}_{ns,\text{sub}} + \beta_{2,\text{rail}}\text{fare}_{ns,\text{sub}} + \beta_{3,\text{sub}}\text{season} + \beta_{4,\text{rail}}\text{female}_n$$
$$V_{ns,\text{tram}} = \beta_{1,\text{pt}}\text{time}_{ns,\text{tram}} + \beta_{2,\text{rail}}\text{fare}_{ns,\text{tram}} + \beta_{3,\text{tram}}\text{age}_n + \beta_{4,\text{rail}}\text{female}_n$$
(3.24)

从上述模型中，可以看出，对于个体 n 面临着小汽车、公交、地铁和有轨电车四种选择。由于效用差才有意义，所以模型中给出了 3 个和小汽车、公交、地铁出行方式相关的常数项，有轨电车常数项被设定为 0。

模型引入了个体特征，如年龄（age）和性别（female）。年龄变量进入了小汽车、公交和有轨电车出行方式的效用函数，其对应的参数和选项相关，分别为 $\beta_{4,\text{car}}$、$\beta_{4,\text{bus}}$ 和 $\beta_{3,\text{tram}}$。地铁出行方式效用函数中年龄的参数被设定为 0。另外，性别 female 指当个体 n 为女性时为 1，否则为 0。性别变量只进入了地铁和有轨电车两种出行方式的效用函数。需要注意的是，性别变量的权重为关于轨道交通方式的通用参数 $\beta_{4,\text{rail}}$。

还是由于效用差值才有意义的原因，无论是在一个选项的效用函数内，还是在不同选项的效用函数之间，关于个体和环境特征等和选项无关变量对应参数的解

释，通常要有"相对性"。例如，假设上述公式中，小汽车出行方式中年龄变量的参数估计结果为正，且有显著性影响。那么在小汽车出行方式的效用函数内年龄变量参数可以解释为：在固定其他变量或条件下，年纪大的个体会比年纪轻的个体，在小汽车出行方式的使用上有更高的效用。在小汽车和地铁出行方式的效用函数间（因为地铁出行方式年龄变量的参数被设定为0），小汽车出行方式年龄变量的参数可以解释为：固定其他条件下，相对于地铁出行方式，年纪大的个体使用小汽车会有更高的效用。

上文的无选择或保持现状的选择，使得我们能够更加灵活地设置个体和环境特征变量及其参数。例如，我们可以将个体和环境特征参数为0的项设置在无选择的效用函数中，这样就能够使个体和环境特征变量进入所有有选项的效用函数。如下列效用函数：

$$V_{ns,\text{car}} = \beta_{0,\text{car}} + \beta_{1,\text{car}}\text{time}_{ns,\text{car}} + \beta_{2,\text{car}}\text{toll}_{ns,\text{car}} + \beta_{3,\text{car}}\text{parking}_{ns,\text{car}} + \beta_4 \text{age}_n$$
$$V_{ns,\text{bus}} = \beta_{0,\text{bus}} + \beta_{1,\text{pt}}\text{time}_{ns,\text{bus}} + \beta_{2,\text{bus}}\text{fare}_{ns,\text{bus}} + \beta_{3,\text{bus}}\text{waiting}_{ns,\text{bus}} + \beta_4 \text{age}_n$$
$$V_{ns,\text{sub}} = \beta_{0,\text{sub}} + \beta_{1,\text{pt}}\text{time}_{ns,\text{sub}} + \beta_{2,\text{rail}}\text{fare}_{ns,\text{sub}} + \beta_4 \text{age}_n$$
$$V_{ns,\text{tram}} = \beta_{1,\text{pt}}\text{time}_{ns,\text{tram}} + \beta_{2,\text{rail}}\text{fare}_{ns,\text{tram}} + \beta_4 \text{age}_n$$
$$V_{ns,\text{nochoice}} = \beta_{0,\text{nochoice}}$$

(3.25)

如上述模型，年龄变量进入了小汽车、公交、地铁和有轨电车这四种出行方式的效用函数中，设定了无选择中效用函数年龄的参数为0。四种出行方式中年龄的参数设置为通用参数 β_4，如果为正且显著，可以解释为：固定其他条件下，年纪大的个体相对于不在四种交通方式中做出选择，更愿意选择四种中的某一种交通方式。当然，也可以将年龄变量的参数设置为和选项相关，这时相对于不在四种出行方式中做出选择而言，选择各种出行方式的效用受到年龄的影响都不一样。我们还可以将年龄变量放置在无选择的效用函数中，如下所示：

$$V_{ns,\text{car}} = \beta_{0,\text{car}} + \beta_{1,\text{car}}\text{time}_{ns,\text{car}} + \beta_{2,\text{car}}\text{toll}_{ns,\text{car}} + \beta_{3,\text{car}}\text{parking}_{ns,\text{car}}$$
$$V_{ns,\text{bus}} = \beta_{0,\text{bus}} + \beta_{1,\text{pt}}\text{time}_{ns,\text{bus}} + \beta_{2,\text{bus}}\text{fare}_{ns,\text{bus}} + \beta_{3,\text{bus}}\text{waiting}_{ns,\text{bus}}$$
$$V_{ns,\text{sub}} = \beta_{0,\text{sub}} + \beta_{1,\text{pt}}\text{time}_{ns,\text{sub}} + \beta_{2,\text{rail}}\text{fare}_{ns,\text{sub}}$$
$$V_{ns,\text{tram}} = \beta_{1,\text{pt}}\text{time}_{ns,\text{tram}} + \beta_{2,\text{rail}}\text{fare}_{ns,\text{tram}}$$
$$V_{ns,\text{nochoice}} = \beta_{0,\text{nochoice}} + \beta_{4,\text{nochoice}}\text{age}$$

(3.26)

如果 $\beta_{4,\text{nochoice}}$ 为正且显著，可以解释为其他条件固定下，年纪大的个体相对于从四种出行方式中选择其一而言，倾向于不做选择；如果 $\beta_{4,\text{nochoice}}$ 为负且显著，说明年纪大的个体偏好在四种出行方式中选择一种。值得注意的是，上述两个模型关于年龄变量的设置中，$\beta_4 = -\beta_{4,\text{nochoice}}$。

另外需要注意的是，个体和环境的特征变量虽然在效用函数中看上去对效用有影响，但这种影响很可能只是一种中介效应。一个选项的效用还是取决于选项本身的属性。例如性别 female 变量的参数在高铁出行方式的效用函数中正且显著，可能是因为高铁潜在的舒适性或安全性对女性相对于男性而言更加重要。

3.4 效用函数中的变量转换

对样本中的数据或变量进行不同类型的变换，可能会对效用函数产生不同的影响。下面首先介绍几种常用的样本变量变换方式。

1）将变量进行不同单位之间的转换，并不会影响离散选择分析的结果。例如，收入数据或变量，其单位可以是百、千、万，甚至是不同的币种，但无论怎样转换，都不会改变选项之间的效用差，只会改变该变量对应参数估计出的数量级。比如收入变量以 10 为单位时，估计出该变量的参数假设为 -0.5，那么单位为 100 时，可能估计出的参数就为 -0.05。

2）在离散选择分析中，还可能将样本数据或变量进行函数变换（如取对数、平方等）后，再代入效用函数，这样做的目的是能够对选择行为的影响因素做出更好、更深层次的解释。如下列公式：

$$
\begin{aligned}
V_{ns,\text{car}} &= \beta_{0,\text{car}} + \beta_{1,\text{car}}\text{time}_{ns,\text{car}}^2 + \beta_{2,\text{car}}\text{toll}_{ns,\text{car}} + \beta_{3,\text{car}}\text{toll}_{ns,\text{car}}^2 + \\
&\quad \beta_{4,\text{car}}\text{parking}_{ns,\text{car}} \\
V_{ns,\text{bus}} &= \beta_{1,\text{pt}}\text{time}_{ns,\text{bus}}^2 + \beta_{2,\text{bus}}\frac{\text{fare}_{ns,\text{bus}}}{\text{income}_n} + \beta_{3,\text{bus}}\text{waiting}_{ns,\text{bus}} + \\
&\quad \beta_{4,\text{bus}}\log(\text{age}_n)
\end{aligned}
\tag{3.27}
$$

从上述公式可以看出，对于小汽车出行方式选择的效用函数，过路费用 toll 分别用 toll 和 toll^2 的形式代入；出行时间，则同时以平方的形式代入两个效用函数；在公交出行方式的选择效用函数中，通过费用和收入的商来反映不同收入的个体可能对费用变量有不同的边际效用。

3）还有一种幂变换称为 Box – Cox 变换，该变换的公式如下：

$$
x'_{nsjk} = \begin{cases} \dfrac{x_{nsjk}^{\lambda} - 1}{\gamma}, & \gamma \neq 0 \\ \log(x_{nsjk}), & \gamma = 0 \end{cases}
\tag{3.28}
$$

其中，γ 为待估计的参数。由于 Box – Cox 变换当 $\gamma = 0$ 时需要对样本变量取对数，所以往往要求变量值或样本数据为正。

当变量以非线性方式代入效用函数时，需要结合变换的形式解释该变量对效用的贡献。例如，在上述小汽车选择效用函数中，toll 变量以 toll 和 toll^2 的形式代入函数，那么当过路费增加一个单位时，效用的变化就是 $\beta_{2,\text{car}} + \beta_{3,\text{car}}$。又如，在公交出行方式的效用函数中，就不能只考虑费用 fare 而不考虑 income 的前提下，去

解释 $\beta_{2,\text{bus}}$。对于用 Box – Cox 变换的变量，在解释其估计的参数时，需要考虑 λ 的值。

3.4.1 交互效应

在离散选择分析的效用函数中，还有一种称为交叉项的变换。交叉项是指将两个及以上的变量相乘，相乘的变量可以是选择的属性、个体的特征或环境的要素等。相乘变量的个数，确定了交叉项具体的命名。如两项交叉（two – way interaction），指两个变量相乘；三项交叉就是三个变量相乘。以小汽车和公交方式选择的效用函数为例：

$$V_{ns,\text{car}} = \beta_{0,\text{car}} + \beta_1 \text{time}_{ns,\text{car}} + \beta_{2,\text{car}} \text{toll}_{ns,\text{car}} + \beta_{3,\text{car}} \text{parking}_{ns,\text{car}} + \beta_{4,\text{car}}(\text{time}_{ns,\text{car}} \times \text{toll}_{ns,\text{car}}) + \beta_{5,\text{car}}(\text{time}_{ns,\text{car}} \times \text{toll}_{ns,\text{car}} \times \text{parking}_{ns,\text{car}}) \tag{3.29}$$

$$V_{ns,\text{bus}} = \beta_1 \text{time}_{ns,\text{bus}} + \beta_{2,\text{bus}} \text{fare}_{ns,\text{bus}} + \beta_{3,\text{bus}}(\text{time}_{ns,\text{bus}} \times \text{age}_n) \tag{3.30}$$

如上述公式所示，在小汽车出行方式的选择效用函数中，包含了一个两项交叉和一个三项交叉；在公交出行方式的选择效用函数中，有一个关于出行时间（time）和年龄（age）的两项交叉。

在一些文献的研究中，离散分析模型中的待估计参数也被称为效应（effect）。对应于一个变量的参数，称为主效应（main effect）；交叉项的参数称为交叉效应（interaction effect），可以根据交叉的变量数，具体称为二项交叉效应、三项交叉效应等。例如在上述公式中，参数 β_1 就是关于出行时间的主效应；$\beta_{3,\text{bus}}$ 就是关于公交出行时间和个体年龄交叉项的两项交叉效应。

需要注意的是，对具有交叉项效用函数的解释要特别小心。如上例的小汽车选择效用函数中，出行时间变量（time）在函数中出现了三次，那么出行时间的单位变量对效用的影响就不是一个常数，而是一个关于过路费和停车费的函数，即当固定其他条件或变量不变的情况下，单位出行时间的变化，带来小汽车出行方式选择效用的变化是 $\beta_1 + \beta_{4,\text{car}} \text{toll}_{ns,\text{car}} + \beta_{5,\text{car}}(\text{toll}_{ns,\text{car}} \times \text{parking}_{ns,\text{car}})$。

3.4.2 虚拟和效应编码

还有一种称为非线性编码的变换方法。例如在下列效用函数中：

$$\begin{aligned}
V_{ns,\text{car}} &= \beta_{0,\text{car}} + \beta_{1,\text{car}} \text{time}_{ns,\text{car}} + \beta_{2,\text{car}} \text{toll}_{ns,\text{car}} + \beta_{3,\text{car}} \text{parking}_{ns,\text{car}} + \beta_{4,\text{car}} \text{age}_n \\
V_{ns,\text{bus}} &= \beta_{0,\text{bus}} + \beta_{1,\text{pt}} \text{time}_{ns,\text{bus}} + \beta_{2,\text{bus}} \text{fare}_{ns,\text{bus}} + \beta_{3,\text{bus}} \text{season} + \beta_{4,\text{bus}} \text{age}_n \\
V_{ns,\text{sub}} &= \beta_{0,\text{sub}} + \beta_{1,\text{pt}} \text{time}_{ns,\text{sub}} + \beta_{2,\text{rail}} \text{fare}_{ns,\text{sub}} + \beta_{3,\text{sub}} \text{waiting}_{ns,\text{sub}} + \beta_{4,\text{rail}} \text{female}_n \\
V_{ns,\text{tram}} &= \beta_{1,\text{pt}} \text{time}_{ns,\text{tram}} + \beta_{2,\text{rail}} \text{fare}_{ns,\text{tram}} + \beta_{3,\text{tram}} \text{age}_n + \beta_{4,\text{rail}} \text{female}_n
\end{aligned} \tag{3.31}$$

变量 season 为选择公交出行方式时的季节。季节分为春、夏、秋、冬四季，有四个水平，如果按照线性编码（a linear coding scheme）的规则，可以对应四季，分别编码为 1（春）、2（夏）、3（秋）、4（冬）。但是这样编码会带来一个问题，当变量 season 发生单位变化时，即从 1 变到 2 或从 2 变到 3，给选择公交效用带来的变化始终不变，一直是常数 $\beta_{3,\text{sub}}$。我们知道，实际上四季变化所导致气温的改变，会对人们选择公交出行方式的行为产生不同的影响。在严寒的冬季，公交车辆因为频繁到站开门关门，会导致保暖效果不好，怕冷的出行者选择公交出行方式的可能性就较小；从春季进入夏季，对公交出行方式选择效用的变化可能不如秋季进入冬季大。如果按照线性编码的方式来对 season 变量进行转化，就会使得离散选择模型无法捕获这样的变化。

有很多种非线性的编码方法可以应对这种情况，限于篇幅，这里只介绍三种：虚拟编码（dummy coding）、效应编码（effects coding）和正交多项式编码（orthogonal polynomial coding）。通过这三种非线性编码，可以将一个原始的具有 n 个水平的变量转化为 $n-1$ 个编码变量。例如之前的变量 season，具有四个水平，即四个季节，通过非线性编码后，可以将 season 转化为三个新的变量。

在虚拟编码策略中，每个新生成的变量都对应着原始变量的一个水平，即当处于该水平时，新变量为 1，否则为 0。例如，原始变量 season 可以编码为 season1、season2 和 season3。为春季时，season1 为 1，season2 和 season3 为 0；为夏季时，season2 为 1，其余两个变量为 0；为秋季时，season3 为 1，其余两个变量为 0；为冬季时，三个变量 season1、season2、season3 都为 0。都为 0 时的季节或水平，称为基准水平（base level）。虚拟编码和效应编码的区别就在于，当原始变量处于基准水平时，虚拟编码生成的变量都为 0，效应编码生成的编码为 -1。所以如果用效应编码，以 season 为例，冬季时，新生成的三个变量 season1、season2 和 season3 都为 -1。

之所以对原始变量的 n 个水平只生成 $n-1$ 个新的编码变量，是因为如果对应生成 n 个新变量，会造成共线性（colinearity）问题。共线性也称为多重共线性（Multicollinearity），是指线性回归模型中自变量之间由于存在较高的相关性而使模型估计结果准确性受到影响。换句话，模型的自变量之间不能有较高的相关性。如果对于一个三水平的原始变量，按照虚拟或者效应编码的方式，生成了三个新变量，只要能观测到其中两个变量任意一个为 1，那么可以肯定第三个变量为 0；如果观测到其中两个变量都不为 1，那么可以肯定第三个变量为 1。也就是我们能通过推断的方法，利用 $n-1$ 个自变量精确地推测出最后一个自变量，这显然说明了自变量之间的完美相关。

把上例公交出行方式效用函数中的季节 season 变量用虚拟或效应编码，生成三个新的变量 summer、autumn 和 winter。则效用函数可以改写如下：

$$V_{ns} = \beta_0 + \beta_1 \text{time}_{ns} + \beta_2 \text{fare}_{ns} + \beta_{31} \text{summer}_n + \beta_{32} \text{autumn}_n + \beta_{33} \text{winter}_n + \beta_4 \text{female}_n \tag{3.32}$$

对虚拟和效应编码变量可以这样来解释：如上公式中，若个体被调查在夏季乘坐公交的意愿和各种属性，那么 summer 变量取值为 1，autumn 和 winter 取值为 0，在保持其他条件或变量不变的前提下，此时夏季对选择公交出行方式效用的影响就为 β_{31}。如果被调查者回答的是冬季乘坐公交的意愿，那么显然对效用的影响是 β_{33}。在这个例子中，夏季、秋季和冬季被编码，春季作为基准水平（base level），没有被编码。如果个体被询问的是春季乘坐公交的感受，那么对应另外三个季节的变量 summer、autumn 和 winter 此时都为 0，在固定其他条件下，对效用的影响为 0。

需要注意的是，因为离散分析中效用为序数尺度，即效用差才有意义，所以对效用的影响为 0 并不意味着对效用没有影响，离散分析中变量对效用的影响都是相对的。上文中如果在夏季，那么 β_{31} 实际体现的是夏季相对春季对公交出行方式选择效用的影响。另外，如果实际样本数据取值为基准水平时，在效用函数中体现的是影响为 0 时的边际效用，很容易和反映无法观测因素对效用的影响——常数项 ASC 混淆，所以很多学者建议，在使用虚拟编码的变量时，最好给效用函数加上常数项 ASC。

和虚拟编码不一样的是，效应编码用 -1 来替换 0。如在上例中，如果样本数据为基准水平春季，那么其他三个季节编码变量都为 -1，此时在固定其他变量或条件不变的前提下，春季对效用的影响为 $-\beta_{31}-\beta_{32}-\beta_{33}$。这个影响不再是虚拟编码中的 0，而是一个确切的数值，也就不容易和常数项 ASC 的影响混淆，这是效应编码相比虚拟编码的优势所在。

效应编码的另外一个优势体现在同时对多个变量的非线性编码上。如上述选择公交出行方式效用函数公式中，对季节 season 和性别 female 应用虚拟编码，分别以春季和男性为基准水平，把它们都标准化为 0，则我们无法分辨出春季和男性哪一个因素对公交出行方式的选择效用有更大的影响，而且也容易和此时的常数项混淆。但如果采用效应编码，基准水平春季对效用的影响为 $-\beta_{31}-\beta_{32}-\beta_{33}$，男性的边际效用为 $-\beta_4$。那么季节 season 和性别 female 这两个变量的基准水平对效用的影响就是一个定值，我们可以通过比较 $-\beta_{31}-\beta_{32}-\beta_{33}$ 和 $-\beta_4$ 来判定哪一个变量的基准水平对效用的影响更大。

无论是虚拟编码还是效应编码，都可以任意设置基准水平，这是因为离散分析中的效用为序数尺度，效用差才有意义，所以参数的估计都是相对于基准水平而言。在固定其他变量或条件下，变量的编码规则并不影响离散选择模型的最终结果。如果从虚拟编码转向效应编码，只需要将估计的参数值都减去 s，其计算公式如下：

$$s = \sum_{l}^{L-1} \beta_{kl} \qquad (3.33)$$

就可以得到效应编码变量的估计参数，此时该选项相对于基准水平的效用不发生变化。如果从效应编码转向虚拟编码，加上 s 即可。在上例中，假设季节变量采用效应编码，summer、autumn 和 winter 三个季节变量的参数估计为 -0.8、0.3、0.6，因为效应编码基准水平为 -1，所以春季的参数为 0.8-0.3-0.6 = -0.1。此时 $s =$

$-0.8+0.3+0.6=0.1$，所以在虚拟编码情况下，summer、autumn 和 winter 三个季节变量的参数估计为 -0.7、0.4 和 0.6，基准水平编码为 0，相对于基准水平，无论是虚拟编码还是效应编码，相对效用都没有发生变化。但是需要注意的是，如果基准水平仅仅和一个选项相关，特别是和保持现状不变的选项相关时，虚拟编码和效应编码仅仅在尺度上进行 s 的变换，无法得到相同的效用差。

3.5 离散模型小结

离散选择模型不仅可用于对选择行为的解释，还能应用在任何具有离散结果的事件或场景。本章主要介绍了和离散选择模型相关的链接函数、潜变量、效用等概念。并且还构建了效用的可观测项，解释了可观测项的效用函数及变量的编码方法。

第4章 基于效用理论的选择行为建模

分类因变量模型的建模思路是我们通过潜在的连续变量——效用来体现个体对不同选项的偏好程度，再基于选项间的相对偏好，推导出离散、分类的选择结果。效用可以通过效用函数的定义来计算，在效用函数中，可以分为可观测项和不可观测项两部分。上一章重点介绍了效用的可观测项，讨论了其中的共用参数、选项相关参数、非线性编码等内容。在本章中，更多关注效用的不可观测项，给出了不可观测部分样本数据的各种假设分布。假设分布的不同，会导致基于效用计算选择结果发生的概率时，具有不同的公式或方法。所以本章会重点讨论关于不可观测部分效用的各种假设，以及这些假设所推导出的概率选择模型或计量经济模型（econometric models）。

4.1 效用的尺度

如上一章对效用的解释和定义，设个体 n 处于选择环境 s 中对选项 j 的效用为 U_{nsj}。将该效用分为两部分：可观测部分 V_{nsj} 和不可观测部分 ε_{nsj}，公式如下：

$$U_{nsj} = V_{nsj} + \varepsilon_{nsj} \tag{4.1}$$

效用的可观测部分可以假设为关于影响因素 x 和权重 β 构成的线性组合，公式为

$$U_{nsj} = \lambda_n \sum_{k=1}^{K} \beta_{nk} x_{nsjk} + \varepsilon_{nsj} \tag{4.2}$$

其中，β_{nk} 为第 n 个个体第 k 个特征因素的权重或边际效用。如同给所有选项的效用加上一个常数不会改变决策者的选择一样，给所有选项效用的可观测项乘以一个尺度常数 λ，最终的选择概率不会发生变化，这称为效用的尺度大小具有无关性。和常数项一样，也通常对效用的尺度进行归一化处理。对效用量级归一化处理其实就是对不可观测项的方差进行标准化处理。当效用不可观测项除以 λ 时，不可观测项方差的变化是 $1/\lambda^2$ 倍，因为 $\text{Var}(\varepsilon_{nsj}/\lambda) = \text{Var}(\varepsilon_{nsj})/\lambda^2$。

由于独立同分布（independently and identically, IID）的不可观测项具有相同的方差，所以只要对其中一个不可观测项的方差进行归一化处理，就相当于对效用函数中所有不可观测项进行方差的处理。通常可以将不可观测项方差归一化为一个便于处理的数字，如 1。当效用的可观测部分为线性函数时，对效用量级的归一化处理能够有助于我们更好地解释模型参数。例如，上述公式中，若不可观测项 ε_{nsj} 的标准差为 σ_n，则方差为其二次方。由于效用的尺度大小具有无关性，所以在效用函数的左右两边，都除以标准差 σ_n，得到：

$$U_{nsj}^* = \frac{U_{nsj}}{\lambda} = \sum_{k=1}^{K} \beta_{nk} x_{nsjk} + \frac{\varepsilon_{nsj}}{\lambda} \tag{4.3}$$

此时，λ 就为 σ_n。效用的不可观测部分变为 $\varepsilon_{nsj}/\lambda_n$。虽然将不可观测项方差归一化为多少都可以，但对模型进行解释时，一定要把对尺度的归一化因素考虑进

去。如果对于同一个数据集，我们分别用 logit 模型和 probit 模型进行估计，通常将 logit 模型误差项的方差归一化为 $\pi^2/6$，大约是 1.6，将 probit 模型误差项方差归一化为 1。

4.2 效用的随机项

离散选择分析所用的样本数据中，主要包含了用于描述选项属性的变量、被调查者个体自身的特征变量、选择决策所处的环境变量，以及选择决策最终的结果。样本数据中的这些变量信息可以用来构建效用的可观测项。然而，个体对每个选项的真实效用永远无法得到准确的值，这是因为效用对个体而言，本身就是一个潜在的心理变量（construct），只能为个体自身所感受、知晓。研究者在设计问卷时，不可能捕获所有的相关信息；并且个体在填写问卷时，也不太可能完美地反映自身全部和真实的感受。所以效用 U_{nsj} 永远不可能等于在离散分析中所定义的可观测项 V_{nsj}。两者之间的差异，就是效用的不可观测部分 ε_{nsj}，或者称为效用的误差项、扰动项、随机项等。

如果有四种出行方式：小汽车、公交、地铁和有轨电车，个体选择这些方式的效用可观测项分别为 2、3、−2 和 0。假设个体是理性的，那么他们会选取令自己效用最大的选项。所以如果仅按照可观测项决定的效用而言，个体会选择公交出行方式。但若这四种方式效用的不可观测项分别为 −1、−3、5 和 0，加上可观测项后，四种方式的总效用为 1、0、3 和 0，这时个体就会选择地铁出行方式。所以可观测项和不可观测项对于总的效用而言，都有非常重要的影响和作用。

实际上，不可观测项体现的是个体对选项效用的潜在部分，一般无法表现为一个具体的数值。通常假设选项 j 的效用不可观测部分 ε_{nsj} 是服从密度为 $f(\varepsilon_{nsj})$ 分布的随机变量。那么个体 n 在决策环境 s 中选择选项 j 的概率就是选择 j 选项的效用大于其他所有选项 i 效用的概率：

$$\begin{aligned} P_{nsj} &= \mathrm{Prob}(U_{nsj} > U_{nsi}, \forall i \neq j) \\ &= \mathrm{Prob}(V_{nsj} + \varepsilon_{nsj} > V_{nsi} + \varepsilon_{nsi}, \forall i \neq j) \end{aligned} \quad (4.4)$$

可以将上式重新整理，将随机变量移到不等号的左边，得到

$$\begin{aligned} P_{nsj} &= \mathrm{Prob}(\varepsilon_{nsj} - \varepsilon_{nsi} > V_{nsi} - V_{nsj}, \forall i \neq j) \\ &= \mathrm{Prob}(\varepsilon_{nsi} - \varepsilon_{nsj} < V_{nsj} - V_{nsi}, \forall i \neq j) \end{aligned} \quad (4.5)$$

在上述公式中，ε_{nsi} 和 ε_{nsj} 为选项 i 和 j 的效用不可观测项，或随机变量，那么它们之差 $\varepsilon_{nsi} - \varepsilon_{nsj}$ 也为随机变量，公式就转变为随机变量小于定值时的概率。即选择选项 j 的概率为随机变量 $\varepsilon_{nsi} - \varepsilon_{nsj}$ 小于 $V_{nsj} - V_{nsi}$ 的概率。

上述公式非常重要，因为其实现了分类因变量和潜在效用之间的转换。实际上，从选项完全性和互斥性这两个特征来理解，任何一个选项被选择的概率应该在 0～1 之间，把选择所有选项的概率累加起来，应该等于 1，这就意味着体现选项满

意度的效用天然就应该和概率之间有关联。当某个选项的效用增加时，在保持其他条件不变的前提下，该选项被选中的概率就会增加，其他选项被选择的概率就会减少。正是通过选择概率将不同选项的效用函数统一为一个完整的模型——离散选择模型。需要注意的是，即使效用函数为线性，即自变量的单位变化引起潜在效用的变化恒定，但是效用和选择概率之间不是线性的关系。在线性关系的模型中，我们可以使用普通最小二乘法（ordinary least squares，OLS）来估计参数，但是非线性的离散选择模型就不能用这种方法，通常使用的是极大似然估计（maximum likelihood estimation）。

在离散选择模型中，效用的不可观测项或者随机项，主要服从两类分布：一类是 Gumbel 分布或 1 类极值（Type 1 extreme value）分布，应用这种分布的离散选择模型应用较早，也更为基础；另一类是正态分布，虽然正态分布有时更加符合个体的行为，但实际应用中不如 Gumbel 多。

如上文，个体 n 在决策环境 s 中选择选项 j 的概率就是选择 j 选项的效用大于其他所有选项 i 效用的概率：

$$P_{nsj} = \text{Prob}(\varepsilon_{nsi} - \varepsilon_{nsj} < V_{nsj} - V_{nsi}, \forall i \neq j) \tag{4.6}$$

效用的随机项如果采用不同的分布形式，就会得到不同类型的离散选择模型。当效用随机项服从正态分布时，就成为 probit 模型；服从 Gumbel 分布时，就为 logit 模型。下面假设 ε 服从正态分布，推导 probit 模型。

4.3 probit 模型

4.3.1 二项 probit 模型

若有随机变量 X 服从均值为 μ、方差为 σ^2 的正态分布，可以写为 $X \sim N(\mu, \sigma^2)$。其概率密度函数为

$$f(x) = \frac{1}{\sqrt{2\pi}\sigma} e^{\frac{-(x-\mu)^2}{2\sigma^2}} \tag{4.7}$$

随机变量 X 的累积分布函数是该随机变量取值不超过实数 x 的概率，即 $X \leq x$ 的概率，可以写为

$$F(x) = \text{Prob}(X \leq x) = \int_{-\infty}^{x} f(x) \, dx \tag{4.8}$$

代入上述正态分布的概率密度函数，得到正态分布的累积分布函数：

$$F(x) = \text{Prob}(X \leq x) = \int_{-\infty}^{x} \frac{1}{\sqrt{2\pi}\sigma} e^{\frac{-(x-\mu)^2}{2\sigma^2}} \, dx \tag{4.9}$$

对于标准正态分布，即均值 μ 为 0，方差 σ^2 为 1，此时累积分布函数习惯标记为 Φ，公式如下：

$$\Phi(x) = \text{Prob}(X \leq x) = \int_{-\infty}^{x} \frac{1}{\sqrt{2\pi}} e^{\frac{-x^2}{2}} \, dx \tag{4.10}$$

可以假设选项 j 和 i 效用的随机项 ε_{nsj} 和 ε_{nsi} 服从正态分布，均值为 μ，标准差分别为 σ_j 和 σ_i，即

$$\varepsilon_{nsi} \sim N(\mu, \sigma_i^2), \ \varepsilon_{nsj} \sim N(\mu, \sigma_j^2) \tag{4.11}$$

设随机变量 $\varepsilon_{ns} = \varepsilon_{nsi} - \varepsilon_{nsj}$，则根据随机变量的数字特征，$\varepsilon_{ns}$ 的均值为组成其随机变量均值之和，即

$$E(\varepsilon_{ns}) = E(\varepsilon_{nsi} - \varepsilon_{nsj}) = E(\varepsilon_{nsi}) - E(\varepsilon_{nsj}) = \mu - \mu = 0 \tag{4.12}$$

ε_{ns} 的方差 σ^2 为

$$\sigma^2 = \sigma_i^2 + \sigma_j^2 - 2\mathrm{Cov}(\varepsilon_{nsi}, \varepsilon_{nsj}) \tag{4.13}$$

所以 ε_{ns} 服从均值为 0、方差为 σ^2 的正态分布，即

$$\varepsilon_{ns} \sim N(0, \sigma^2) \tag{4.14}$$

选择 j 选项的效用大于其他所有选项 i 效用的概率为

$$\begin{aligned} P_{nsj} &= \mathrm{Prob}(\varepsilon_{nsi} - \varepsilon_{nsj} < V_{nsj} - V_{nsi}, \forall i \neq j) \\ &= \mathrm{Prob}(\varepsilon_{ns} < V_{nsj} - V_{nsi}) \\ &= \int_{-\infty}^{V_{nsj}-V_{nsi}} f(\varepsilon_{ns}) \mathrm{d}\varepsilon_{ns} \\ &= \int_{-\infty}^{V_{nsj}-V_{nsi}} \frac{1}{\sqrt{2\pi}\sigma} e^{-\frac{\varepsilon_{ns}^2}{2\sigma^2}} \mathrm{d}\varepsilon_{ns} = \int_{-\infty}^{\frac{V_{nsj}-V_{nsi}}{\sigma}} \frac{1}{\sqrt{2\pi}} e^{-\frac{x^2}{2}} \mathrm{d}x \end{aligned} \tag{4.15}$$

显然等号右边成为标准正态分布的累积分布函数，可以用 Φ 来表示，则选择 j 选项的效用大于其他所有选项 i 效用的概率为

$$P_{nsj} = \Phi\left(\frac{V_{nsj} - V_{nsi}}{\sigma}\right) \tag{4.16}$$

式（4.16）即为 probit 模型的表达式。若各个选项相互独立，那么选择 j 选项的概率为 j 选项效用大于其他 $J-1$ 个选项效用概率的乘积，即多项 probit 模型为

$$P_{nsj} = \prod_{i \neq j} \Phi\left(\frac{V_{nsj} - V_{nsi}}{\sigma}\right) \tag{4.17}$$

4.3.2 多项 probit 模型

效用随机项服从多元正态（multivariate normal）分布的离散选择模型称为 probit 模型。设选择集中共有 J 个选项，每个选项 j 的效用随机项为 ε_{nsj}，所有选项的效用随机项构成一个向量 $\boldsymbol{\varepsilon}_{ns} = <\varepsilon_{ns1}, \cdots, \varepsilon_{nsJ}>$。设向量 $\boldsymbol{\varepsilon}_{ns}$ 服从均值为零向量、协方差矩阵为 $\boldsymbol{\Omega}_\varepsilon$ 的多元正态分布：

$$\boldsymbol{\varepsilon}_{ns} \sim N[0, \boldsymbol{\Omega}_\varepsilon] \tag{4.18}$$

其中，随机项向量 $\boldsymbol{\varepsilon}_{ns}$ 的概率密度为

$$\phi(\boldsymbol{\varepsilon}_{ns}) = \frac{1}{(2\pi)^{J/2} |\boldsymbol{\Omega}|^{1/2}} \exp\left(-\frac{1}{2} \boldsymbol{\varepsilon}'_{ns} \boldsymbol{\Omega}^{-1} \boldsymbol{\varepsilon}_{ns}\right) \tag{4.19}$$

其中，$|\boldsymbol{\Omega}|$ 为协方差矩阵 $\boldsymbol{\Omega}_\varepsilon$ 的行列式。在对称的协方差矩阵 $\boldsymbol{\Omega}_\varepsilon$ 中，共有不同的元素 $((J+1)J)/2$ 个，其中有方差项 J 个、协方差项 $((J-1)J)/2$ 个。例如，

对于一个5选项的选择集而言，如果其随机项向量服从多元正态分布，那么协方差矩阵中共有15个不同的元素，对角线上各个选项随机项的方差有5个，非对角线上不同随机项之间的协方差有10个。若为$\text{Var}(\varepsilon_{nsi}) = \sigma_{ii}$，$\text{Cov}(\varepsilon_{nsi}, \varepsilon_{nsj}) = \sigma_{ij}$，则此时的协方差可以写为

$$\boldsymbol{\Omega}_{\varepsilon} = \begin{bmatrix} \sigma_{11} & \sigma_{12} & \sigma_{13} & \sigma_{14} & \sigma_{15} \\ \sigma_{12} & \sigma_{22} & \sigma_{23} & \sigma_{24} & \sigma_{25} \\ \sigma_{13} & \sigma_{23} & \sigma_{33} & \sigma_{34} & \sigma_{35} \\ \sigma_{14} & \sigma_{24} & \sigma_{34} & \sigma_{44} & \sigma_{45} \\ \sigma_{15} & \sigma_{25} & \sigma_{35} & \sigma_{45} & \sigma_{55} \end{bmatrix} \quad (4.20)$$

由于效用差才有意义，所以在进行离散选择分析时，往往选定一个选项作为基准项，比较其他所有选项和基准项之间的效用差。如果选择集中有J个选项，这样就有$J-1$个效用差以及随机项的差，随机变量之差还是随机变量，所以实际上在分析中，主要关注这$J-1$个代表随机项之差的随机变量。这也就意味着，我们并不需要$J \times J$阶的协方差矩阵，而是要采用一些方法，将随机项ε的方差σ替换为随机项之差的方差θ。对于选项j和i，效用差为

$$U_{nsj} - U_{nsi} = (V_{nsj} - V_{nsi}) + (\varepsilon_{nsj} - \varepsilon_{nsi}) \quad (4.21)$$

设$\text{Var}(\varepsilon_{nsj} - \varepsilon_{nsi}) = \theta_{jj}$。这时可以将关于$\sigma$的$J \times J$阶协方差矩阵标准化为关于$\theta$的协方差矩阵：

$$\boldsymbol{\Omega}_{\theta} = \begin{bmatrix} \theta_{11} & \theta_{12} & \theta_{13} & \theta_{14} & 0 \\ \theta_{12} & \theta_{22} & \theta_{23} & \theta_{24} & 0 \\ \theta_{13} & \theta_{23} & \theta_{33} & \theta_{34} & 0 \\ \theta_{14} & \theta_{24} & \theta_{34} & \theta_{44} & 0 \\ 0 & 0 & 0 & 0 & 1 \end{bmatrix} \quad (4.22)$$

由于效用的尺度大小具有无关性，所以我们可以进一步将协方差矩阵进行尺度上的归一化，所有元素都除以θ_{44}。令$\lambda_{ii} = \theta_{ii}/\theta_{44}$，以及$\lambda_{ij} = \theta_{ij}/\theta_{44}$。此时的效用随机项向量$\boldsymbol{\varepsilon}_{ns}$服从均值为零向量、协方差为$\boldsymbol{\Omega}_{\lambda}$的正态分布：

$$\boldsymbol{\varepsilon}_{ns} \sim N \left(\begin{bmatrix} 0 \\ 0 \\ 0 \\ 0 \\ 0 \end{bmatrix}, \begin{bmatrix} \lambda_{11} & \lambda_{12} & \lambda_{13} & \lambda_{14} & 0 \\ \lambda_{12} & \lambda_{22} & \lambda_{23} & \lambda_{24} & 0 \\ \lambda_{13} & \lambda_{23} & \lambda_{33} & \lambda_{34} & 0 \\ \lambda_{14} & \lambda_{24} & \lambda_{34} & 1 & 0 \\ 0 & 0 & 0 & 0 & 1 \end{bmatrix} \right) \quad (4.23)$$

需要注意的是，这里关于协方差的标准化和尺度上的归一化过程，同样要作用于效用的可观测部分以及不可观测部分。如果仅仅依靠样本数据，没有标准化和尺度归一化过程，就无法估计效用可观测项中的权重系数向量$\boldsymbol{\beta}$。可以看出，概率函

数中会有多重积分形式，在计算上十分困难，与下文的 logit 模型形成了鲜明的对比。

4.4 logit 模型

4.4.1 模型概述

logit 模型是离散选择模型中应用最为广泛的形式。该模型假设效用的随机项服从多元广义极值（Generalized Extreme Value，GEV）分布。GEV 分布主要应用于海洋、气象和水文等领域，由 R. A. Fisher 和 L. H. C. Tippett 于 1928 年发现。一个总体各个样本的最大值就趋向于 GEV 分布，其累积分布函数为

$$F(x) = P(X < x) = \exp\left(-\left(1 + k\left(\frac{x-\mu}{\sigma}\right)\right)^{-\frac{1}{k}}\right) \quad (4.24)$$

GEV 分布拥有三个参数，其中 μ 为位置参数（location parameter），为分布的众数；σ 为尺度参数（scale parameter），表明了分布的离散程度；k 为形状参数（shape parameter）。当 k 趋向于 0 时，GEV 分布称为 Gumbel 分布，也称为 1 类极值分布（Type1 GEV），其方差为 $\sigma^2\pi^2/6$，累积分布函数为

$$F(x) = P(X < x) = \exp\left(-\exp\left(-\frac{x-\mu}{\sigma}\right)\right) \quad (4.25)$$

其概率密度函数为

$$f(x) = \frac{\exp\left(-\frac{x-\mu}{\sigma} - \exp\left(-\frac{x-\mu}{\sigma}\right)\right)}{\sigma} \quad (4.26)$$

当 $k>0$ 时，GEV 分布就转化为 Fréchet 分布，或 2 类极值（Type 2 GEV）分布。当 $k<0$ 时，GEV 分布就转化为 Weibull 分布，或 3 类极值（Type 3 GEV）分布。需要注意的是，μ 和 σ 不是分布的均值及标准差，是分布位置和形状的参数。

实际上，当效用随机项服从 Gumbel 或 Type 1 GEV 分布时，推导出的就是 logit 模型。很多时候，Gumbel 或 Type 1 GEV 分布也被简称为 EV1 分布。上文 probit 模型中效用随机项服从的正态分布左右对称，Gumbel 分布不对称，是有偏的（skewed）。当 $\mu=0$、$\sigma=1$ 时，称为标准 Gumbel 分布，即 $x \sim \text{Gumbel}(0,1)$。将 $\mu=0$ 和 $\sigma=1$ 代入式（4.25）和式（4.26），可以分别得到标准 Gumbel 分布的累积分布函数和概率密度函数：

$$F(x) = P(X < x) = \exp(-\exp(-x)) = e^{-e^{-x}} \quad (4.27)$$

$$f(x) = \exp(-x - \exp(-x)) = e^{-x}e^{-e^{-x}} \quad (4.28)$$

下面用 STATA 绘制出标准正态分布和标准 Gumbel 分布的概率密度图，如图 4.1 所示。绘图命令如下，命令的详解见附录 B 中标准正态分布和标准 Gumbel 分布的概率密度图的绘制。

```
. twoway function y = normalden(x), range(-5 5) || pci 0.3989 0 0 0 (2)
"0.3989", recast(pccapsym) lpattern("-") || function y =
exp(-x)*exp(-exp(-x)), range(-5 5) || pcarrowi 0.3679 -1 0.3679 0 (9)
"0.3679",legend(order(1 "Normal" 2 "Mean" 3 "Gumbel") cols(1) position(0)
```

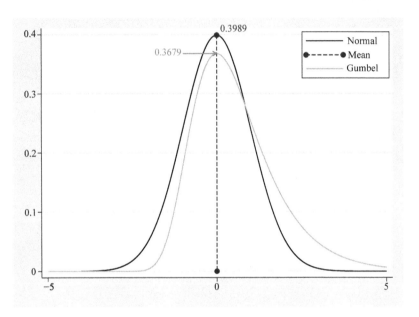

图 4.1　标准正态分布和标准 Gumbel 分布的概率密度图

从图中可以看出，标准正态分布和标准 Gumbel 分布曲线大体接近，有区别的是在分布的右侧，也就是 Gumbel 分布的尾部，两条分布曲线有一定差异。标准 Gumbel 分布有偏，其偏度系数（skewness coefficient）约为 1.13956，而标准正态分布该系数为 0。标准 Gumbel 分布的峰度系数（kurtosis value）为 2.4，而标准正态分布为 3。

对于标准 Gumbel 分布而言，虽然位置参数 μ 为 0，尺度参数 σ 为 1，但分布的均值和标准差与位置参数和尺度参数并不相同，分别为 0.57721（欧拉－马绍罗尼常数，Euler－Mascheroni constant）和 $\pi^2/6$。若对于不同选项，效用的尺度参数 λ 并不相同，那么对于五个选项的随机项向量 ε_{ns}：

$$\varepsilon_{ns} \sim \text{GEV1}\left(\begin{pmatrix} 0.57721/\lambda_1 \\ 0.57721/\lambda_2 \\ 0.57721/\lambda_3 \\ 0.57721/\lambda_4 \\ 0.57721/\lambda_5 \end{pmatrix}, \begin{pmatrix} \sigma_{11} & \sigma_{12} & \sigma_{13} & \sigma_{14} & \sigma_{15} \\ \sigma_{12} & \sigma_{22} & \sigma_{23} & \sigma_{24} & \sigma_{25} \\ \sigma_{13} & \sigma_{23} & \sigma_{33} & \sigma_{34} & \sigma_{35} \\ \sigma_{14} & \sigma_{24} & \sigma_{34} & \sigma_{44} & \sigma_{45} \\ \sigma_{15} & \sigma_{25} & \sigma_{35} & \sigma_{45} & \sigma_{55} \end{pmatrix}\right) \quad (4.29)$$

这里可以将不同选项的尺度参数 λ_1、λ_2、λ_3、λ_4 和 λ_5 都标准化为 1。就 logit

模型而言，假设不同选项效用的随机项独立同分布。

（1）同分布

同分布指这些随机项都服从 1 类广义极值分布，且方差相同，都为

$$\mathrm{var}(\varepsilon_{nsj}^*) = \frac{\pi^2}{6\lambda_j^2} \tag{4.30}$$

在尺度参数 λ_j 为 1 时，方差同为 $\pi^2/6$，约等于 1.6449。即 $\sigma_{11} = \sigma_{22} = \cdots = \sigma_{55} = \pi^2/6$。

（2）相互独立

相互独立是指随机变量之间没有相关性，相关系数为 0 或协方差为 0。这里就意味着不同效用随机项之间的协方差都为 0，即 $\sigma_{ij} = 0$，$\forall i \neq j$。将效用随机项独立同分布的假设代入式（4.29）中，可以得到：

$$\varepsilon_{ns}^* \sim \text{IID EV1}\left(\begin{pmatrix}0.57721\\0.57721\\0.57721\\0.57721\\0.57721\end{pmatrix}, \begin{pmatrix}\pi^2/6 & 0 & 0 & 0 & 0\\0 & \pi^2/6 & 0 & 0 & 0\\0 & 0 & \pi^2/6 & 0 & 0\\0 & 0 & 0 & \pi^2/6 & 0\\0 & 0 & 0 & 0 & \pi^2/6\end{pmatrix}\right) \tag{4.31}$$

其中 IID 是指独立同分布（independent and identical distribution，IID）。EV1 指 1 类极值分布。

4.4.2 logit 模型的推导

多项 probit 模型的概率公式中存在积分，所以需要用蒙特卡洛仿真（Monte Carlo simulation）的方法来求近似解，这被称为开放式（open-form）求解。而 logit 模型相对简单，是一种封闭（closed form）形式，其推导过程如下。根据式（4.6），第 n 个个体在环境 s 中选择选项 j 的概率为

$$\begin{aligned}\Pr_{nsj} &= \Pr(\varepsilon_{nsi} - \varepsilon_{nsj} < V_{nsj} - V_{nsi}, \forall i \neq j)\\&= \Pr(\varepsilon_{nsi} < V_{nsj} - V_{nsi} + \varepsilon_{nsj}, \forall i \neq j)\end{aligned} \tag{4.32}$$

其中，ε_{nsi} 和 ε_{nsj} 为选项 i 和 j 的效用随机项，都相互独立。$\forall i \neq j$ 是指任意不同于 j 的选项 i，如果共有选项 J 个，那么 i 有 $J-1$ 个。所以式（4.32）相当于 $J-1$ 个概率同时成立：

$$\begin{aligned}\Pr_{nsj} &= \Pr(U_{nsj} > U_{ns,1}) = \Pr(\varepsilon_{ns,1} - \varepsilon_{nsj} < V_{nsj} - V_{ns,1})\\\Pr_{nsj} &= \Pr(U_{nsj} > U_{ns,2}) = \Pr(\varepsilon_{ns,2} - \varepsilon_{nsj} < V_{nsj} - V_{ns,2})\\&\vdots\\\Pr_{nsj} &= \Pr(U_{nsj} > U_{ns,j-1}) = \Pr(\varepsilon_{ns,j-1} - \varepsilon_{nsj} < V_{nsj} - V_{ns,j-1})\\\Pr_{nsj} &= \Pr(U_{nsj} > U_{ns,j+1}) = \Pr(\varepsilon_{ns,j+1} - \varepsilon_{nsj} < V_{nsj} - V_{ns,j+1})\\&\vdots\\\Pr_{nsj} &= \Pr(U_{nsj} > U_{ns,J}) = \Pr(\varepsilon_{ns,J} - \varepsilon_{nsj} < V_{nsj} - V_{ns,J})\end{aligned} \tag{4.33}$$

因为设定效用随机项 ε 之间相互独立，所以式（4.33）中的 $J-1$ 个概率同时发生就是这些概率的乘积，用"$\prod$"表示连乘，所以式（4.32）又可以表示为

$$\mathrm{Pr}_{nsj} = \prod_{i \neq j} \mathrm{Pr}(\varepsilon_{nsi} - \varepsilon_{nsj} < V_{nsj} - V_{nsi}) \tag{4.34}$$

若先固定随机变量 ε_{nsj}，则式（4.34）变为 ε_{nsj} 为定值的条件概率：

$$\mathrm{Pr}_{nsj} \mid \varepsilon_{nsj} = \prod_{i \neq j} \mathrm{Pr}(\varepsilon_{nsi} - \varepsilon_{nsj} < V_{nsj} - V_{nsi})$$

$$= \prod_{i \neq j} \mathrm{Pr}(\varepsilon_{nsi} < V_{nsj} - V_{nsi} + \varepsilon_{nsj}) \tag{4.35}$$

此时式（4.35）中唯一的随机变量 ε_{nsi} 服从标准 Gumbel 分布，根据标准 Gumbel 分布的累积分布函数（4.25），所以有

$$\mathrm{Pr}_{nsj} \mid \varepsilon_{nsj} = \prod_{i \neq j} \mathrm{Pr}(\varepsilon_{nsi} - \varepsilon_{nsj} < V_{nsj} - V_{nsi})$$

$$= \prod_{i \neq j} \mathrm{Pr}(\varepsilon_{nsi} < V_{nsj} - V_{nsi} + \varepsilon_{nsj})$$

$$= \prod_{i \neq j} F_{\varepsilon_{nsi}}(V_{nsj} - V_{nsi} + \varepsilon_{nsj})$$

$$= \prod_{i \neq j} \mathrm{e}^{-\mathrm{e}^{-(V_{nsj}-V_{nsi}+\varepsilon_{nsj})}} \tag{4.36}$$

$\mathrm{Pr}_{nsj} \mid \varepsilon_{nsj}$ 表明在给定 ε_{nsj} 条件下，个体 n 在 s 决策环境中选择 j 选项的概率。在这个条件概率中，给定的 ε_{nsj} 其实是服从标准 Gumbel 分布的随机变量，即 $\varepsilon_{nsj} \sim$ Gumbel$(0,1)$。所以没有给定条件下选择 j 选项的概率为：以 ε_{nsj} 的概率密度函数为权重，对 ε_{nsj} 所有可能值取积分，即随机变量 ε_{nsj} 在 $(-\infty, \infty)$ 范围内，条件概率与随机变量概率密度函数 $f(\varepsilon_{nsj})$ 乘积的积分。

$$\mathrm{Pr}_{nsj} = \int_{-\infty}^{+\infty} (\mathrm{Pr}_{nsj} \mid \varepsilon_{nsj}) f(\varepsilon_{nsj}) \mathrm{d}\varepsilon_{nsj} \tag{4.37}$$

将条件概率公式（4.36）和标准 Gumbel 分布的概率密度函数（4.26）代入式（4.37），可以得到：

$$\mathrm{Pr}_{nsj} = \int_{-\infty}^{+\infty} \Big(\prod_{i \neq j} F_{\varepsilon_{nsi}}(V_{nsj} - V_{nsi} + \varepsilon_{nsj}) \Big) f(\varepsilon_{nsj}) \mathrm{d}\varepsilon_{nsj}$$

$$= \int_{-\infty}^{+\infty} \Big(\prod_{i \neq j} \mathrm{e}^{-\mathrm{e}^{-(V_{nsj}-V_{nsi}+\varepsilon_{nsj})}} \Big) \mathrm{e}^{-\varepsilon_{nsj}} \mathrm{e}^{-\mathrm{e}^{-\varepsilon_{nsj}}} \mathrm{d}\varepsilon_{nsj}$$

$$= \int_{-\infty}^{+\infty} \Big(\prod_{i \neq j} \mathrm{e}^{-\mathrm{e}^{-(V_{nsj}-V_{nsi}+\varepsilon_{nsj})}} \Big) \mathrm{e}^{-\varepsilon_{nsj}} \mathrm{e}^{-\mathrm{e}^{-(V_{nsj}-V_{nsj}+\varepsilon_{nsj})}} \mathrm{d}\varepsilon_{nsj}$$

$$= \int_{-\infty}^{+\infty} \Big(\prod_{i=1}^{J} \mathrm{e}^{-\mathrm{e}^{-(V_{nsj}-V_{nsi}+\varepsilon_{nsj})}} \Big) \mathrm{e}^{-\varepsilon_{nsj}} \mathrm{d}\varepsilon_{nsj} \tag{4.38}$$

将式（4.38）进一步整理，连乘积可以变为 e 的幂的连加，得到：

$$\mathrm{Pr}_{nsj} = \int_{-\infty}^{+\infty} \left(\prod_{i=1}^{J} \mathrm{e}^{-\mathrm{e}^{-(V_{nsj}-V_{nsi}+\varepsilon_{nsj})}} \right) \mathrm{e}^{-\varepsilon_{nsj}} \mathrm{d}\varepsilon_{nsj}$$

$$= \int_{-\infty}^{+\infty} \exp\left(-\sum_{i=1}^{J} \mathrm{e}^{-(V_{nsj}-V_{nsi}+\varepsilon_{nsj})} \right) \mathrm{e}^{-\varepsilon_{nsj}} \mathrm{d}\varepsilon_{nsj}$$

$$= \int_{-\infty}^{+\infty} \exp\left(-\mathrm{e}^{-\varepsilon_{nsj}} \sum_{i=1}^{J} \mathrm{e}^{-(V_{nsj}-V_{nsi})} \right) \mathrm{e}^{-\varepsilon_{nsj}} \mathrm{d}\varepsilon_{nsj} \quad (4.39)$$

令 $z = \exp(-\varepsilon_{nsj})$，对 z 求微分，得到 $\mathrm{d}z = -\exp(-\varepsilon_{nsj})\mathrm{d}\varepsilon_{nsj}$，即 $\exp(-\varepsilon_{nsj})\mathrm{d}\varepsilon_{nsj} = -\mathrm{d}z$。当 ε_{nsj} 趋向于 $+\infty$ 时，z 趋向于 0；当 ε_{nsj} 趋向于 $-\infty$ 时，z 趋向于 $+\infty$。所以将 z 代入式（4.39）可以得到

$$\mathrm{Pr}_{nsj} = \int_{-\infty}^{+\infty} \exp\left(-\mathrm{e}^{-\varepsilon_{nsj}} \sum_{i=1}^{J} \mathrm{e}^{-(V_{nsj}-V_{nsi})} \right) \mathrm{e}^{-\varepsilon_{nsj}} \mathrm{d}\varepsilon_{nsj}$$

$$= \int_{+\infty}^{0} \exp\left(-z \sum_{i=1}^{J} \mathrm{e}^{-(V_{nsj}-V_{nsi})} \right) (-\mathrm{d}z) \quad (4.40)$$

积分的正反数，可以通过调节上下限的位置，即

$$\mathrm{Pr}_{nsj} = \int_{+\infty}^{0} \exp\left(-z \sum_{i=1}^{J} \mathrm{e}^{-(V_{nsj}-V_{nsi})} \right) (-\mathrm{d}z)$$

$$= \int_{0}^{+\infty} \exp\left(-z \sum_{i=1}^{J} \mathrm{e}^{-(V_{nsj}-V_{nsi})} \right) \mathrm{d}z \quad (4.41)$$

因为

$$\int \mathrm{e}^{-ax} \mathrm{d}x = -\frac{\mathrm{e}^{-ax}}{a} + c \quad (4.42)$$

所以式（4.41）为

$$\mathrm{Pr}_{nsj} = \int_{0}^{+\infty} \exp\left(-z \sum_{i=1}^{J} \mathrm{e}^{-(V_{nsj}-V_{nsi})} \right) \mathrm{d}z$$

$$= -\frac{\mathrm{e}^{-z \sum_{i=1}^{J} \mathrm{e}^{-(V_{nsj}-V_{nsi})}}}{\sum_{i=1}^{J} \mathrm{e}^{-(V_{nsj}-V_{nsi})}} \bigg|_{0}^{+\infty} = 0 - \left(-\frac{1}{\sum_{i=1}^{J} \mathrm{e}^{-(V_{nsj}-V_{nsi})}} \right)$$

$$= \frac{1}{\sum_{i=1}^{J} \mathrm{e}^{(V_{nsi}-V_{nsj})}} = \frac{1}{\sum_{i=1}^{J} \frac{\mathrm{e}^{V_{nsi}}}{\mathrm{e}^{V_{nsj}}}} = \frac{\mathrm{e}^{V_{nsj}}}{\sum_{i=1}^{J} \mathrm{e}^{V_{nsi}}} \quad (4.43)$$

所以，最终得到多项 logit 模型的概率公式为

$$\mathrm{Pr}_{nsj} = \frac{\mathrm{e}^{V_{nsj}}}{\sum_{i=1}^{J} \mathrm{e}^{V_{nsi}}} = \frac{1}{1 + \sum_{i \neq j} \mathrm{e}^{-(V_{nsj}-V_{nsi})}} \quad (4.44)$$

4.4.3 logistic 分布

设随机变量 $\varepsilon_{ns} = \varepsilon_{nsi} - \varepsilon_{nsj}$，根据之前的式（4.32）和式（4.44）可以得到：

$$\begin{aligned}\Pr{}_{nsj} &= \Pr(\varepsilon_{nsi} - \varepsilon_{nsj} < V_{nsj} - V_{nsi}, \forall i \neq j) \\ &= \Pr(\varepsilon_{ns} < V_{nsj} - V_{nsi}, \forall i \neq j) \\ &= \frac{e^{V_{nsj}}}{\sum_{i=1}^{J} e^{V_{nsi}}} = \frac{1}{1 + \sum_{i \neq j} e^{-(V_{nsj} - V_{nsi})}}\end{aligned} \quad (4.45)$$

将 $V_{nsj} - V_{nsi}$ 看成随机变量 ε_{ns} 分布上的定值 x，那么式（4.45）相当于随机变量 ε_{ns} 在定值 x 处的累积分布函数。当 $J=2$ 时，即只有两个选项：

$$F(x) = \Pr(\varepsilon < x) = \frac{e^x}{1 + e^x} = \frac{1}{1 + e^{-x}} \quad (4.46)$$

式（4.46）称为标准 logistic 分布的累积分布函数。所以将二项的式（4.44）又称为 logistic 模型。标准 logistic 分布的概率密度函数为

$$f(x) = \frac{e^{-x}}{(1 + e^{-x})^2} \quad (4.47)$$

换句话说，当效用的随机项 ε_{nsi} 和 ε_{nsj} 相互独立且服从标准 Gumbel 分布，那么这两个随机变量之差 ε_{ns} 服从标准 logistic 分布。因为累积分布函数的导数为概率密度函数，即

$$F(x)' = f(x) \quad (4.48)$$

另外，通过公式推导，可以发现 logistic 分布的累积分布函数和概率密度函数还具备如下的关系：

$$f(x) = F(x)(1 - F(x)) \quad (4.49)$$

所以 logistic 分布中，累积分布函数和概率密度函数之间有这样比较有趣的形式：

$$F(x)' = f(x) = F(x)(1 - F(x)) \quad (4.50)$$

在 STATA 中，标准 logistic 分布的概率密度函数为 logisticden()，可以绘制标准正态分布、标准 Gumbel 分布和标准 logistic 分布的概率密度曲线，如图 4.2 所示。执行命令：

```
. twoway function y = normalden(x), range(-5 5) || ///
pci 0.3989 0 0 0 (2) "0.3989", recast(pccapsym) lpattern("-") || ///
function y = exp(-x)*exp(-exp(-x)), range(-5 5) || ///
pcarrowi 0.3679 -1 0.3679 0 (9) "0.3679" || ///
function y = logisticden(x), range(-5 5) color(red) ///
legend(order(1 "Normal" 2 "Mean" 3 "Gumbel" 5 "Logistic") cols(1)
position(0) bplacement(neast))
```

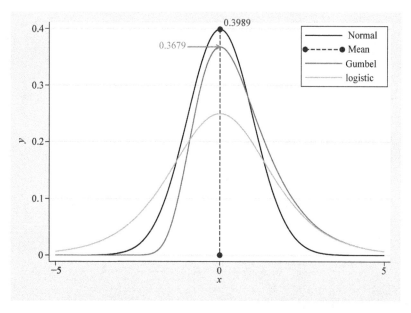

图 4.2　标准正态、Gumbel 和 logistic 分布的概率密度曲线

4.5　probit 模型和 logit 模型的比较

probit 模型和 logit 模型都可以通过效用最大化理论推导出，只是在设定效用随机项服从的分布时，前者假设为正态分布、后者假设为 Gumbel 分布。

可以通过对 probit 模型和 logit 模型形式的简化，来观察两个模型在坐标图上的差异。如果只考虑两个选项，一个自变量，可将两个模型简化为二项选择模型。在 STATA 中，用 normal（）函数表示服从标准正态分布的累积分布函数；用 logistic（）表示服从标准 logistic 分布的累积分布函数，当两个服从标准 Gumbel 分布的效用随机项相减，得到的 $\varepsilon = \varepsilon_1 - \varepsilon_2$ 服从 losigtic 分布。基于函数 normal（）和 logistic（）可以绘制 probit 模型和 logit 模型在坐标图上的曲线，即自变量 x 和选择 1 发生概率 P_{ns1} 之间的关系，如图 4.3 所示。可执行命令：

```
.twoway function y=normal(x), range(-4.5 4.5) || ///
function y=logistic(x), range(-4.5 4.5) || ///
pci 1 0 0 0, lpattern("-") ///
, ytitle("{it:P}{sub:{it:ns}1}") ///
legend(order(1 "probit" 2 "logit") position(0) bplacement(nwest))
```

另外，在估计选择模型时，由于效用差才有意义，所以我们往往需要对效用的尺度和水平进行标准化，才能更好地使用调查数据去拟合模型，并有利于模型的解释。

就 probit 模型和 logit 模型而言，它们效用的尺度和水平的标准化方法并不一

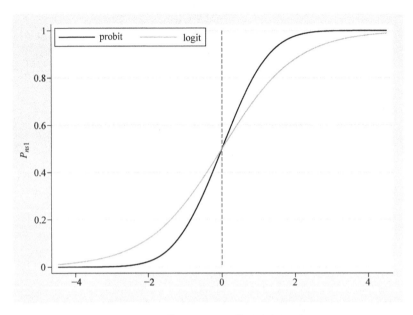

图 4.3 logit 模型和 probit 模型之间的关系

样。logit 模型中，效用不可观测项的方差被标准化为 1，那么尺度参数 λ 就必须设定为 sqrt($\pi^2/6$)，可在 STATA 中计算得到

. dis "lambda = " sqrt(_pi^2/6)
lambda = 1.2825498

所以在 logit 模型中，尺度参数 λ 为 1.2825。这就意味着，如果使用同样的数据集来同时标定 logit 模型和 probit 模型，效用的可观测项部分前者要比后者大 1.2825 倍。在 probit 模型中，为了使效用随机项方差为 1，尺度参数被标准化为 1。考虑到自变量的差异，实际上可观测项中的系数，logit 模型要比 probit 模型大 1.3~1.5 倍。

最后，需要注意的是，在推导多项 logit 模型时，假设的是不同效用随机项之间相互独立，即无关选项的独立性（independence of irrelevant alternatives，IIA）。

4.6　logit 模型小结

在上文推导多项 logit 模型时，前提条件是效用的随机项 ε_i 和 ε_j 相互独立且同分布，服从 1 类极值分布。相互独立意味着两个随机变量的协方差为 0，同分布意味着方差相同，这其实是非常严格的条件。相对而言，效用随机项服从正态分布的 probit 模型，其前提条件就没有那么严格，但其概率选择公式中有积分形式，计算比较复杂。所以通常有"封闭"形式的 logit 模型应用更为广泛，也是一系列家族模型的起点。

第5章 选择模型的估计

在上一章中，介绍了离散选择模型中的 probit 模型和 logit 模型。这两个模型的区别在于它们假设效用随机项服从的分布不同，前者服从多元正态分布，后者服从多元 1 类极值分布。其中 probit 模型的概率函数中存在积分，是一种"开放"的形式，需要用仿真极大似然（simulated maximum likelihood）估计来得到模型中的系数。而 logit 模型能最终求解出"封闭"的概率公式，可以用极大似然估计来得到系数。本章主要介绍这两种估计方法。

5.1 极大似然估计

在理解极大似然估计（maximum likelihood estimation，MLE）之前，首先要理解概率（probability）和统计（statistics）的区别。概率研究的是已知模型和参数，如何预测和结果相关的特性。如上文中，假设已知 logit 模型的概率公式以及公式中的所有参数（自变量系数 β、尺度参数 λ 等），那么在行为决策中，选择某个选项的概率是多少，这就是概率要解决的问题。但是解决概率问题的前提条件是具备模型和模型中的参数，这时就需要从实际数据中，通过观察和判断，来确定模型，估计参数，这就是统计问题。虽然在上文中已经给出了 probit 模型和 logit 模型，但是模型中的各种参数还未知，这就需要用统计的方法去估计。显然，极大似然估计是一种统计方法。

我们通过一个例子，来引入极大似然估计的概念。比如现在因为疫情原因，大学中本科生教学都采用网上授课的方式。授课工具有很多种，其中一种软件可以用直播的方式来给全国各地的学生上课。在直播的过程中，为了了解学生对授课内容的理解，可以通过软件的视频交互功能，点名学生回答问题。因为是远程授课，教师无法知道学生的行为，如果点到一位同学多次，都发现该同学没有听课，那么教师可能形成这位同学一直没有在听课的既定印象。换句话说，教师会认为他所观察到这位学生没有听课的现象就是最可能发生的事情，其概率最大。

假设一位同学在网上上课的过程中，听课的概率为 θ，那么不听课的概率就为 $1-\theta$。教师点名三次，每次的事件分别记为 x_1、x_2 和 x_3，如果前两次点名发现学生没有在听，最后一次发现在听，那么 $P(x_1) = 1 - \theta, P(x_2) = 1 - \theta, P(x_3) = \theta$。那么教师点名三次这个现象发生的概率就是三次事件概率的乘积，构建乘积公式：

$$L(\theta) = P(x_1)P(x_2)P(x_3) = (1-\theta)^2\theta \tag{5.1}$$

这个乘积公式就称为似然函数，L 是 Likelihood 的第一个字母，θ 为参数。因为教师会认为已经发生的现象概率最大，所以可以对 $L(\theta)$ 求导数，使 $dL(\theta)/d\theta = 0$，来计算似然函数最大时 θ 的取值。显然可以计算得到，此时的 θ 为 1/3。可以在 STATA 中绘制 $L(\theta)$ 关于 θ 的曲线，如图 5.1 所示，执行命令：

```
. twoway function y=(1-x)^2*x, range(0 1) droplines(0.333) || scatteri 0
0.333 (2) "(0.333, 0)", legend(off) xtitle("{stSerif}{it:{&theta}}")
ytitle("{stSerif}{it:L}({it:{&theta}})")
```

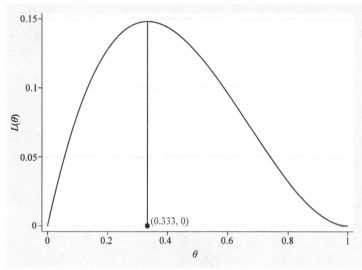

图 5.1　似然函数曲线

```
. twoway function y=normalden(x), range(-3 3) || pci 0.3989 0 0 0,
lpattern("-") || pci 0.242 1 0 1 0.242 -1 0 -1, lpattern("-")
xlabel(0 "{stSerif}{it:μ}" 1 "{stSerif}{it:σ}" -1
"{stSerif}-{it:σ}") legend(off) title("{stSerif}{it:N}({it:μ},
{it:σ}{sup:2})")
```

将上文的例子一般化：如果观测到某个随机变量 X 的一次定值为 x，那么会认为随机变量 X 的分布使得 $X=x$ 这个现象发生的概率最大。换一个思路来理解极大似然估计，如果 X 服从正态分布 $N(\mu,\sigma^2)$，那么其概率密度曲线如图 5.2 所示。

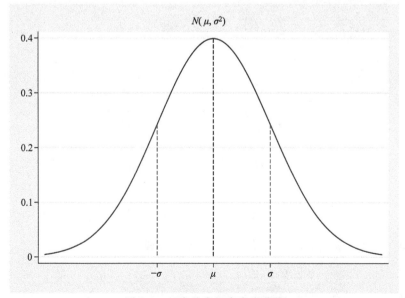

图 5.2　正态分布概率密度曲线

从图 5.2 可以看出，如果观察到值 x，该值来源于服从正态分布的随机变量 X，那么显然我们观测到的 x 来自于均值 μ 附近的概率最大。换句话说，就是要找到 μ 和 σ，使得 $P(X=x)$ 最大。因为服从正态分布，所以 x 被观测到的概率为

$$P(X = x;\mu,\sigma) = \frac{1}{\sqrt{2\pi}\sigma}e^{-\frac{(x-\mu)^2}{2\sigma^2}} \tag{5.2}$$

式中，μ 和 σ 为未知参数。在进行具体的选择行为分析时，不仅有 1 个 x，而是会有多个样本，如共有 n 个（$x_1, x_2, \cdots, x_n$）。那么极大似然问题就转变为确定正态分布的均值 μ 和标准差 σ，使得每个样本对应事件发生的概率最大，即 $P(X=x_1;\mu,\sigma)$, $P(X=x_2;\mu,\sigma)$, $\cdots$, $P(X=x_n;\mu,\sigma)$ 同时最大。如果是 $x_1, x_2, \cdots, x_n$ 通过独立观测获取，那么每个事件之间相互独立，这些事件的同时概率就是各个事件概率的乘积。将同时概率构建为似然函数，得到

$$L(\mu,\sigma) = P(X=x_1;\mu,\sigma)P(X=x_2;\mu,\sigma)\cdots P(X=x_n;\mu,\sigma)$$

$$= \prod_{i=1}^{n} P(X=x_i;\mu,\sigma) \tag{5.3}$$

代入正态分布的概率密度函数（5.2），得到

$$L(\mu,\sigma) = \prod_{i=1}^{n} \frac{1}{\sqrt{2\pi}\sigma}e^{-\frac{(x_i-\mu)^2}{2\sigma^2}} \tag{5.4}$$

为了计算方便，往往对似然函数取对数，并不会改变参数估计的结果。另外，因为某一个事件发生概率的取值范围（0，1），所以 n 个独立事件同时发生的概率，即事件概率的乘积，会是小于 1 的一个非常小的小数。在计算机中运算时，很小的小数在精度上会有很高的要求。所以：

$$\begin{aligned}\ln(L(\mu,\sigma)) &= \ln\left(\prod_{i=1}^{n}\frac{1}{\sqrt{2\pi}\sigma}e^{-\frac{(x_i-\mu)^2}{2\sigma^2}}\right) \\ &= \sum_{i=1}^{n}\ln\left(\frac{1}{\sqrt{2\pi}\sigma}e^{-\frac{(x_i-\mu)^2}{2\sigma^2}}\right) \\ &= \sum_{i=1}^{n}\left[\ln\left(\frac{1}{\sqrt{2\pi}\sigma}\right) + \ln(e^{-\frac{(x_i-\mu)^2}{2\sigma^2}})\right] \\ &= \sum_{i=1}^{n}\left[-\frac{1}{2}\ln(2\pi) - \ln(\sigma) - \frac{(x_i-\mu)^2}{2\sigma^2}\right] \\ &= -\frac{n}{2}\ln(2\pi) - n\ln(\sigma) - \frac{1}{2\sigma^2}\sum_{i=1}^{n}(x_i-\mu)^2\end{aligned} \tag{5.5}$$

对式（5.5）求关于 μ 的偏导，令其为 0，得到

$$\frac{\partial \ln(L(\mu,\sigma))}{\partial \mu} = \frac{1}{\sigma^2}\sum_{i=1}^{n}(x_i-\mu) = 0 \tag{5.6}$$

从式（5.6）可以得到 μ 的极大似然估计值为

$$\mu = \frac{1}{n}\sum_{i=1}^{n} x_i \qquad (5.7)$$

对式（5.5）求关于 σ 的偏导，令其为0，得到

$$\frac{\partial \ln(L(\mu,\sigma))}{\partial \mu} = -\frac{n}{\sigma} + \frac{1}{\sigma^3}\sum_{i=1}^{n}(x_i - u)^2 = 0 \qquad (5.8)$$

从式（5.8）可以得到 σ 的极大似然估计为

$$\sigma = \sqrt{\frac{\sum_{i=1}^{n}(x_i - \mu)^2}{n}} \qquad (5.9)$$

如果观测了两个样本：$x_1 = -1$，$x_2 = 1$，将其代入式（5.7）和式（5.9）中，得到 μ 和 σ 的极大似然估计分别为 0 和 1，即为标准正态分布。

5.2 选择行为模型的极大似然估计

上文中 $P(X=x_1;\mu,\sigma)$ 为事件 x_1 发生的概率。就选择行为而言，事件就是决策者做出的选择，我们用选择的结果——选项来代表事件。所以若共有 J 个选项、N 个个体，第 n 个个体在决策环境 s 中选择选项 j 的概率记为 P_{nsj}，那么似然函数 L_{ns} 为

$$L_{ns} = P_{ns1}P_{ns2}\cdots P_{nsJ} = \prod_{j=1}^{J} P_{nsj} \qquad (5.10)$$

对似然函数取对数，得到对数似然函数：

$$\ln L_{ns} = \ln\left(\prod_{j=1}^{J} P_{nsj}\right) = \sum_{j=1}^{J} \ln(P_{nsj}) \qquad (5.11)$$

离散选择模型的极大似然估计就是求得对数似然函数 $\ln L_{ns}$ 最大时，个体选择 j 选项概率 P_{nsj} 中的参数。需要注意的是，P_{nsj} 取值范围为 $(0,1)$，所以其对数为负数，最终对数似然值也是负值。

在选择行为的实证数据中，往往会有一个变量表明个体实际做出的选择，也就是选择分析中的因变量。选择模型的似然函数其实是最大化实际行为中被选中选项的发生概率，实际中没有被选中选项的概率为 0。所以，在选择模型的极大似然函数中，设计了一个 0-1 型虚拟变量 y_{nsj}，当选项 j 被选中时为 1，否则为 0。换句话说，当 y_{nsj} 为 1 时，选择的概率存在，否则不存在，为 0。所以将 y_{nsj} 作为概率的幂，加入到对数似然函数中，得到

$$\ln L_{ns} = \ln\left(\prod_{j=1}^{J}(P_{nsj})^{y_{nsj}}\right) = \sum_{j=1}^{J}\ln(P_{nsj})^{y_{nsj}} = \sum_{j=1}^{J} y_{nsj}\ln(P_{nsj}) \qquad (5.12)$$

5.2.1 二项 probit 模型的似然函数

从上文得到，对于效用随机项服从正态分布、选择 j 发生的概率为

$$P_{nsj} = \prod_{i \neq j} \Phi\left(\frac{V_{nsj} - V_{nsi}}{\sigma}\right) \tag{5.13}$$

其中，Φ 为标准正态累积分布函数，σ 为效用随机项的标准差。若只有两个选项，即 $J=2$，则代入式（5.13），P_{ns1} 和 P_{ns2} 分别为

$$P_{ns1} = \Phi\left(\frac{V_{ns1} - V_{ns2}}{\sigma}\right) \tag{5.14}$$

$$P_{ns2} = \Phi\left(\frac{V_{ns2} - V_{ns1}}{\sigma}\right) \tag{5.15}$$

将 $J=2$、式（5.14）和式（5.15）代入式（5.12）中，可以得到

$$\begin{aligned}\ln L_{ns} &= \sum_{j=1}^{2} y_{nsj}\ln(P_{nsj}) \\ &= y_{ns1}\ln(P_{ns1}) + y_{ns2}\ln(P_{ns2}) \\ &= y_{ns1}\ln\left(\Phi\left(\frac{V_{ns1}-V_{ns2}}{\sigma}\right)\right) + y_{ns2}\ln\left(\Phi\left(\frac{V_{ns2}-V_{ns1}}{\sigma}\right)\right)\end{aligned} \tag{5.16}$$

需要注意的是，因为 $\Phi(x) = 1 - \Phi(1-x)$，所以式（5.16）可以进一步转换。另外，我们设定效用可观测项是影响因素的线性组合，那么可观测项之间的线性组合也是影响因素（样本变量或可观测变量），所以可以设线性组合：

$$\boldsymbol{x\beta} = \frac{V_{ns1} - V_{ns2}}{\sigma} \tag{5.17}$$

其中，$\boldsymbol{x}$ 为影响效用的可观测变量向量，$\boldsymbol{\beta}$ 为变量对应权重或系统的向量。并且 $y_{ns1} + y_{ns2} = 1$。将式（5.17）代入式（5.16），并分条件讨论 y_{ns}，得到二项 probit 模型的对数似然函数为

$$\ln L_{ns} = \begin{cases} \ln(\Phi(\boldsymbol{x\beta})), & 若 y_{ns1} = 1 \\ \ln(\Phi(-\boldsymbol{x\beta})), & 若 y_{ns1} = 0 \end{cases} \tag{5.18}$$

如果有实际数据，那么 $\boldsymbol{x}$ 是已知的样本矩阵，y_{ns1} 也已知，只有系数向量 $\boldsymbol{\beta}$ 未知。可以通过对式（5.18）求偏导，并令偏导为 0，寻找对数似然函数最大值下 $\boldsymbol{\beta}$ 的值。

5.2.2 二项 logit 模型的似然函数

根据上文，个体 n 在决策环境 s 中从 J 个选项中选择第 j 个选项的概率为

$$P_{nsj} = \frac{e^{V_{nsj}}}{\sum_{i=1}^{J} e^{V_{nsi}}} = \frac{1}{\sum_{i=1}^{J} e^{(V_{nsi} - V_{nsj})}} \tag{5.19}$$

代入选择行为的似然函数式（5.12）中，得到

$$\ln L_{ns} = \sum_{j=1}^{J} y_{nsj}\ln(P_{nsj}) = \sum_{j=1}^{J} y_{nsj}\ln\left(\frac{1}{\sum_{i=1}^{J} e^{(V_{nsi} - V_{nsj})}}\right)$$

$$= \sum_{j=1}^{J} y_{nsj} \big(0 - \ln\big(\sum_{i=1}^{J} e^{(V_{nsi}-V_{nsj})} \big) \big)$$

$$= -\sum_{j=1}^{J} y_{nsj} \ln\big(\sum_{i=1}^{J} e^{(V_{nsi}-V_{nsj})} \big) \tag{5.20}$$

如果只有两个选项，即 $J=2$，代入式（5.20）得到

$$\ln L_{ns} = -\sum_{j=1}^{J} y_{nsj} \ln\big(\sum_{i=1}^{J} e^{(V_{nsi}-V_{nsj})} \big)$$

$$= -y_{ns1} \ln(1 + e^{(V_{ns2}-V_{ns1})}) - y_{ns2} \ln(e^{(V_{ns1}-V_{ns2})} + 1) \tag{5.21}$$

如果效用的可观测项 V_{nsi} 和 V_{nsj} 为线性组合，那么可以令

$$\boldsymbol{x\beta} = V_{ns1} - V_{ns2} \tag{5.22}$$

将式（5.22）代入式（5.21），并分情况讨论 y_{nsj} 可以得到

$$\ln L_{ns} = \begin{cases} \ln\big(\dfrac{1}{1+e^{-x\boldsymbol{\beta}}}\big), & \text{若 } y_{ns1}=1 \\ \ln\big(\dfrac{1}{1+e^{-x\boldsymbol{\beta}}}\big), & \text{若 } y_{ns1}=0 \end{cases} \tag{5.23}$$

其中，$\boldsymbol{x}$ 为影响效用的可观测变量向量，$\boldsymbol{\beta}$ 为变量对应权重或系统的向量。

5.3 用 ml 命令进行极大似然估计

在 STATA 中，可以用 ml 命令进行极大似然估计。命令 ml 就是极大似然（maximum likelihood，ML）的缩写。由于对数似然函数中的概率公式 P_j 形式多样，所以 ml 和其他 STATA 命令不一样，需要在程序中实现定义似然函数模型，即定义概率公式，然后再使用 ml 系列命令进行检验、搜索初始值、进行极大似然估计、绘制收敛图。具体使用 ml 命令的步骤如下：

1）确定对数似然函数公式。确定概率公式 P_j 后，才能推导出对数似然函数。在 STATA 中，实际上只要明确概率公式，就可以用 ml 进行极大似然估计。

2）编写计算对数似然值的程序。将似然函数编成代码，写在 STATA 的自定义函数程序中，便于后续估计运算时调用。这段代码也被称为似然评估器（likelihood evaluator）。编写代码时，需要注意估计使用的方法（method），不同方法中用代码表达的似然函数形式可能不一样。有时为了保证估计的速度，可能需要将对数似然函数的偏导数公式写在代码中。

3）定义方法、选择计算对数似然值的程序以及和参数相关的模型。若上一步中自定义函数名为 myprogram，概率公式中未知的参数为 $\theta_1, \theta_2, \cdots, \theta_k$，则该步骤的命令语法如下：

.ml model *method* *myprogram* (θ_1 相关方程)，(θ_2 相关方程)，…，(θ_k 相关方程)

4）似然程序及相关数据的校验。这一步骤中的输出结果，会非常详细地给出

校验的结果。命令如下：
.ml check

5）搜索估计算法的初始值。计算机无法直接求导数，是通过一些迭代算法来计算的，如牛顿-拉夫森（Newton - Raphson）算法。这类寻优迭代算法如果有一个好的初始值，会收敛得非常迅速。命令如下：
.ml search

6）拟合实际数据，估计未知参数。估计命令如下：
.ml maximize

7）绘制对数似然值迭代收敛图。收敛图以迭代次数为横坐标，对数似然函数值为纵坐标，从图中可以看出迭代收敛的趋势。绘图命令如下：
.ml graph

下面以求解正态分布的参数 μ 和 σ 为例，演示如何在 STATA 中用 ml 命令来实现极大似然估计。

5.3.1 似然函数的进一步整理

使用 ml 命令进行极大似然估计的第一步是确定似然函数。根据式中（5.12），选择行为的对数似然函数是选择 j 选项的事件发生概率 P_{nsj} 取对数后，乘以关于选项的虚拟变量 y_{nsj}，再做连加，即

$$\ln L_{ns} = \sum_{j=1}^{J} y_{nsj} \ln(P_{nsj}) \qquad (5.24)$$

在实际样本数据中，如果选择 j 选项，y_{nsj} 为 1，否则为 0。相当于 y_{nsj} 为选择行为的最终结果，即为选择模型的因变量。不同的选择模型，P_{nsj} 的具体形式不一样。但无论什么形式，第 n 个个体、在 s 环境下，选择 j 选项的概率都取决于各种影响因素 x 和影响因素的权重 β。根据上文效用可观测项中的假设，影响因素 x 之间为线性组合。当然，不同类型的选择模型，其概率公式中线性组合的形式和位置也不一样。我们可以设定一个新的参数 θ 来代表这些线性组合。若有 k 个影响因素，则

$$\theta = \beta_0 + \beta_1 x_1 + \beta_2 x_2 + \cdots + \beta_k x_k \qquad (5.25)$$

对于样本数据而言，每一个影响因素 x 都代表了一列样本数据。对于第 n 个样本数据，公式如下：

$$\theta_n = \beta_0 + \beta_1 x_{n1} + \beta_2 x_{n2} + \cdots + \beta_k x_{nk} \qquad (5.26)$$

其中，x_{nk} 表示第 k 个因素的第 n 个样本值；θ_n 表示第 n 个样本对应的参数。有时概率公式 P_{nsj} 中的线性组合不止一个，如果有 M 个，那么

$$\begin{aligned} \theta_{1n} &= \beta_{10} + \beta_{11} x_{1n1} \\ \theta_{2n} &= \beta_{20} + \beta_{21} x_{2n1} + \beta_{22} x_{2n2} \\ &\vdots \\ \theta_{mn} &= \beta_{m0} + \beta_{m1} x_{mn1} + \beta_{m2} x_{mn2} + \cdots + \beta_{mk} x_{mnk} \end{aligned} \qquad (5.27)$$

其中，θ_{mn} 代表第 m 种因素线性组合下对应第 n 个样本的参数值。这时，可以

将概率 P_{nsj} 看成关于参数 θ_{mn} 的函数：

$$P_{nsj} = P_{nsj}(\theta_{1n}, \theta_{2n}, \cdots, \theta_{mn}) \qquad (5.28)$$

再结合因变量 y_{nsj}，可以将第 n 个样本的对数似然函数值写成如下形式：

$$\ln L_{ns} = \ln L_{ns}(\theta_{1n}, \theta_{2n}, \cdots, \theta_{mn}; y_{nsj}) \qquad (5.29)$$

在有的似然函数中，还可能出现多个因变量 y 的情况，我们这里仅考虑一个的情况。实际上，通过式（5.29），是将对数似然函数转化为关于参数 θ 和因变量 y 的函数，其中 θ 是关于自变量 x 和权重 β 的线性组合。这里需要注意的是，如果能将每一个样本点，或每一条样本数据，转化为一个对应的对数似然函数值，并且每个个体 n 对总的对数似然函数值贡献都相等，那么这样的对数似然函数满足线性约束（linear–form，lf）的形式。在 STATA 的 ml 命令使用的第三步，在定义模型时，用"lf"来声明对数似然函数满足线性约束的形式。

在编写对数似然函数代码时，为了使用方便，以及日后能够重复使用，往往将其写为 ado 文件的形式。ado 文件的使用简介见附录 A。

5.3.2 正态分布参数的对数似然函数程序

若一个样本 $(x_1, x_2, \cdots, x_n)$ 服从正态分布，那么我们希望可以通过极大似然估计得到正态分布的两个参数的估计值：均值 μ 和标准差 σ。根据式（5.5），得到了对数似然函数，略作整理如下：

$$\begin{aligned}\ln(L(\mu,\sigma)) &= \ln\left(\prod_{i=1}^{n} \frac{1}{\sqrt{2\pi}\sigma} e^{\frac{-(x_i-\mu)^2}{2\sigma^2}}\right) \\ &= \sum_{i=1}^{n} \ln\left(\frac{1}{\sqrt{2\pi}\sigma} e^{\frac{-(x_i-\mu)^2}{2\sigma^2}}\right) \\ &= -\frac{n}{2}\ln(2\pi) - n\ln(\sigma) - \frac{1}{2\sigma^2}\sum_{i=1}^{n}(x_i-\mu)^2 \end{aligned} \qquad (5.30)$$

根据式（5.29），需要将对数似然函数分解为参数 θ 和因变量 y 的函数。在本例中，有两个待估计参数：均值 μ 和标准差 σ。所以有两个参数 θ_1 和 θ_2。因为这两个参数和每个样本 x_i 无关，所以可以设定：

$$\begin{aligned} \theta_1 &= \mu \\ \theta_2 &= \sigma \end{aligned} \qquad (5.31)$$

另外，在本例中，每个事件发生的结果即为 x_i 的取值，所以样本 x_i 可以看成是因变量 y，则

$$y_i = x_i \qquad (5.32)$$

该问题满足线性约束，即可以使用"lf"的方法。也就是对应于每一个样本 x_i，都可以计算出一个对数似然值 $\ln L_i$，将每个样本的对数似然值相加，就能得到总的对数似然值。下面开始编写正态分布参数极大似然估计的似然函数代码，共分为三步。

(1) 标记程序开始

新建一个 do 文件,在第一行输入:

`capture program drop normal_lf`

表明如果内存中存在命令 normal_lf,则删除内存中的命令,重新从 ado 文件中读取程序。程序名 normal_lf,表明是关于正态分布,满足线性约束的似然函数。将该文件保存为 normal_lf.ado 文件。用 program 定义似然函数,用 end 结尾。输入:

```
capture program drop normal_lf
program normal_lf
    ...
end
```

(2) 声明版本和参数

在 programnormal_lf 和 end 之间的部分,是具体编写代码的部分。因为 STATA 版本较多,所以在函数中程序的第一行,是声明本代码运行的版本环境。例如,本文基于 STATA 16 版本,则版本的声明代码为"version 16"。

根据式(5.31),对数似然函数程序 normal_lf 中有两个参数,可以用希腊字母的发音命名为 mu 和 sigma,即待估计的正态分布的均值和方差。另外,对数似然函数程序最终目的是要根据每一个样本计算相应的对数似然值,令该值为 $\ln f_j$。其中 ln 表明为对数;f 表明是一个函数,在很多时候,似然是随机变量的概率密度函数;j 表明是第 j 个样本,或者是样本中的第 j 行记录。所以对数似然函数的程序共有三个参数:lnfj、mu 和 sigma。在 STATA 中,用 args 来声明程序中要输入的参数。代码变为

```
capture program drop normal_lf
program normal_lf
    version 16
    args lnfj mu sigma
    ...
end
```

(3) 编写每个样本对数似然函数值的计算公式

根据正态分布对数似然函数公式(5.30),稍微整理下得到

$$\ln(L(\mu,\sigma)) = \sum_{i=1}^{n} \ln\left(\frac{1}{\sqrt{2\pi}\sigma}e^{\frac{-(x_i-\mu)^2}{2\sigma^2}}\right)$$

$$= \sum_{i=1}^{n}\left(-\frac{\ln(2\pi)}{2} - \ln(\sigma) - \frac{(x_i-\mu)^2}{2\sigma^2}\right) \quad (5.33)$$

需要注意的是,在极大似然估计中,为了使得对数似然函数值最大,需要对对数似然函数求偏导,常数项求偏导后为 0,所以不用放入对数似然函数的计算中。另外,程序 normal_lf 中的参数 lnfj,计算的是每一个样本对应的对数似然函数值,所以在写代码时,不用考虑对数似然函数公式中对样本的求和。则对应每一个样本的对数似然函数值为

$$\ln f_j = -\ln(\sigma) - \frac{(x_j - \mu)^2}{2\sigma^2}$$

$$= -\ln(\text{sigma}) - \frac{(x_j - \text{mu})^2}{2 \times \text{sigma}^2} \quad (5.34)$$

因为参数 ln*fj* 已经在程序开头进行了声明，所以再次计算，需要用命令 replace，并需要用单引号（''）扩起来，单引号左边的引号（`）为键盘上 Tab 键上面的按键，右边的引号（'）为回车键 Enter 左边的按键。

对于因变量 x_j，可以直接用 STATA 的样本数据集中对应的变量名取代。如样本中，对正态分布取样的变量为 x，那么 ln*fj* 的写法为

`quietly replace `lnfj' = -1*ln(sigma)-(x-mu)^2/（2*sigma^2)`

这种写法的问题是，对于不同的样本变量，对数似然函数程序就要重新改写。一种比较好的替换方式是，用参数 θ 和因变量 y 的全局变量$ML_y1 来取代。本例中，参数 θ 和样本变量无关，x_j 为因变量，所以用全局变量$ML_y1 取代上面语句中的 x 即可。需要注意的是，如果有多个因变量，那么对应的全局变量是$ML_y1、$ML_y2……替换后，对数似然函数的程序为

```
capture program drop normal_lf
program normal_lf
    version 16
    args lnfj mu sigma
    quietly replace `lnfj' = -1*ln(`sigma') - ($ML_y1 - `mu')^2/
(2*`sigma'^2)
end
```

写完上述代码，保存为 normal_lf.ado 文件。可以直接用 do 文件编辑器工具栏中的按钮"execute（do）"将程序载入内存。

根据用 ml 命令进行极大似然估计中的第三步，定义的语法为：

.ml **model** *method* *myprogram* (θ_1相关方程),(θ_2相关方程),…,(θ_k相关方程)

其中，加粗的部分为命令。method 为对数似然函数值的构成方法，在本例中，满足线性约束，所以 method 为 lf。myprogram 为编写的对数似然函数计算程序名，即对应的 ado 文件名，本例中为 normal_lf。

θ 相关方程的语法如下：

(eqname：varlist$_y$ = varlist$_x$, eq options)

其中，eqname 为方程名，这里可以理解为参数 θ 的名称。比如本例中，参数 θ_1 和 θ_2 分别命名为 mu 和 sigma。varlist$_y$ 指极大似然估计中的因变量列表，本例中，因变量为正态分布的取样 x。varlist$_x$ 指极大似然估计中，构成参数 θ 线性组合中的自变量，本例中没有。

生成取值为 1~100 的变量 x，为正态分布的样本，命令如下：

`. set obs 100`

```
number of observations (_N) was 0, now 100
. gen x = _n
```

所以，模型定义的命令可以写成：

```
. ml model lf normal_lf (mu: x =) (sigma:)
```

根据用 ml 命令进行极大似然估计中的第四步，执行命令（输出略）：

```
. ml check
```

如果输出结果中出现"normal_lf HAS PASSED ALL TESTS"的字样，那基本可以肯定似然函数没有什么明显的错误。

因为本例比较简单，用 ml 命令进行极大似然估计中的第五步，可做可不做，对估计速度的影响不大。可直接执行估计算法：

```
. ml maximize
initial:    loglikelihood =  -388.93192
rescale:    loglikelihood =  -388.93192
rescale eq: loglikelihood =  -388.93192
Iteration 0: loglikelihood =  -388.93192
Iteration 1: loglikelihood =  -387.82952
Iteration 2: loglikelihood =  -386.27031
Iteration 3: loglikelihood =  -386.26669
Iteration 4: loglikelihood =  -386.26669

                                          Number of obs   =        100
                                          Wald chi2(0)    =          .
Log likelihood = -386.26669               Prob > chi2     =          .
```

x	Coef.	Std. Err.	z	P>|z|	[95% Conf. Interval]	
mu						
_cons	50.5	2.886607	17.49	0.000	44.84235	56.15765
sigma						
_cons	28.86607	2.041139	14.14	0.000	24.86551	32.86663

从结果可以看出，估计得到正态分布的均值 mu 为 50.5，标准差 sigma 为 28.87。

实际上，如果取式（5.33）的第一个等号，得到关于参数 μ 和 σ 的对数似然函数如下：

$$\ln(L(\mu,\sigma)) = \sum_{i=1}^{n} \ln\left(\frac{1}{\sqrt{2\pi}\sigma} e^{\frac{-(x_i-\mu)^2}{2\sigma^2}}\right) \tag{5.35}$$

可以看出，在对数 ln（）括号中的公式，其实是正态分布的概率密度函数公式。在 STATA 中，正态分布的概率密度函数为 normalden（x, μ, σ）。其中，x 为服从正态分布的随机变量，μ 和 σ 为分布的均值和标准差。所以可以直接在对数似然函数的程序中使用 normalden（x, μ, σ）。如可以新编写一个 ado 文件，命名为 normalden_lf.ado。将原来生成每一个样本的对数似然函数值 lnfj 的代码

```
quietly replace `lnfj' = -1*ln(`sigma') - ($ML_y1 - `mu')^2/
(2*`sigma'^2)
```
替换为
```
quietly replace `lnfj' = ln(normalden($ML_y1, `mu', `sigma'))
```

则 normalden_lf.ado 文件的内容如下：
```
capture program drop normalden_lf
program normalden_lf
    version 16.1
    args lnfj mu sigma
    quietly replace `lnfj' = ln(normalden($ML_y1, `mu', `sigma'))
end
```

保存该文件后，在 do 文件编辑器中单击"execute（do）"按钮，将新的 ado 文件内容读入内存。设定样本变量 x 为 -1、0、1，为生成变量 x，执行命令：
```
. set obs 3
number of observations (_N) was 0, now 3
. gen x = _n - 2
```

正态分布是对称分布，所以可以预计均值 μ 为 0。执行极大似然估计的模型定义、检查（输出结果略）和估计命令：
```
. ml model lf normalden_lf (mu: x=) (sigma:)
. ml check
…
. ml maximize
initial:        log likelihood = -5.3497106
rescale:        log likelihood = -4.3383023
rescale eq:     log likelihood = -3.6506085
Iteration 0:    log likelihood = -3.6506085
Iteration 1:    log likelihood = -3.6486277
Iteration 2:    log likelihood = -3.6486179
Iteration 3:    log likelihood = -3.6486179

                                        Number of obs    =         3
                                        Wald chi2(0)     =         .
Log likelihood = -3.6486179             Prob > chi2      =         .
```

x	Coef.	Std. Err.	z	P>|z|	[95% Conf. Interval]	
mu						
_cons	-5.82e-14	.4714045	-0.00	1.000	-.9239359	.9239359
sigma						
_cons	.8164966	.3333333	2.45	0.014	.1631753	1.469818

从结果可以看出，均值非常接近于 0，标准差为 0.8164。当然，如果用 $1\sim100$ 的样本，会得到同样的结果。所以，灵活使用 STATA 已有的分布概率密度函数，能极大简化对数似然函数的程序代码。

5.3.3 二项 probit 模型的极大似然估计

同样遵循用 ml 命令进行极大似然估计的步骤,首先确定对数似然函数的公式。式(5.18)已经推导出了二项 probit 模型的对数似然函数公式,为方便阅读,将公式重新展示如下:

$$\ln L_{ns} = \begin{cases} \ln(\Phi(\boldsymbol{x\beta})), & 若\ y_{ns1} = 1 \\ \ln(\Phi(-\boldsymbol{x\beta})), & 若\ y_{ns1} = 0 \end{cases} \quad (5.36)$$

为了使用 ml 命令进行估计,首先要将对数似然函数转化为参数 θ 和因变量 y 的函数。令参数 θ 为样本自变量的线性组合,因变量 y 为 y_{ns1},即

$$y = y_{ns1}$$
$$\theta = \boldsymbol{x\beta} \quad (5.37)$$

将式(5.37)代入式(5.36)中,可以得到关于 θ 和 y 的对数似然函数为

$$\ln L_{ns}(\theta;y) = \begin{cases} \ln(\Phi(\theta)), & 若\ y = 1 \\ \ln(\Phi(-\theta)), & 若\ y = 0 \end{cases} \quad (5.38)$$

第二步,是根据式(5.38)编写 probit 模型的对数似然函数程序。需要注意的是,式(5.38)中的 Φ 为标准正态分布的累积分布函数,在 STATA 中对应的函数为 normal(x)。另外,在对数似然函数程序中,用全局变量"\$ ML_y1"表示因变量 y,用临时变量 theta 表示参数 θ。在 do 文件编辑器中,新建文件 probit_lf.ado,内容如下:

```
capture program drop probit_lf
program probit_lf
    version 16.1
    args lnfj theta
    quietly replace `lnfj' = ln(normal(`theta')) if $ML_y1 == 1
    quietly replace `lnfj' = ln(normal(-`theta')) if $ML_y1 == 0
end
```

从上述代码可以看出,在确定了对数似然函数的公式后,可以直接基于参数 θ 和因变量 y,用代码表达出每一个样本的对数似然函数值,而不需要样本变量参与其中。换句话说,只要确定使用 probit 模型,那么上述的对数似然函数代码,可以用于任何样本集的极大似然估计。

以 3.2 节中的数据集"SHAOXING2013 MODE - CAR ELECTRIC.dta"为例。其中,变量 mode_car 为 1 时,表明出行采用小汽车方式;为 0 时,采用电动自行车方式。变量 electrics 为家庭拥有电动自行车的数量。显然,mode_car 为分类变量,electrics 为连续变量,以 mode_car 为因变量,electrics 为自变量。

在 3.2 节中,直接用线性回归拟合自变量 electrics 的系数。前文已经分析过,因为因变量 mode_car 为分类变量,所以用最小二乘法的线性回归命名 regress 得到的估计结果无法解释。下面,我们利用 probit 模型来拟合这个数据集。

进行极大似然估计的第三步:定义方法、自定义的函数以及和参数相关的模

型。因为数据集中每一个样本，代表一次出行的方式（mode_car）和家庭电动自行车的数量（electrics），所以每个样本都能计算出一个对数似然函数值，可以使用 lf 方法。θ 相关方程的语法如下：

(eqname: varlist$_y$ = varlist$_x$, eq options)

在 probit 模型中，只有一个 θ 参数，所以方程名可以直接使用 θ 参数名，即 theta。该数据集中，因变量为 mode_car，即 varlist$_y$ 为 mode_car，自变量 varlist$_x$ 为 electrics。所以和 θ 相关的方程为：

(theta: mode_car = electrics)

实际上，对于第 j 个样本，上述方程相当于如下公式：

$$y_j = \text{mode\_car}_j$$
$$\theta_j = \beta_0 + \beta_1 \times \text{electrics}_j \quad (5.39)$$

正是能够借助因变量 y 和参数 θ 的设置，在 STATA 的极大似然估计命令 ml 中实现了对数似然函数程序和数据集的分离。根据式（5.39）可以看出，probit 模型在这个数据集中实际要估计的是系数 β_0 和 β_1。

第三步中极大似然估计模型定义的命令如下：

. ml model lf probit_lf (theta: mode_car = electrics)

执行第四步、第五步和第六步。第四步的模型检查、第五步的初始值搜索结果略，这里直接给出了第六步极大似然估计的结果。

```
. ml check
…
. ml search
…
. ml maximize
initial:       log likelihood = -3175.3072
alternative:   log likelihood = -3386.3847
rescale:       log likelihood = -3160.4588
Iteration 0:   log likelihood = -3160.4588
Iteration 1:   log likelihood = -2568.2848
Iteration 2:   log likelihood = -2564.3195
Iteration 3:   log likelihood = -2564.3169
Iteration 4:   log likelihood = -2564.3169

                                      Number of obs   =      4,581
                                      Wald chi2(1)    =     984.04
Log likelihood = -2564.3169           Prob > chi2     =     0.0000
```

mode_car	Coef.	Std. Err.	z	P>|z|	[95% Conf. Interval]
electrics	-.9361246	.0298419	-31.37	0.000	-.9946137 -.8776356
_cons	1.08769	.0430268	25.28	0.000	1.003359 1.172021

从输出结果可以看出，家庭电动自行车拥有量对小汽车出行方式有显著影响。

在得到估计结果后，可以直接用 ml graph 绘制出估计过程中对数似然值的收敛过程，如图 5.3 所示。

. ml graph

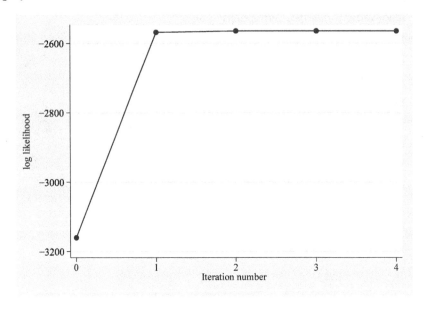

图 5.3 probit 模型估计对数似然值收敛过程

从图 5.3 可以看出，收敛的速度非常快，从第 1 步迭代往后，对数似然值的变化就很小。

5.3.4 二项 logit 模型的极大似然估计

还是按照上文极大似然估计的步骤，首先确定对数似然函数，然后编写计算每一个样本对应对数似然值的程序代码，再结合样本变量定义因变量 y 和参数 θ，之后用 ml check、ml search 和 ml maximize 命令检查模型、搜索初始值、进行估计，最后用 ml graph 绘制对数似然函数寻优的收敛过程。

根据式 (5.23)，得到了二项 logit 模型的对数似然函数公式，为阅读方便，重新给出如下：

$$\ln L_{ns} = \begin{cases} \ln\left(\dfrac{1}{1+e^{-x\beta}}\right), & 若\ y_{ns1}=1 \\ \ln\left(\dfrac{1}{1+e^{x\beta}}\right), & 若\ y_{ns1}=0 \end{cases} \quad (5.40)$$

为了编写对数似然函数的 STATA 程序，需要将式 (5.40) 改写为关于因变量 y 和参数 θ 的函数形式。其中参数 θ 为样本变量的线性组合，所以

$$\begin{aligned} y_j &= y_{ns1} \\ \theta_j &= x\beta \end{aligned} \quad (5.41)$$

将式（5.41）带入式（5.40），得到关于因变量 y 和参数 θ 的对数似然函数公式：

$$\ln L_{ns}(\theta;y) = \begin{cases} \ln\left(\dfrac{1}{1+\mathrm{e}^{-\theta}}\right), & \text{若 } y=1 \\ \ln\left(\dfrac{1}{1+\mathrm{e}^{\theta}}\right), & \text{若 } y=0 \end{cases} \quad (5.42)$$

根据式（5.42），编写对数似然函数的程序，保存为 logit_lf.ado 文件。

```
capture program drop logit_lf
program logit_lf
    version 16.1
    args lnfj theta
    quietly replace `lnfj' = ln(1/(1+exp(-`theta'))) if $ML_y1 == 1
    quietly replace `lnfj' = ln(1/(1+exp(`theta'))) if $ML_y1 == 0
end
```

还是以 3.2 节中的数据集"SHAOXING2013 MODE - CAR ELECTRIC.dta"为例。定义模型和参数：

```
. ml model lf logit_lf (theta: mode_car = electrics)
```

其中，(theta: mode_car = electrics) 相当于定义了如下公式：

$$\begin{aligned} y_j &= \text{mode\_car}_j \\ \theta_j &= \beta_0 + \beta_1 \times \text{electrics}_j \end{aligned} \quad (5.43)$$

执行第四步、第五步和第六步。第四步的模型检查、第五步的初始值搜索结果略，这里直接给出了第六步极大似然估计的结果。

```
. ml check
…
. ml search
…
. ml maximize mize
initial:       loglikelihood   =   -3175.3072
alternative:   loglikelihood   =   -3222.7467
rescale:       loglikelihood   =   -3160.6862
Iteration 0:   loglikelihood   =   -3160.6862
Iteration 1:   loglikelihood   =   -2555.5437
Iteration 2:   loglikelihood   =   -2553.7111
Iteration 3:   loglikelihood   =   -2553.7103
Iteration 4:   loglikelihood   =   -2553.7103
                                                Number of obs    =    4,581
                                                Wald chi2(1)     =   849.56
Log likelihood = -2553.7103                     Prob > chi2      =   0.0000
```

mode_car	Coef.	Std. Err.	z	P>|z|	[95% Conf. Interval]	
electrics	-1.607884	.0551642	-29.15	0.000	-1.716004	-1.499764
_cons	1.843906	.0754167	24.45	0.000	1.696092	1.99172

从结果可以看出，虽然 electrics 系数的方向和 probit 模型结果一致，但系数的大小有一定差别。logit 模型中 electrics 的系数为 -1.608，probit 模型中 electrics 的系数为 -0.936，大约相差了 1.718 倍。最后，可以用 ml graph 绘制对数似然值的收敛图。

为了展示不同的对数似然函数参数 θ 的定义方式，选用 STATA 中系统数据集"cancer.dta"。该数据集中共有样本 48 个。其中样本变量 died 为 0-1 型变量，为 1 时表示患者死亡，为 0 时表明患者没有死亡；样本变量 drug 取值 1、2、3，表明药物的类别，其中 1 为安慰剂；样本变量 age 表示患者的年龄。首先载入数据集：

. sysuse cancer
(Patient Survival in Drug Trial)

如果想要知道不同的药物和患者的年龄是否对患者的死亡有影响，我们可以以 died 为因变量，分类变量 drug 和连续变量 age 为自变量，进行模型拟合。

需要注意的是，died 为 0-1 型分类变量，所以不能用线性回归，可以使用 probit 模型或 logit 模型。如果使用 logit 模型，基于上文已经给出的对数似然函数的程序 logit_lf.ado，重新定义因变量 y 和参数 θ 的线性组合形式。因为药物类型变量 drug 为分类变量，所以需要通过虚拟编码才能进入回归模型。这里可以使用因子操作符，以 1（安慰剂）为基准，将 2.drug（药物为第 2 类时为 1，否为 0）和 3.drug（药物为第 3 类时为 1，否则为 0）带入参数的线性组合中。

$$y = \text{die}$$
$$\theta = \beta_0 + \beta_1 \times 2.\text{drug} + \beta_2 \times 3.\text{drug} + \beta_3 \times \text{age} \tag{5.44}$$

对应式（5.44）的 ml 定义模型命令为：

. ml model lf logit_lf (theta: died = i.drug age)

执行极大似然估计的检查、搜索初始值和估计命令：

. ml check
…
. ml search
…
. ml maximize
initial: log likelihood = -33.503844
rescale: log likelihood = -31.206824
Iteration 0:   log likelihood = -31.206824
Iteration 1:   log likelihood = -22.262167
Iteration 2:   log likelihood = -21.541326
Iteration 3:   log likelihood = -21.525538
Iteration 4:   log likelihood = -21.525537

                                    Number of obs =   48
                                    Wald chi2(3)   =   10.37
Log likelihood = -21.525537   Prob > chi2   = 0.0157

died	Coef.	Std. Err.	z	P>|z|	[95% Conf. Interval]	
drug						
2	-3.550782	1.222919	-2.90	0.004	-5.947659	-1.153905
3	-3.249503	1.180797	-2.75	0.006	-5.563823	-.9351838
age	.1203223	.0718246	1.68	0.094	-.0204513	.2610959
_cons	-3.625337	3.966999	-0.91	0.361	-11.40051	4.149838

可以明显看出，药物 2 和药物 3 相对于安慰剂而言，对死亡有显著的负面作用。最后，绘制对数似然值的收敛过程，如图 5.4 所示。

. ml graph

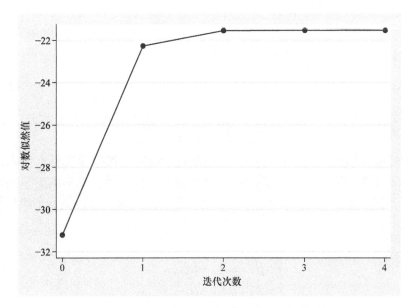

图 5.4 cancer 数据集 logit 模型对数似然值收敛过程

我们也可以直接利用 STATA 的 logit 命令拟合模型。logit 的命令语法为：

logit depvar [indepvars] [if] [in] [weight] [, options]

其中，depvar 为因变量，indepvars 为自变量（预测变量）。在 options 中，如果选用 nolog，就不会给出对数似然函数值的迭代过程；如果用 or，自变量的系数直接给出胜算比（odds ratios）。

以 died 为因变量，drug 和 age 为自变量，用 logit 模型拟合：

. logit died i.drug age, nolog

```
Logistic regression                              Number of obs   =         48
                                                 LR chi2(3)      =      19.35
                                                 Prob > chi2     =     0.0002
Log likelihood = -21.525537                      Pseudo R2       =     0.3101
```

died	Coef.	Std. Err.	z	P>|z|	[95% Conf. Interval]	
drug						
2	-3.550783	1.222919	-2.90	0.004	-5.94766	-1.153905
3	-3.249504	1.180797	-2.75	0.006	-5.563824	-.935184
age	.1203223	.0718246	1.68	0.094	-.0204513	.2610959
_cons	-3.625338	3.966999	-0.91	0.361	-11.40051	4.149838

可以看出，和用 ml 命令估计出的结果完全一致。不一致的地方在于，在结果的右上角，logit 模型给出的是似然比（likelihood ratio，LR）检验结果和 Pseudo R2，而 ml 命令 maximize 后仅给出了 Wald 检验结果，没有 Pseudo R2。那么似然比检验和 Wald 检验的目的是什么，区别何在？

5.4 和极大似然估计相关的统计检验

如果一个模型中预测变量（predictor variables）或自变量的个数为 k 个，根据对实际问题的分析和调查得到的样本数据，确定模型共有 K 个预测变量。如

$$y = \beta_0 + \beta_1 x_1 + \beta_2 x_2 + \cdots + \beta_K x_K \tag{5.45}$$

在通过极大似然估计拟合（估计）模型后，我们往往想知道目前放入模型中的 K 个预测变量是不是能使模型的拟合效果最好。换句话，如果减少一些预测变量，使得预测变量的个数在 0 到 $K-1$ 之间，即 $k \in (0, K-1)$，是不是能让模型拟合效果更好。如果 k 为 1、2 或 3，且 $K>5$，则公式为

$$y = \beta_0 + \beta_1 x_1$$
$$y = \beta_0 + \beta_2 x_2 + \beta_4 x_4 \tag{5.46}$$
$$y = \beta_0 + \beta_2 x_2 + \beta_3 x_3 + \beta_5 x_5$$

将这些和 K 个预测变量的模型有着部分共同预测变量的模型称为嵌套模型（nested models）。嵌套二字取意于：预测变量为 k 个的模型嵌套于 K 个预测变量的模型。拥有最多预测变量的模型称为全模型（full model），有较少预测变量的模型称为约束模型（restricted model）。

在线性回归中介绍的 F 检验适用于模型是线性的情况，即预测变量和因变量之间为线性关系。对于非线性的模型，如本章的 probit 模型、logit 模型，F 检验不再适用。通常有三种非常经典的假设检验方法来回答上述问题，它们分别是似然比（likelihood ratio，LR）检验、Wald 检验和拉格朗日乘数（lagrange multiplier）检验。这些检验的零假设同为预测变量个数少的模型拟合效果更好，或者是拥有统计意义上更大的似然值，即使似然函数发生的概率更大。较大的检验统计量能够拒绝零假设。这三个检验方法是渐进等价，其使用的检验统计量小样本分布未知，但渐进服从自由度为约束个数的卡方分布。

5.4.1 似然值回顾及检验思路

似然比检验、Wald 检验和拉格朗日乘数检验都是使用模型的似然值来构建检验统计量。上文介绍过，似然值其实是给定估计的参数使样本数据出现的概率。这来源于极大似然估计的基本思想：就是找到特定的一组参数，使得似然函数值最大，也就是当前样本数据出现的概率最大。因为每一个样本出现的概率取值 $(0,1)$，所以如果样本量足够大，样本数据集同时出现的概率就是各个样本出现概率的乘积，会特别小。因而更多时候我们使用对数似然函数，计算得到的对数似然值都小于零，越接近于 0，说明值越大，也就是估计的参数使样本数据出现的概率越大，即模型拟合效果越好。

所以实际上，似然值是关于样本数据和参数估计值的函数。样本数据固定不变，不断变化的是参数的估计值。极大似然估计就是从不断变化的参数估计值中找出一组，使得似然值，即样本数据出现的概率最大。

图 5.5 中的曲线为对数似然值 $\ln L(\theta)$ 随参数 θ 变化的情况。其中，横坐标为估计的参数 θ，纵坐标为随 θ 变化的对数似然值 $\ln L(\theta)$。大多数使用极大似然估计的模型都不止一个参数，如果固定其他参数不变的情况下，变动其中一个参数，对数似然值和参数之间也会有类似的关系。图中的虚线表示 $\ln L(\theta)$ 取到了最大值。

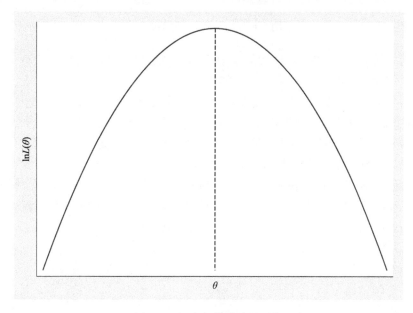

图 5.5　极大似然估计的寻优

似然比检验、Wald 检验和拉格朗日乘数检验，这三个检验既相互关联，又有区别。如图 5.6 所示，横坐标表示约束变量的参数（约束变量指想要检验是否对因变量有显著影响或者对模型拟合效果有显著影响的预测变量）；纵坐标表示参数对应的对数似然函数值。θ_{hat}指约束变量参数的估计量，θ_0指零假设条件下参数的取值。

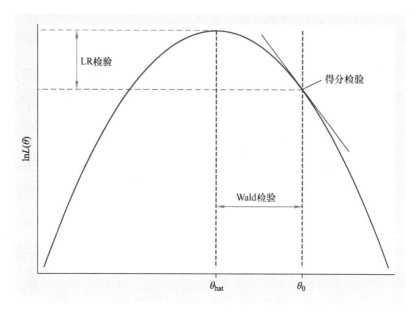

图 5.6　三种检验之间的关系

似然比检验（LR Test）比较的是受到约束参数对应的模型和全模型对数似然值之间的差异，即约束模型和全模型在纵坐标上的差异是否在统计上有显著性，纵坐标即对数似然函数值，越大表明模型的拟合效果越好。而 Wald 检验（Wald Test）衡量的是横坐标上根据样本计算得到的参数估计值 θ_{hat} 和零假设时参数设定值 θ_0 之间的差异，这有点类似 t 检验，衡量零假设总体均值和样本均值之间的差异性。如果通过样本估计得到的参数估计值和零假设值有显著性差异，那么说明参数的估计值能显著提高模型的拟合程度。拉格朗日乘数检验，或者称为得分检验（Score Test）则是观察零假设条件下参数对应对数似然函数的斜率，斜率变化越慢，说明越接近对数似然函数最大值处，模型拟合效果越好。

5.4.2　似然比检验

在似然比（likelihood ratio，LR）检验中，首先极大似然估计两个嵌套模型，然后基于这两个模型估计得到的对数似然值，来构建检验统计量，验证这两个模型在拟合程度上是否有显著的差异。实际上，拟合程度的显著性差异，体现在对数似然值的差异上，所以构建的检验统计量，就是计算对数似然值差异的指标。通常来说，模型的预测变量较少，说明模型受到的约束更多，这样的模型称为约束模型（restrictive model），会有较低的对数似然值。设定受到约束较多的模型为 m_1（预测变量较少），约束较少的模型为 m_2（预测变量较多），似然比检验构建的检验统计量为

$$LR = -2\ln\left(\frac{L(m_1)}{L(m_2)}\right) = 2(\ln L(m_2) - \ln L(m_1)) \tag{5.47}$$

其中，$\ln L(m_1)$ 和 $\ln L(m_2)$ 分别为约束较多模型和约束较少模型的对数似然函数值。所以检验统计量 LR 即为约束较少模型和约束较多模型对数似然值之差的两倍，服从自由度为两个模型预测变量个数之差的卡方（χ^2）分布。

以数据集"SHAOXING2013 MODE-CAR TEST.dta"为例。这个数据集为浙江省绍兴市 2013 年大规模居民出行调查结果。每一个样本为每一次交通出行的相关信息。其中，mode_car 为 0-1 型分类变量，为 1 时表明样本为小汽车出行，0 为其他方式出行；female 为性别分类变量，1 为女性，0 为男性；salary 为交通出行个体的月收入，按照 1000 元以下、1000~2000 元、2000~3000 元、3000~5000 元、5000~8000 元、8000 元以上进行编码，从 1~6，可以近似看成是连续变量；变量 edu 为交通出行个体的受教育程度，按照小学、初中、高中、本科、研究生及以上进行编码，从 1~5，近似看成连续变量；commute_min 为通勤，即上班或上学出行时间，单位为 min，为连续变量；havechild 为 0-1 型分类变量，为 1 时表明家中有 6 岁以下小孩，否则为 0。

以 mode_car 为因变量，其他变量为预测变量，利用 STATA 的 logit 命令拟合全模型：

```
. logit mode_car female salary edu commute_min havechild
Iteration 0:   loglikelihood = -3159.7768
Iteration 1:   loglikelihood = -2695.5632
Iteration 2:   loglikelihood = -2693.0059
Iteration 3:   loglikelihood = -2693.0029
Iteration 4:   loglikelihood = -2693.0029
```

mode_car	Coef.	Std. Err.	z	P>|z|	[95% Conf. Interval]	
female	-.3263848	.0700853	-4.66	0.000	-.4637495	-.1890201
salary	.5193308	.0322598	16.10	0.000	.4561029	.5825588
edu	.4954754	.0366088	13.53	0.000	.4237234	.5672273
commute_min	.0204633	.0027084	7.56	0.000	.015155	.0257717
havechild	.3263008	.1041538	3.13	0.002	.1221631	.5304385
_cons	-3.916851	.1628749	-24.05	0.000	-4.23608	-3.597622

可以看出，模型拟合后，得到对数似然值为 -2693.0029。现在模型中一共有 5 个自变量，模型输出结果中 LR chi(5) 表明似然比检验服从自由度为 5 的卡方分布。而前文提到，这里的自由度为约束较少模型和约束较多模型预测变量个数之差。本例首先拟合的全模型，即拥有 5 个预测变量，所以约束模型预测变量个数为 0，即此处的似然比检验验证的是全模型和没有预测变量的模型之间的显著性差异，没有预测变量的模型就是全模型中预测变量的系数为 0。检验结果是 LR 统计量为 933.55，显然，全模型中所有预测变量的系数显著不全都为 0。

约束模型不一定把所有预测变量都约束没了，比如我们可以将 commute_min 和 havechild 这两个变量去掉，只保留 female、salary 和 edu 作为预测变量，对于约束模型 m_1，同样用 logit 命令进行拟合：

```
. logit mode_car female salary edu, nolog
```

```
Logistic regression                              Number of obs   =      4,581
                                                 LR chi2(3)      =     863.51
                                                 Prob > chi2     =     0.0000
Log likelihood = -2728.0202                      Pseudo R2       =     0.1366
```

mode_car	Coef.	Std. Err.	z	P>|z|	[95% Conf. Interval]	
female	-.3537456	.0693084	-5.10	0.000	-.4895876	-.2179036
salary	.5146966	.0319784	16.10	0.000	.4520201	.577373
edu	.5168406	.036132	14.30	0.000	.4460232	.5876579
_cons	-3.478666	.1488819	-23.37	0.000	-3.770469	-3.186862

可以看到约束模型 m_1 的对数似然值为 -2728.0202。将全模型 m_2 的对数似然值 -2693.0029 和 m_1 的对数似然值带入式（5.47），可以得到

$$LR = 2(\ln L(m_2) - \ln L(m_1))$$
$$= 2(-2693.0029 + 2728.0202)$$
$$= 70.0346 \qquad (5.48)$$

已知卡方分布的随机变量 x 为 70.0346，且自由度 df 为 $5-3=2$，可以用 STATA 中卡方分类的累积分布尾函数 chi2tail（df，x）得到显著水平：

```
. dis chi2tail(2, 70.0346)
6.197e-16
```

显然 $p < 0.001$，说明全模型 m_2 比只有三个预测变量的约束模型 m_1 显著有更好的拟合效果。

以上是用手动的方法来计算不同嵌套模型之间的似然比统计量，还可以用 STATA 自带的模型结果存储功能来计算。如首先拟合全模型 m_2，这里仅演示如何进行似然比检验，不显示模型拟合结果。

```
. quietly logit mode_car female salary edu commute_min havechild
```

然后将模型 m_2 的对数似然值存储到标量 m2ll 中，logit 模型的对数似然函数值在 e（ll）中，其中 ll 为 log likelihoo 的缩写，所以

```
. scalar m2ll = e(ll)
```

同样的过程，将约束模型 m_1 的对数似然函数存储到标量 m1ll 中：

```
. quietly logit mode_car female salary edu
. scalar m1ll = e(ll)
```

根据式（5.47），计算似然比检验统计量 LR：

```
. display "chi2(2) = " 2*(m2ll - m1ll)
chi2(2) = 70.034503
```

利用卡方分布的累积分布尾函数计算 p 值：
```
. display "Prob> chi2 = " chi2tail(2, 2*(m2ll - m1ll))
Prob> chi2 = 6.197e-16
```
得到的结果与手动计算一致。甚至还可以使用估计后命令 estimate store 将模型拟合结果存储起来，用似然比检验命令 lrtest 进行直接检验。如首先将全模型 m_2 的拟合结果存储到 m2 中：
```
. quietly logit mode_car female salary edu commute_min havechild
. estimate store m2
```
再将约束模型 m_1 的拟合结果存储到 m1 中：
```
. quietly logit mode_car female salary edu
. estimate store m1
```
用 lrtest 命令进行似然比检验：
```
. lrtest m1 m2
Likelihood-ratio test                    LR chi2(2)  =     70.03
(Assumption: m1 nested in m2)            Prob> chi2  =    0.0000
```
可以得到同样的结果。并且 lrtest 命令还会提示模型之间的嵌套关系，如上述结果中，m_1 嵌套于 m_2，因为 m_1 有和 m_2 共有的预测变量，但不是全部。另外，lrtest 命名后的模型，不需要关注全模型和约束模型的次序，命令会自动判断。

5.4.3 Wald 检验

Wald 检验和似然比检验类似，也能检验不同约束嵌套模型之间的拟合差异。和似然比检验的区别在于，Wald 检验不用估计两个模型，估计一个模型即可。在 Wald 检验中，检验的是预测变量的系数是否同时为零。如果检验后发现，无法拒绝预测变量的系数同时为零的零假设，那说明在模型中去掉系数为零的预测变量，并不会对模型的拟合效果有很大的影响。换句话，当预测变量的系数相对于标准误而言非常小，也就意味着这样的预测变量在对于因变量的解释中起到的作用可能并不大。

Wald 检验构建的统计量实际上是预测变量系数的估计量和零假设时假设值之间的距离。如果约束模型中仅有一个预测变量，其系数的真实值为 β，零假设值为 β_0，估计值为 $\hat{\beta}$，那么 Wald 统计量为

$$W = \frac{(\hat{\beta}-\beta_0)^2}{\text{var}(\hat{\beta})} \tag{5.49}$$

这时 θ 服从正态分布，W 服从自由度为约束变量个数（此时为 1）的卡方分布。若令全模型预测变量系数向量的真实值为 $\boldsymbol{\beta}$，其估计量为 $\hat{\boldsymbol{\beta}}$，零假设的值为 $\boldsymbol{\beta}_0$。令 $\boldsymbol{R}$ 为约束模型的预测变量向量。所以零假设为

$$H_0: \boldsymbol{R}\hat{\boldsymbol{\beta}} - \boldsymbol{\beta}_0 = 0 \tag{5.50}$$

令 $\boldsymbol{V}$ 为 $\hat{\boldsymbol{\beta}}$ 的协方差矩阵，则 Wald 检验统计量的矩阵形式为

$$W = (\boldsymbol{R}\hat{\boldsymbol{\beta}} - \boldsymbol{\beta}_0)'[\boldsymbol{RVR}']^{-1}(\boldsymbol{R}\hat{\boldsymbol{\beta}} - \boldsymbol{\beta}_0) \tag{5.51}$$

从直观上说，Wald 检验的是待估计参数和零假设参数值之间相对于标准误的距离。进行 Wald 检验的第一步是拟合全模型。以上文的数据集"SHAOXING2013 MODE-CAR TEST.dta"为例。先静默拟合 logit 模型：

```
. quietly logit mode_car female salary edu commute_min havechild
```

在 STATA 中，Wald 检验的命令为 test。test 命令必须紧跟着拟合模型命令，其命令语法为

test varname[varname…]

其中，varname 为预测变量名。在似然比检验中，约束模型的预测变量为 female、salary 和 edu，其实相当于假设变量 commute_min 和 havechild 的系数为零。我们可以直接用 test 命令检验变量 commute_min 和 havechild 的系数是否显著为零，执行：

```
. test commute_min havechild
( 1)  [mode_car]commute_min = 0
( 2)  [mode_car]havechild = 0
      chi2(  2) =     67.65
Prob> chi2 =    0.0000
```

在输出结果中首先给出了零假设，即[mode_car] commute_min =0 和[mode_car] havechild =0。卡方分布的自由度为检验预测变量的个数，为 2，得到的统计量为 67.65。基于 p 值，可以拒绝零假设，即认为变量 commute_min 和 havechild 的系数不显著同时为 0，这意味着将这两个变量加入到约束模型中能显著提高模型的拟合效果。

在样本量不大的前提下，无论是似然比检验还是 Wald 检验并没有明显差别[Davidson and MacKinnon (1993, 278)]。但是似然比检验有一个 Wald 检验无法比拟的优势，称为不变特性（invariance property）。

5.4.4 拉格朗日乘数检验

拉格朗日乘数（Lagrange multiplier）检验也称为得分检验（score test），和 Wald 检验一样，也只需要估计一个模型。不同之处在于，拉格朗日乘数检验的是在去掉我们需要验证的预测变量后，检验模型的拟合效果是否会发生变化。实际上，拉格朗日乘数检验构建的统计量为对数似然值的斜率，该斜率也称为得分。通过估计对数似然值的斜率，来评估在模型中新增预测变量，能否提高模型的拟合程度。

检验统计量具体为如果一个或多个预测变量加入模型后，服从卡方分布的对数似然值斜率的期望变化。拉格朗日乘数检验增加的预测变量，相当于原模型缺失的变量（omitted variable），所以拉格朗日乘数检验也称为缺失变量的检验。

拉格朗日乘数检验或得分检验，并不是 STATA 16 版本的系统命令，所以需要通过 SSC 下载安装。安装命令为

```
.ssc install boottest
```

静默运行全模型：
```
. quietly logit mode_car female salary edu commute_min havechild
```
对通勤时间 commute_min 和家中是否有 6 岁以下小孩的 0 – 1 型变量 havechild 执行得分检验（重新回归过程略）：
```
. scoretest commute_min havechild
...
Rao score (Lagrange multiplier) test:
commute_min havechild
chi2(2) =     69.2138
Prob> chi2 =   0.0000
```
从结果可以看出，同时增加 commute_min 和 havechild 变量，检验统计量为 69.214，服从自由度为 2 的卡方分布。p 值显然小于 0.001，意味着在模型中增加 commute_min 和 havechild 这两个命令后，能够显著提高模型的拟合程度。这个结果和上文的似然比检验以及 Wald 检验一致。

5.4.5 关于三种检验的总结

从上面的分析和例子中可以看出，似然比检验、Wald 检验和拉格朗日乘数检验都是从不同角度来比较零假设下参数对应约束模型和全模型之间差异的显著性。似然比检验要同时估计全模型和约束模型，而 Wald 检验和拉格朗日乘数检验只需要估计一个模型。后两个检验在大样本条件下，检验统计量都逼近于似然比检验统计量。但是在样本量一定条件下，三个检验统计量还是有一定区别的。通常情况下，一般建议使用似然比检验。但如果预测变量多为 0 – 1 型分类变量，可以考虑使用 Wald 检验。如果预测变量过多，可以通过拉格朗日乘数检验寻找对模型拟合有显著影响的缺失变量。

第6章 交通二项选择模型

二项选择模型是选择模型中最为基础、应用十分广泛的一类模型。这里的二项（dichotomous），指的是选择模型的因变量或输出变量为 0-1 型分类（binary）变量。也就是说，选择的结果只有两种可能：是或否。在选择领域，是或否的输出结果十分常见，比如是否采用小汽车作为通勤的交通方式、是否采用公交车作为通勤的交通方式、是否购买某种类型或品牌的小汽车、是否愿意接受某项新的技术等。显然，作为输出结果的 0-1 型变量是所有分类变量中最为简单的类型，所以二项选择模型是各种选择模型的基础，在充分理解二项选择模型的定义、推导、应用和解释后，就能更为容易地去认识诸如多项离散选择、有序选择等其他选择模型。

6.1　二项选择模型理论

根据上文"效用的不可观测部分"中的公式，可以得到个体 n 在决策环境 s 中选择选项 j 的概率 P_{nsj} 为：选择 j 选项效用 U_{nsj} 大于其他所有选项 i 效用 U_{nsi} 的概率，即

$$P_{nsj} = \text{Prob}(U_{nsj} > U_{nsi}, \forall i \neq j)$$
$$= \text{Prob}(V_{nsj} + \varepsilon_{nsj} > V_{nsi} + \varepsilon_{nsi}, \forall i \neq j) \qquad (6.1)$$

其中，效用 U 可分解为可观测部分 V 和不可观测部分 ε。对于二项选择模型而言，只有两个选项，所以可以设定 $j=1$，$i=2$，带入式（6.1）中，得到：

$$P_{ns1} = \text{Pr}(U_{ns1} > U_{ns2})$$
$$= \text{Pr}(V_{ns1} + \varepsilon_{ns1} > V_{ns2} + \varepsilon_{ns2}) \qquad (6.2)$$
$$= \text{Pr}(\varepsilon_{ns2} - \varepsilon_{ns1} < V_{ns1} - V_{ns2})$$

需要注意的是，从前文以及以上公式可以看出，效用 U 的绝对值无意义，U_1 和 U_2 的差值才有意义。

效用的可观测项 V 中包含的变量可能会有两种，一种和选项相关，一种和个体相关。例如，如果选项是关于交通方式（公交和小汽车）的，那么和选项相关的属性可以是两种交通方式的出行时间、价格、舒适性、便利性和安全性等，我们可以设第 n 个个体相对于第一个选项（公交）的属性向量为 z_{n1}，相对于第二个选项（小汽车）的属性向量为 z_{n2}；和个体相关的属性通常和选项无关，如性别、年龄、收入、职业、小汽车拥有量等，可以将个体的属性向量设为 S_n。

所以式（6.2）中的效用可观测项 V_{ns1} 和 V_{ns2} 实际上是影响因素（或变量）z_{n1}、z_{n2} 和 S_n 的某种数学组合。我们可以假设一个向量 x 是影响因素的数学组合，相对于第 n 个个体，选项 1 和选项 2，即 $x_{n1} = h(z_{n1}, S_n)$、$x_{n2} = h(z_{n2}, S_n)$。那么我们可以进一步把效用的可观测项表达为 $V_{ns1} = V(x_{n1})$ 和 $V_{ns2} = V(x_{n2})$。

$V()$ 的函数形式如何选择呢？一般来说有两个准则：一是希望函数能够反映影响因素 x 和效用 U 之间的理论关系；二是函数形式能够便于计算，方便我们估计出模型的未知参数。实际上，我们通常选择线性组合作为效用可观测项的函数形

式。设可观测项 V 共有 k 个影响因素,对应第 i 个因素都有未知参数 β_i,未知参数向量 $\beta = (\beta_1, \beta_2, \cdots, \beta_k)$。效用的可观测项可进一步表述为

$$V_{ns1}(x_{n1}, \beta) = \beta_1 x_{n11} + \beta_2 x_{n12} + \cdots + \beta_k x_{n1k}$$
$$V_{ns2}(x_{n2}, \beta) = \beta_1 x_{n21} + \beta_2 x_{n22} + \cdots + \beta_k x_{n2k} \tag{6.3}$$

需要注意的是,式(6.3)中的效用可观测项使用了相同的系数向量,在实际建模中,不同选项对应的效用模型中,系数可能完全不一样。假设选项 1 为公交方式,选项 2 为小汽车方式,建立的效用可观测项可能为如下形式:

$$V_{ns1} = -2.56 x_{n1c}$$
$$V_{ns2} = 0.45 - 2.56 x_{n1c} \tag{6.4}$$

0.45 就是选项相关常数,-2.56 就是通用参数。可观测项函数形式的设定需要根据实际问题具体分析,详见 3.3 节。

在前文我们定义了效用由可观测项和随机项(扰动项)构成,那么可以从随机项中拿出一个常数,确保随机项的均值固定为一个定值,为简便起见,这个定值通常为 0。也就是令随机变量:

$$\varepsilon'_{ns1} = \varepsilon_{ns1} - E(\varepsilon_{ns1}) = \varepsilon_{ns1} - a_{ns1}$$
$$\varepsilon'_{ns2} = \varepsilon_{ns2} - E(\varepsilon_{ns2}) = \varepsilon_{ns2} - a_{ns2} \tag{6.5}$$

其中,a_{ns1} 和 a_{ns2} 为未知常数,使得 $E(\varepsilon'_{ns1}) = 0$ 且 $E(\varepsilon'_{ns2}) = 0$。效用 U、可观测项(系统项)V、原随机项 ε、新的随机项 ε'、常数 a 之间的关系如图 6.1 所示。

通常假设效用的随机项 ε 在样本(n 个个体,以及环境 s)中独立同分布,所以可以在未知常数 a_{ns1} 和 a_{ns2} 的下标中去掉 n 和 s,变为 a_1 和 a_2。这显然是两个选项相关常数,根据图 6.1,效用公式为

$$U_{ns1} = V_{ns1} + a_1 + \varepsilon'_{ns1}$$
$$U_{ns2} = V_{ns2} + a_2 + \varepsilon'_{ns2} \tag{6.6}$$

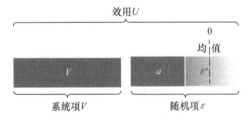

图 6.1 效用的组成

由于效用差才有意义,若令 $a = a_1 - a_2$,通过样本数据只能估计出 a 的值。如果已知 a,显然 a_1 和 a_2 有无数种组合,所以通常将其中一个未知参数先固定下来,如令 $a_2 = 0$,那么 $a = a_1$,效用公式就变为

$$U_{ns1} = V_{ns1} + a_1 + \varepsilon'_{ns1}$$
$$U_{ns2} = V_{ns2} + \varepsilon'_{ns2} \tag{6.7}$$

此时效用公式中的随机项 ε' 的均值为 0,但是方差未知。为了简化计算和便于估计结果的解释,我们可以采用类似的办法,来标定随机项的方差。由于效用差才有意义,所以在效用的概率公式(6.2)不等号两边同时乘以一个正的常数 σ,不

会改变不等号的方向，且不会影响选择的结果：

$$\begin{aligned} P_{ns1} &= \Pr(U_{ns1} > U_{ns2}) \\ &= \Pr(V_{ns1} + \varepsilon_{ns1} > V_{ns2} + \varepsilon_{ns2}) \\ &= \Pr(\varepsilon_{ns2} - \varepsilon_{ns1} < V_{ns1} - V_{ns2}) \\ &= \Pr(\sigma(\varepsilon_{ns2} - \varepsilon_{ns1}) < \sigma(V_{ns1} - V_{ns2})) \end{aligned} \quad (6.8)$$

概率公式中不等号的左边 $\sigma(\varepsilon_{ns2} - \varepsilon_{ns1})$ 可以看成一个随机变量，如果我们将其方差设定为 1，那么

$$\text{Var}[\sigma(\varepsilon_{ns2} - \varepsilon_{ns1})] = \sigma^2 \text{Var}[\varepsilon_{ns2} - \varepsilon_{ns1}] = 1 \quad (6.9)$$

可以解得常数 σ 为

$$\sigma = \frac{1}{\sqrt{\text{Var}[\varepsilon_{ns2} - \varepsilon_{ns1}]}} \quad (6.10)$$

如果效用的随机项 ε_{ns1} 和 ε_{ns2} 服从不同的概率分布，就会得到不同的二项选择模型。当随机项 ε_{ns1} 和 ε_{ns2} 服从正态分布，根据 4.3.1 节中的式 (4.16)，就可以得到二项 probit 模型：

$$P_{ns1} = \varPhi\left(\frac{V_{ns1} - V_{ns2}}{\sigma}\right) \quad (6.11)$$

需要注意的是，这里的 $1/\sigma$ 为效用函数的尺度参数，可以认定为任何正的值。通常情况下，可以设定 $\sigma = 1$。当随机项 ε_{ns1} 和 ε_{ns2} 服从 Gumbel 分布，根据 4.4.2 节中的式 (4.44)，可以得到二项 logit 模型：

$$P_{ns1} = \frac{e^{V_{ns1}}}{e^{V_{ns1}} + e^{V_{ns2}}} = \frac{1}{1 + e^{(V_{ns2} - V_{ns1})}} = \frac{1}{1 + e^{-(V_{ns1} - V_{ns2})}} \quad (6.12)$$

从式 (6.12) 可以进一步推导：

$$\begin{aligned} & P_{ns1}(1 + e^{(V_{ns2} - V_{ns1})}) = 1 \\ & \Rightarrow P_{ns1} + P_{ns1} e^{(V_{ns2} - V_{ns1})} = 1 \\ & \Rightarrow e^{(V_{ns1} - V_{ns2})} = \frac{P_{ns1}}{1 - P_{ns1}} \\ & \Rightarrow V_{ns1} - V_{ns2} = \ln\left(\frac{P_{ns1}}{1 - P_{ns1}}\right) \end{aligned} \quad (6.13)$$

最后，可以得到：

$$\ln\left(\frac{P_{ns1}}{1 - P_{ns1}}\right) = V_{ns1} - V_{ns2} \quad (6.14)$$

其实，式 (6.14) 才是 logit 模型，有学者将 logit 理解成 log it，即关于 it 的自然对数，这里的 it 指的是胜算（odds）⊖。而式 (6.12) 通常被称为 logistic 模型。因为 logit 模型和 logistic 模型公式可以相互推导得到，所以本质上，两个模型是等

⊖ 来源于 glfkuan 的知乎笔记"DCM 笔记"，https://zhuanlan.zhihu.com/p/27188729。

价的，只是形式不同。在公式中等号的左边，logit 模型是概率的胜算取对数，logistic 模型是概率本身；公式等号的右边，logit 模型是关于自变量 x 及系数 β 的线性组合，logistic 模型是非线性结构。

在 3.3.1 节中，设定效用可观测部分 V 是各种影响因素 x 的线性组合，所以选项 1 和选项 2 的效用可观测部分相减，也为影响因素 x 的线性组合，令 x 为影响效用的可观测变量向量，β 为变量对应权重或系统的向量，因为 σ 为常数，通常被设定为 1，所以可以令

$$\frac{V_{ns1} - V_{ns2}}{\sigma} = V_{ns1} - V_{ns2} = x\beta \tag{6.15}$$

将式（6.15）代入式（6.11），得到二项 probit 模型公式为

$$P_{ns1} = \Phi(x\beta) \tag{6.16}$$

若直接令

$$V_{ns1} - V_{ns2} = x\beta \tag{6.17}$$

将式（6.17）代入式（6.12），得到二项 logistic 模型公式为

$$P_{ns1} = \frac{1}{1 + e^{-x\beta}} \tag{6.18}$$

将式（6.17）代入式（6.14），得到二项 logit 模型公式为

$$\ln\left(\frac{P_{ns1}}{1 - P_{ns1}}\right) = x\beta \tag{6.19}$$

实际上，可以总结出二项选择概率公式的通用形式：

$$\begin{aligned} P_{ns1} &= F(x\beta) \\ P_{ns2} &= 1 - P_{ns1} = 1 - F(x\beta) \end{aligned} \tag{6.20}$$

其中，$F(x\beta)$ 为概率累积分布函数。对于 probit 模型，$F(x\beta)$ 为正态累积分布函数 $\Phi(x\beta)$；对于 logit 模型，$F(x\beta)$ 为 logistic 累积分布函数，其函数形式如式（6.18）。

6.2 二项选择模型的估计命令

在 STATA 中，可以基于上述三个二项模型的对数似然函数，用 ml 命令实现模型的估计，即通过拟合实际数据，用极大似然估计的方法来估计可观测变量向量 x 的系数或权重向量 β。除了 ml 命令外，还可以直接使用 STATA 套装好的命令来估计参数。用于估计二项 probit 模型、二项 logit 模型和二项 logistic 模型的命令分别为 probit、logit 和 logistic。这三个命令的语法分别为：

probit depvar[indepvars][if][in][weight][, options]
logit depvar[indepvars][if][in][weight][, options]
logistic depvar[indepvars][if][in][weight][, options]

可以看出，这三个命令的语法除了命名自身的名称不同外，其余部分几乎完全一样。其中，depvar 为因变量，即取值为 0 或 1 的二项变量，表明选择或事件的结果。indepvars 为自变量，或预测变量，即代表了效用可观测项的样本数据变量。

语法中的中括号［］代表可选项，其中的 if 和 in 用来限定拟合模型所用的样本数据集。比如样本数据集中，有样本变量 female，取 1 为女性，在拟合二项选择模型时，可分性别拟合数据集，先估计女性的数据，只要在估计命名中增加 if female == 1 即可。另外，需要注意的是，在执行模型拟合前，估计命令会自动忽略缺失数据，所以模型拟合的数据集和样本数据可能不一样。在估计命令执行完毕后，可以用函数 e（sample）来判断数据集中的观测值是否被用于模型的拟合，函数为 1，表明用于拟合，否则为 0。

在 options 中，noconstant 是三个命令共有的选项参数，表明拟合的模型结果中不包含常数项。level（#）也是三个命令的共有选项参数，用于设置置信水平，缺省时默认设置为 level（95）。

在 logit 命令的 options 中，选项参数 or 表明模型拟合的输出结果中，用 or（odds ratio）取代自变量的系数。而在 logistics 命令的 options 中，有对应的选项参数 coef，表明不显示 or，取而代之用自变量的系数。从式（6.18）和式（6.19）中可以看出，logit 模型和 logistic 模型本质上一样，只是 logit 模型的因变量为事件发生的概率，等号右边为非线性形式；而 logistic 模型的因变量为对概率的胜算取对数，等号右边为较为简单的线性形式。

那么根据线性回归模型自变量系数的解释方法，logistic 模型的系数（logit 模型的 or 系数）可以解释为当自变量发生一个单位的变化时，带来因变量的变化是胜率的对数。详见［R］logistic、［R］logit 和［R］probit。

用选择模型做实证分析和研究，通常需要以下几个步骤。

（1）熟悉和整理样本数据集

可以通过 codebook、describe、inspect 和 summarize 等命令，了解熟悉数据集中各个样本变量的含义、类型、分布、缺失等情况。并根据下一步拟确定使用的选择模型，整理数据集，使其符合拟合命令的要求。

（2）确定输出变量和预测变量，建立拟合公式

根据要分析研究的问题和目标，选择合适的输出变量（因变量）和预测变量（自变量）。然后根据输出变量的特性（如离散、有序、计数、二项、多项等）和研究目标，选择合适的选择模型，建立基于样本变量的模型公式。

（3）拟合数据集，并对输出结果做初步解读。

根据选择模型对应的拟合命令，拟合样本数据集，了解输出结果的含义，初步判断模型拟合的效果，初步判断拟合系数的合理性。

6.3 logit 模型估计举例

下面按照用选择模型做实证研究的步骤,对二项 logit 模型的估计、检验、解释、绘图等过程进行介绍。

6.3.1 样本数据集描述

以数据集"SHAOXING2013 MODE – CAR TEST. dta"为例。这个数据集为浙江省绍兴市 2013 年大规模居民出行调查结果。每一个样本为每一次交通出行的相关信息。其中,mode_car 为 0 – 1 型分类变量,为 1 时表明样本为小汽车出行,0 为电动自行车方式出行;female 为性别分类变量,1 为女性,0 为男性;salary 为交通出行个体的月收入,按照 1000 元以下、1000 ~ 2000 元、2000 ~ 3000 元、3000 ~ 5000 元、5000 ~ 8000 元、8000 元以上进行编码,从 1 ~ 6,可以近似看成是连续变量;变量 edu 为交通出行个体的受教育程度,按照小学、初中、高中、本科、研究生及以上进行编码,从 1 ~ 5,近似看成连续变量;commute_min 为通勤,即上班或上学出行时间,单位为 min,为连续变量;havechild 为 0 – 1 型分类变量,为 1 时表明家中有 6 岁以下小孩,否则为 0。

首先,可以利用 describe 和 inspect 命令对数据集有一个整体的了解。

```
. describe

Contains data from F:\jp's docs update\Teaching\choice analysis\Data\SHAOXING2013 MODE-CAR TEST.dta
  obs:         4,581
 vars:             6                          10 Apr 2020 11:22
─────────────────────────────────────────────────────────────────────────────
              storage   display    value
variable name   type    format     label      variable label
─────────────────────────────────────────────────────────────────────────────
commute_min   double   %10.0g                 commute travel time (min)
edu           byte     %10.0g                 education level
salary        byte     %10.0g                 salary level
mode_car      int      %16.0g     mode_car    is travel by car
female        int      %9.0g      female      female
havechild     int      %11.0g     havechild
                                              is child's age below 6
─────────────────────────────────────────────────────────────────────────────
Sorted by:
     Note: Dataset has changed since last saved.
```

inspect 命令用于帮助我们迅速了解和熟悉一个数据集中的数值型样本变量。和 summarize 命令不同的是,inspect 命令不是对数据集中的样本变量做详细的描述性统计(如求均值、标准差、最大值、最小值等),而是统计样本变量中观测值负数、零和正数的个数;观测值不重复的个数;缺失值的个数。并会给出一个简单的直方图。其命令语法为:

inspect [varlist] [if] [in]

如果不带任何参数和选项,仅仅执行 inspect 命令,STATA 会统计数据集中所有的样本变量。或者也可以查看制定的样本变量，即 varlist。详见 [D] inspect。在本例中，我们可以通过 inspect 命令查看因变量 mode_car 的大致分布和情况。执行命令：

```
. inspect mode_car
mode_car:  is travel by car              Number of Observations

                                    Total      Integers    Nonintegers
    #                   Negative       -           -            -
    #    #              Zero        2,479        2,479          -
    #    #              Positive    2,102        2,102          -
    #    #
    #    #              Total       4,581        4,581          -
    #    #              Missing        -
    |
  0                 1                   4,581
  (2 unique values)

  mode_car is labeled and all values are documented in the label.
```

从结果可以看出，mode_car 变量只有 0 和 1 两个取值，其中 1 为小汽车方式出行，共有 2102 个；0 为电动自行车方式出行，为 2479 个。

6.3.2 建立模型及估计

以 0-1 型变量 mode_car 为因变量，以 female、salary、edu、commute_min 和 havechild 为自变量，根据式（6.19）建立 logit 模型如下：

$$\ln\left(\frac{P_{car}}{1-P_{car}}\right) = \boldsymbol{\beta x} = \beta_0 + \beta_1 \times \text{female} + \beta_2 \times \text{salary} + \beta_3 \times \text{edu} +$$

$$\beta_4 \times \text{commute\_min} + \beta_5 \times \text{havechild} \quad (6.21)$$

P_{car} 为选择小汽车作为通勤方式的概率。根据本例中的样本数据，也可以写为 Pr(mode_car=1)。另外，也可以将公式等号左边直接变为概率的形式：

$$\Pr(\text{mode\_car}=1) = F(\boldsymbol{\beta x}) = \frac{1}{1+e^{-\boldsymbol{\beta x}}} \quad (6.22)$$

其中，$F(x)$ 为服从 logistic 分布的累积分布函数。用 logit 命令来拟合模型，执行命令：

```
. logit mode_car female salary edu commute_min havechild
Iteration 0:    log likelihood  =  -3159.7768
Iteration 1:    log likelihood  =  -2695.5632
Iteration 2:    log likelihood  =  -2693.0059
Iteration 3:    log likelihood  =  -2693.0029
Iteration 4:    log likelihood  =  -2693.0029
```

```
Logistic regression                           Number of obs   =    4,581
                                              LR chi2(5)      =   933.55
                                              Prob> chi2      =   0.0000
Log likelihood = -2693.0029                   Pseudo R2       =   0.1477
```

mode_car	Coef.	Std. Err.	z	P>|z|	[95% Conf. Interval]	
female	-.3263848	.0700853	-4.66	0.000	-.4637495	-.1890201
salary	.5193308	.0322598	16.10	0.000	.4561029	.5825588
edu	.4954754	.0366088	13.53	0.000	.4237234	.5672273
commute_min	.0204633	.0027084	7.56	0.000	.015155	.0257717
havechild	.3263008	.1041538	3.13	0.002	.1221631	.5304385
_cons	-3.916851	.1628749	-24.05	0.000	-4.23608	-3.597622

在执行完 logit 命令后，可以用 or 选项参数将上述输出结果中的系数转化为胜率比（odds ratio）。执行命令：

```
. logit, or
Logistic regression                           Number of obs   =    4,581
                                              LR chi2(5)      =   933.55
                                              Prob> chi2      =   0.0000
Log likelihood = -2693.0029                   Pseudo R2       =   0.1477
```

mode_car	Odds Ratio	Std. Err.	z	P>|z|	[95% Conf. Interval]	
female	.7215275	.0505685	-4.66	0.000	.6289211	.8277699
salary	1.680902	.0542255	16.10	0.000	1.577913	1.790614
edu	1.641278	.0600852	13.53	0.000	1.527639	1.763371
commute_min	1.020674	.0027644	7.56	0.000	1.01527	1.026107
havechild	1.385832	.1443397	3.13	0.002	1.129938	1.699677
_cons	.0199037	.0032418	-24.05	0.000	.0144642	.0273888

Note: _cons estimates baseline odds.

6.3.3 模型的结果解读

模型的输出结果可分为迭代结果、拟合结果、参数结果等几个部分，下面分别介绍。

1. 迭代结果

在 logit 模型拟合结果中，首先给出了寻找对数似然函数最大值的迭代过程中，每步迭代时得到的对数似然值，如下：

```
Iteration 0:    log likelihood  =  -3159.7768
Iteration 1:    log likelihood  =  -2695.5632
Iteration 2:    log likelihood  =  -2693.0059
Iteration 3:    log likelihood  =  -2693.0029
Iteration 4:    log likelihood  =  -2693.0029
```

上述迭代过程的第一行 "Iteration 0：log likelihood = -3159.7768"，计算的是

没有预测变量的约束模型的对数似然函数值。需要注意的是，这里的 0 并不是对 logit 命令后定义模型（全模型）对数似然函数找最大值的第一次迭代。全模型的第一次迭代在第二行"Iteration 1: log likelihood = -2695.5632"。因为迭代的目的是寻找最大的对数似然函数值，所以随着迭代次数的增加，每次得到的 log likelihood 值都在增长。当增长的速度非常缓慢、递增的值非常小时，寻优过程就达到收敛（converged），此时迭代停止，得到模型的拟合结果。

2. 拟合结果

寻找对数似然函数最大值的迭代达到收敛后，会给出这个寻优的最终模型拟合结果，如下：

```
Logistic regression                         Number of obs    =    4,581
                                            LR chi2(5)       =   933.55
                                            Prob> chi2       =   0.0000
Log likelihood = -2693.0029                 Pseudo R2        =   0.1477
```

在模型拟合结果的左边，"Log likelihood = -2693.0029"，给出了迭代停止、达到收敛时的最大对数似然函数值 -2693.0029。这个值本身没有什么含义，可以用来和其他嵌套模型的对数似然函数值进行比较检验，如似然比（likelihood ratio，LR）检验。

在模型拟合结果的右边第一行"Number of obs = 4,581"，表明模型拟合使用的数据集中观测值的个数。如果在拟合命令 logit 后所用的样本变量存在缺失值，那么这里的 4581 可能会小于数据集中实际的样本量。STATA 在执行拟合前，会自动排除数据集中存在模型拟合变量缺失值的观测值。

在模型拟合结果的右边第二行"LR chi2(5) = 933.55"，为似然比开方检验。根据似然比检验统计量的计算公式 $LR = 2(\ln L_{m2} - \ln L_{m1})$，其中 $\ln L_{m2}$ 为拟合命令后的全模型（使用了拟合命令后所有预测变量的模型）对数似然函数值，在本例中为迭代结果中的最后一行"Iteration 4: log likelihood = -2693.0029"，也在拟合结果中左边最后一行"Log likelihood = -2693.0029"，具体为 -2693.0029。$\ln L_{m1}$ 为没有预测变量的嵌套模型的对数似然函数值，是迭代结果中的第一行"Iteration 0: log likelihood = -3159.7768"，具体为 -3159.7768。代入上述公式，得到似然比检验统计量 LR = 2 × (-2693.0029 + 3159.7768) = 933.5478，和"LR chi2(5) = 933.55"一致。括号中的 5 为开方分布的自由度。在本例中有 6 个变量，所以自由度为变量个数减 1，为 6 - 1 = 5（个）。

在模型拟合结果右边第三行"Prob > chi2 = 0.0000"，是零假设条件为真条件下计算得到似然比检验统计量的概率值。即，如果模型中所有的自变量同时对因变量没有影响，那么得到当前拟合结果中似然比统计量 933.55 的概率。如果设定显著水平为 5% 或 1%，在本例中，显然可以拒绝零假设，因为概率 p 小于 0.0000。

在模型拟合结果右边第四行"Pseudo R2 = 0.1477",为伪 R^2 值。在简单线性回归模型拟合结果中,有一个判定系数 R^2,表明了因变量的变动性能被回归模型中自变量和因变量之间关系解释的百分比。需要注意的是,logit 模型拟合结果中的伪 R^2 并不具有和线性回归中的 R^2 相同的含义,在解释时需要特别小心。

3. 参数结果

在模型拟合结果的下面给出了一张表,很规整地展示了模型中参数的估计值以及各种统计量,如下:

mode_car	Coef.	Std. Err.	z	P>|z|	[95% Conf. Interval]	
female	-.3263848	.0700853	-4.66	0.000	-.4637495	-.1890201
salary	.5193308	.0322598	16.10	0.000	.4561029	.5825588
edu	.4954754	.0366088	13.53	0.000	.4237234	.5672273
commute_min	.0204633	.0027084	7.56	0.000	.015155	.0257717
havechild	.3263008	.1041538	3.13	0.002	.1221631	.5304385
_cons	-3.916851	.1628749	-24.05	0.000	-4.23608	-3.597622

参数结果表中第一行第一列的"mode_car"为拟合模型的因变量,第一列中的"female、salary、edu、commute_min、havechild"给出了各个自变量名。

第二列"Coef."为 logit 回归模型中预测变量的权重或系数的估计值。根据式 (6.21),本例中的回归模型可以写为

$$\ln\left(\frac{P_{\text{car}}}{1-P_{\text{car}}}\right) = -3.917 - 0.326 \times \text{female} + 0.519 \times \text{salary} + 0.495 \times \text{edu} +$$

$$0.020 \times \text{commute\_min} + 0.326 \times \text{havechild}$$

(6.23)

其中,P_{car} 为选择小汽车作为通勤交通方式的概率。

从式 (6.23) 可以看出自变量和因变量之间的相互关系。自变量前面系数 β 的估计量表明,当固定其他自变量时,β 所对应的自变量变化一个单位时,所带来选择小汽车方式概率的胜率对数的变化。显然,胜率对数的单位变化难于解释,所以通常会将这里的系数转化为胜率比的形式,下文详细介绍。

预测变量 female 前面的系数估计量为 -0.326,这表明当其他预测变量固定不变时,女性相对于男性而言,会使选择小汽车方式的胜率对数减少 0.326。预测变量 salary 的系数估计量为 0.519,表明其他预测变量固定前提下,个人收入每增加一个等级,会使选择小汽车胜率对数增加 0.519。参数结果表中第一列最后一行为 _cons,表明常数项,其估计值为 -3.917,表明当所有预测变量取值为 0 时,选择小汽车方式胜率对数的期望值为 -3.917。通常情况下,常数项实际意义不大。

参数结果表中的第三列"Std. Err."为预测变量系数的标准误(standard error)。标准误通常用于系数是否显著不为 0 的假设检验中。将系数的估计量除以标

准误就得到检验系数是否显著为 0 的统计量 z 值。如 female 的系数为 -0.326，标准误为 0.070，相除得到 -4.657，和参数结果表中第四列 z 中的值一致。标准误还能用来计算表中最后两列的置信区间。

参数结果表中的第四列 "z" 和第五列 "P>|z|" 是一个假设检验。其零假设是该行对应系数为 0，检验统计量为 z。我们可以自行设定假设检验的显著水平，如 5% 或 1%，然后与第五列的 p 值比较。如果 p 值小于我们设定的显著水平，那么说明可以拒绝零假设，认为系数不显著为 0。需要注意的是，这里的 p 值为双尾检验，如果是单尾检验，可以将 p 值除以 2，再和显著水平比较。所以双尾检验更加严格。就双尾检验而言，如果设定显著水平 1%，即 0.01，自变量 female 系数检验的 z 统计量为 -4.66，p 值小于 0.000，小于显著水平 0.01，所以可以拒绝零假设，认为 female 的系数不显著为 0，即对自变量有显著性影响。

参数结果表中的最后两列 "[95% Conf. Interval]" 为自变量系数 95% 的置信区间。置信区间能让我们观察到自变量系数在总体中真实值的上限和下限范围。如果置信区间包含 0，那么一般无法拒绝零假设，无法得到系数不显著为 0 的结论。

6.3.4 胜率比的解释

上文在解释 logit 模型拟合的参数结果中自变量的系数时，提到自变量的单位变化带来的是因变量胜率比对数的变化。这很难直观地理解和解释。根据 logit 公式 (6.13) 的推导，可以将其转变为如下形式：

$$\ln\left(\frac{P_{ns1}}{1-P_{ns1}}\right) = x\boldsymbol{\beta} \Rightarrow \frac{P_{ns1}}{1-P_{ns1}} = e^{x\boldsymbol{\beta}} \quad (6.24)$$

如果预测变量 x_i 为连续变量，那么每变化一个单位，固定其他变量前提下，给 $\ln(P/(1-P))$ 带来的变化是系数 β_i，给 $P/(1-P)$ 带来的变化是 $\exp(\beta_i)$。如果 x_i 为分类变量，那么其他变量保持不变时，x_i 从基准类别变化到当前类别时，胜率是原来的 $\exp(\beta_i)$ 倍。

1. 分类变量胜率比的解释

为了更好地理解胜率和胜率比，在本例中，我们先仅考虑预测变量 female 的影响。统计选择不同通勤交通方式下性别的差异，执行命令：

```
. tabulate mode_car female
```

is travel by car	female male	female	Total
by electric bike	1,264	1,215	2,479
by car	1,352	750	2,102
Total	2,616	1,965	4,581

从表中可以看出，男性中选择小汽车方式为 1352 人，选择电动自行车方式为 1264 人，所以男性中小汽车方式相对电动自行车方式的胜率为 1352/1264 = 1.0696。同理，女性中小汽车方式对电动自行车方式的胜率为 750/1215 = 0.6173。那么女性相对于男性在通勤交通方式选择上的胜率比（odds ratio）为 0.6173/1.0696 = 0.5771。

用带 or 选项参数的 logit 命令拟合如下公式：

$$\frac{P_{car}}{1-P_{car}} = e^{(\beta_0 + \beta_1 \times female)} = e^{\beta_0} e^{\beta_1 \times female} \qquad (6.25)$$

如果不带 or 参数，logit 命令拟合后估计得到的系数为 β_0 和 β_1，如果带 or 参数，或者执行 logistic 拟合命令，得到的系数是 $\exp(\beta_0)$ 和 $\exp(\beta_1)$。这里的 $\exp(\beta_1)$ 就是 female 变量，即女性选择小汽车概率 $P_{car,female}$ 的胜率（$P_{car,female}/(1-P_{car,female})$）相对于男性选择小汽车概率 $P_{car,male}$ 的胜率（$P_{car,male}/(1-P_{car,male})$）的倍数。执行命令：

```
. logit mode_car female, or
Iteration 0:   log likelihood  = -3159.7768
Iteration 1:   log likelihood  = -3118.2932
Iteration 2:   log likelihood  = -3118.2824
Iteration 3:   log likelihood  = -3118.2824
Logistic regression                        Number of obs   =    4,581
                                           LR chi2(1)      =    82.99
                                           Prob> chi2      =   0.0000
Log likelihood = -3118.2824                Pseudo R2       =   0.0131
```

mode_car	Odds Ratio	Std. Err.	z	P>|z|	[95% Conf. Interval]	
female	.5771057	.035043	-9.05	0.000	.5123523	.6500429
_cons	1.06962	.0418491	1.72	0.085	.9906635	1.15487

Note: _cons estimates baseline odds.

从模型拟合结果，可以看出 female 的系数还是 0.5771，和我们手算的一致，说明女性选择小汽车方式的胜率是男性的 0.5771 倍。需要注意的是，带 or 参数或 logistic 估计的系数，在假设检验中，零假设是系数为 1，因为系数为 1，表明自变量的变化使因变量胜率变化倍数为 1，就是没有变化。对本例而言，p 值小于 0.000，说明在 1% 显著水平下，性别对小汽车方式选择的胜率有显著影响。

在 SPost13 工具包中，有一个 listcoef 命令，可以用来同时列表显示 logit 命令、mlogit 命令、mprobit 命令等估计的系数 β 以及 $\exp(\beta)$。在本例中，执行完 **logit mode_car female, or** 命令后，可以运行带 help 选项参数的 listcoef 命令：

```
. listcoef, help
logit (N=4581): Factor change in odds
  Odds of: by car vs by electric bike
```

	b	z	P>|z|	e^b	e^bStdX	SDofX
female	-0.5497	-9.053	0.000	0.577	0.762	0.495
constant	0.0673	1.720	0.085	.	.	.

```
b     =  raw coefficient
z     =  z-score for test of b=0
P>z=     p-value for z-test
e^b=     exp(b) = factor change in odds for unit increase in X
e^bStdX  =  exp(b*SD of X) = change in odds for SD increase in X
SDofX =  standard deviation of X
```

从输出结果可以看出，b 为原始的系数。当零假设为 $b=0$ 时，检验统计量为 z。e^b 为自变量 X 每增长一个单位所带来的胜率比（by car 相对于 by electric bike）的变化，即 $\exp(\beta)$。当自变量 X 每增长一个标准差（SD）时，所带来胜率比的变化就为 e^bStdX。自变量的标准差即为 SdofX。在本例中，自变量 female 为分类变量，不是连续变量，所以只能将 e^b 所对应的 0.577 解释为女性对小汽车方式的胜率是于男性的 0.577 倍。

绘制出 $y=\exp(x)$ 函数曲线（图 6.2），帮助理解系数的含义。绘制命令如下：
```
twoway function y = exp(x), range(-1 1) ///
xline(0, lpattern("-"))  yline(1, lpattern("-")) ///
title("{stSerif}{it:y}={it}e{sup:x}")
```

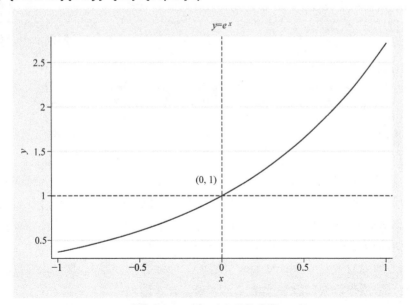

图 6.2　$y=\exp(x)$ 函数曲线

从 $y=\exp(x)$ 函数的特性可以看出，当 x 取值为负时，y 取值为（0，1）；当 x 大于 0 时，y 大于 1。所以 female 的系数为 -0.5497，则 e^b 为 0.577。如果 female 的系数为 0.5497，那么对应的 e^b 其实为 0.577 的倒数，即 1/0.577 = 1.733。小汽车相对于电动自行车，female 的系数为 -0.5497，那么电动自行车相对于小汽车，female 的系数就为 0.5497，可以解释为女性对电动自行车的胜率比是男性的 1.733 倍。我们可以通过带 reverse 选项参数的 listcoef 命令来实现这种倒数计算。

```
. listcoef, reverse
logit (N=4581): Factor change in odds
 Odds of: by electric bike vs by car
```

	b	z	P>|z|	e^b	e^bStdX	SDofX
female	-0.5497	-9.053	0.000	1.733	1.313	0.495
constant	0.0673	1.720	0.085	.	.	.

2. 连续变量胜率比的解释

我们可以将其他自变量，如收入（salary）、受教育程度（edu）、通勤时间（commute_min）和是否有小孩（have_child）都加入 logit 模型的估计中，再用 listcoef 给出所有变量对应的系数。执行命令：

```
. quietly logit mode_car female salary edu commute_min havechild
. listcoef
logit (N=4581): Factor change in odds
 Odds of: by car vs by electric bike
```

	b	z	P>|z|	e^b	e^bStdX	SDofX
female	-0.3264	-4.657	0.000	0.722	0.851	0.495
salary	0.5193	16.098	0.000	1.681	1.872	1.207
edu	0.4955	13.534	0.000	1.641	1.641	1.000
commute_min	0.0205	7.556	0.000	1.021	1.292	12.503
havechild	0.3263	3.133	0.002	1.386	1.109	0.318
constant	-3.9169	-24.048	0.000	.	.	.

对于连续自变量通勤时间 commute_min，从表中可以看出，每增加 1min，固定其他自变量不变的情况下，被调查者采用小汽车的胜率比增加 1.021 倍。当自变量 commute_min 每增加一个标准差，即 12.503min 时，固定其他自变量，采用小汽车的胜率比增加 1.292 倍。如果用带 percent 选项参数的 listcoef 命令，就可以得到百分比关系，如当自变量 commute_min 每增加一个标准差，即 12.503min 时，固定其他自变量，采用小汽车的胜率比增加 29.2%。

6.4 二项选择模型估计后分析

在估计完二项选择模型后，根据输出的迭代、拟合、参数等结果，可以对模型估计的结果做出初步的解读，重点能了解自变量对因变量影响的显著性，同时对自变量的系数做出初步的解释。可以从假设检验、结果预测、拟合优度、边际效应等角度对拟合的模型做进一步的分析和研究，更加充分挖掘样本数据包含的信息。

6.4.1 假设检验

在 5.4 节中，我们已经介绍了三种基于极大似然估计的假设检验：似然比（Likelihood Ratio，LR）检验、Wald 检验和得分检验（Score test）。在二项选择模型的拟合结果中，也给出了关于单个系数的 z 检验，以及所有系数的似然比检验。下面结合 STATA 的 Wald 检验命令 test 和似然比检验命令 lrtest，来实现对拟合模型系数更加灵活的检验。

STATA 中的 test 命令和 lrtest 命令都是估计后命令，需要紧跟在估计命令之后执行。还是以数据集"SHAOXING2013 MODE – CAR TEST. dta"为例，以 0－1 型变量 mode_car 为因变量，以 female、salary、edu、commute_min 和 havechild 为自变量，执行 logit 估计命令。命令后带 nolog 选项，表明不需要再显示对数似然函数值的迭代过程。

```
. logit mode_car female salary edu commute_min havechild, nolog
```

Logistic regression				Number of obs	=	4,581
				LR chi2(5)	=	933.55
				Prob > chi2	=	0.0000
Log likelihood = -2693.0029				Pseudo R2	=	0.1477

mode_car	Coef.	Std. Err.	z	P>|z|	[95% Conf. Interval]	
female	-.3263848	.0700853	-4.66	0.000	-.4637495	-.1890201
salary	.5193308	.0322598	16.10	0.000	.4561029	.5825588
edu	.4954754	.0366088	13.53	0.000	.4237234	.5672273
commute_min	.0204633	.0027084	7.56	0.000	.015155	.0257717
havechild	.3263008	.1041538	3.13	0.002	.1221631	.5304385
_cons	-3.916851	.1628749	-24.05	0.000	-4.23608	-3.597622

从拟合结果中，以 salary 为例，可以说：个人的月收入对选择小汽车作为通勤交通方式的概率有显著性正向影响，此时 $z = 16.10$，$p < 0.01$，双尾检验。

1. 对于单个系数的检验

对于单个系数是否对因变量有显著性影响的检验，在拟合模型的输出结果中，直接给出了 z 检验的结果。我们也可以用 Wald 检验，例如零假设为通勤出行时间对交通方式的选择没有显著性影响，即 $\beta_{\text{commute\_min}} = 0$。使用 test 命令检验：

```
. test commute_min
 ( 1)  [mode_car]commute_min = 0
        chi2(  1)     =      57.09
        Prob> chi2    =     0.0000
```

在检验结果中，[mode_car] commute_min =0 表明以 mode_car 为因变量的自变量 commute_min 在零假设中为 0。检验统计量服从自由度为 1 的卡方分布，为 57.09，p 值小于 0.0000。所以可以说：通勤时间对小汽车方式的选择概率有显著的正向影响，此时 χ^2 =57.09，自由度 df =1，p <0.01。需要注意的是，在拟合模型的输出结果中，对应 commute_min 的 z 统计量为 7.56，和自由度为 1 的卡方统计量之间是开平方的关系。在执行完 test 命令后，卡方统计量存储在 r（chi2）中，对其开平方：

```
. display "The sqrt of chi2(1) is " sqrt(r(chi2))
The sqrt of chi2(1) is 7.5555509
```

显然，得到的结果和 z 统计量一致。还可以使用似然比检验观察 commute_min 系数的显著性。先执行全模型拟合，然后将拟合结果存储在 m_full 中：

```
. quietly logit mode_car female salary edu commute_min havechild, nolog
. estimate store m_full
```

然后拟合没有 commute_min 变量的约束模型或嵌套模型，将估计结合存储在 m_restrict 中：

```
. quietly logit mode_car female salary edu havechild
. estimate store m_restrict
```

最后，执行似然比检验的 lrtest 命令：

```
. lrtest m_full m_restrict
Likelihood-ratio test                        LR chi2(1) = 58.87
(Assumption: m_restrict nested in m_full) Prob> chi2 = 0.0000
```

从结果中可以看出，似然比检验的自由度为 1 的卡方统计量为 58.87，和 Wald 检验的 57.09 非常接近。需要提醒的是，在 lrtest 检验中，可以用"."来取代最新一次拟合模型的估计结果。如上面例子中，可以使用命令"lrtest m_full ."得到同样的输出结果。

2. 多个系数的检验

虽然在模型的拟合结果中给出了检验所有预测变量的系数是否同时为零的似然比检验，但是检验的结果要么是拒绝零假设，所有系数显著不同时为零；要么是无法拒绝零假设，所有预测变量对结果变量的影响不显著。其中，检验的对象是所有预测变量的系数。如果我们想检验任意一个系数，可以使用上文的单个系数的检验；如果想检验任意多个系数，依旧可以用 test 和 lrtest 命令来实现。

在上例中，如果想检验预测变量 salary 和 edu 的系数是否同时为 0，即零假设为 $\beta_{salary}=\beta_{edu}=0$。首先拟合全模型，可以直接执行：

```
. quietly logit mode_car female salary edu commute_min havechild
```

或者如果之前已经执行过全模型的拟合命令，并用"estimates store m_full"将拟合结果存储在 m_full 中，则可以将全模型的拟合结果 m_full 重新载入到当前内存，执行命令：

. **estimates restore m_full**

用 Wald 检验的 test 命令，同时检验 salary 和 edu 的系数是否同时为 0，执行命令：

. **test salary edu**
```
( 1)  [mode_car]salary = 0
( 2)  [mode_car]edu = 0
         chi2( 2) =   604.23
      Prob> chi2 =   0.0000
```

从结果可以看出，可以拒绝 salary 和 edu 的估计系数同时为 0 的假设，此时 $\chi^2 = 604.23$，$df = 2$，$p < 0.01$。

另外，从 logit 模型拟合结果中发现 salary 的系数为 0.519，edu 的系数为 0.495，那么这两个预测变量对结果变量的影响是否一致呢？我们同样可以使用 Wald 检验。零假设为 $\beta_{\text{salary}} = \beta_{\text{edu}}$。执行命令：

. **test salary = edu**
```
( 1)  [mode_car]salary - [mode_car]edu = 0
         chi2( 1)  =    0.19
       Prob> chi2  =  0.6642
```

输出结果的第一行，给出的零假设为 $\beta_{\text{salary}} - \beta_{\text{edu}} = 0$，这和之前的零假设 $\beta_{\text{salary}} = \beta_{\text{edu}}$ 等价。从检验结果来看，如果设定显著水平为 1%，因为 $p > 0.01$，所以显然无法拒绝零假设，预测变量 salary 和 edu 对结果变量的影响没有显著性差别。

预测变量 salary 是按照 1000 元以下、1000～2000 元、2000～3000 元、3000～5000 元、5000～8000 元、8000 元以上进行编码，从 1～6。在 logit 模型中，将其看成连续变量，拟合结果中，系数为 0.519，则 $\exp(0.519) = 1.681$。说明收入变量 salary 每提升一个等级，会使得选择小汽车方式的胜率比电动自行车方式提高 1.681 倍。但是不是不同等级收入的差距对选择小汽车方式的概率影响一致呢？我们可以将 salary 变量离散化，转换为分类变量，再用因子操作符将收入的分类变量引入 logit 模型中进行拟合。

将收入变量 salary 重新编码，2000 元及以下为 1、2000～5000 元为 2、5000 元以上为 3，生成新的分类变量 salarycat3，执行命令：

```
.recode salary (1/2=1 "low income") (3/4=2 "median income") (5/6=3 "high income"), gen(salarycat3)
(4488 differences between salary and salarycat3)
```

可以查看此时关于分类收入变量的标签列表：

```
. label list salarycat3
salarycat3:
    1  low income
    2  median income
    3  high income
```

用 salarycat3 变量替换 salary 变量，重新拟合 logit 模型，执行命令：

```
. logit mode_car female i.salarycat3 edu commute_min havechild, nolog
```

Logistic regression   Number of obs   =   4,581
                                                  LR chi2(6)   = 912.22
                                                  Prob> chi2   = 0.0000
Log likelihood = -2703.6651   Pseudo R2   = 0.1443

mode_car	Coef.	Std. Err.	z	P>|z|	[95% Conf. Interval]	
female	-.4001395	.0693269	-5.77	0.000	-.5360177	-.2642613
salarycat3						
median income	.2587751	.1147862	2.25	0.024	.0337983	.4837518
high income	1.407337	.1272533	11.06	0.000	1.157925	1.656749
edu	.5535557	.0366635	15.10	0.000	.4816966	.6254147
commute_min	.0213164	.0027086	7.87	0.000	.0160076	.0266252
havechild	.334733	.1037831	3.23	0.001	.1313219	.538144
_cons	-2.580482	.1433979	-18.00	0.000	-2.861536	-2.299427

首先，可以检验分类变量 salarycat3 中的中等收入类别和高收入类别对小汽车方式选择概率的影响是否同时为 0，执行命令：

```
. test 2.salarycat3 3.salarycat3
 ( 1)  [mode_car]2.salarycat3 = 0
 ( 2)  [mode_car]3.salarycat3 = 0
        chi2(  2) =  248.34
      Prob> chi2 =   0.0000
```

从检验结果可以看出，可以拒绝零假设，中等收入类别和高收入类别对小汽车方式选择概率的影响显著不同时为 0。并且，从 logit 模型拟合结果的系数可以看出，高收入群体和中等收入群体，相对于低收入群体，都更加偏好于使用小汽车作为通勤方式。那么高收入群体和中等收入群体对小汽车方式选择概率的影响是否有差异？我们可以通过 Wald 检验来验证，执行命令：

```
. test 2.salarycat3 = 3.salarycat3
 ( 1)  [mode_car]2b.salarycat3 - [mode_car]3.salarycat3 = 0
        chi2(  1) =  225.93
      Prob> chi2 =   0.0000
```

从结果可以看出，因为 $p<0.01$，所以可以拒绝零假设，认为高收入群体和中等收入群体对小汽车方式选择概率的影响有显著性差异。那么差异有多大呢？可以以中等收入群体为基准类别，执行命令". logit mode_car female ib2. salarycat3 edu commute_min havechild, nolog", 可以得到相对于中等收入群体, 高收入群体的系数为 1.149, z 值为 15.03, $p<0.001$, $\exp(1.149)=3.154$。所以高收入群体相对于中等收入群体, 选择小汽车方式的胜率是选择电动自行车方式的 3.154 倍。多个系数的似然比检验和单个系数没有差别, 可直接参照上一小节。

6.4.2 模型的预测

拟合二项选择模型得到预测变量系数的估计量后, 可以将系数的估计量和样本预测变量带入选择模型, 得到关于结果变量或因变量的预测值。通过比较预测值和样本值之间的差异, 可以让我们更好地理解模型对数据的拟合程度, 更加便利于对模型拟合结果的解释。

1. 基于概率预测值的分析

习惯上, 对于预测值我们用 "^" 来标记, 读为 hat。对于二项 probit 模型, 预测值为

$$\widehat{P_{ns1}} = \Phi\left(\frac{\hat{x\beta}}{\sigma}\right) \tag{6.26}$$

对于二项 logit 模型而言, 预测值为

$$\ln\left(\frac{\widehat{P_{ns1}}}{1-\widehat{P_{ns1}}}\right) = \hat{x\beta} \tag{6.27}$$

和线性回归模型一样, 模型估计后, 可以使用 predict 命令预测因变量, 详见 [R] predict。其命令语法为:

predict [type] newvar [if] [in] [, single options]

其中, newvar 为我们设定的用于存放预测值的变量; 可选 type 为设定预测值的数据类型, 可以为 byte、int、long 等, 详见 [D] Data types。需要注意的是, predict 主要根据模型估计的系数和内存中的样本自变量来计算预测值。如果在估计命令中使用了 if 或 in 的选项, 即限定了参与模型拟合的样本, 但是 predict 命令依然是依据没有限定之前的样本来计算预测值。如一个数据集有 100 个观测值, 在进行模型估计时, 用 "in 1/70" 限定了前 70 个样本参与估计, 估计完毕后, 如果使用 predict 命令, 那么会根据前 70 个样本观测值估计出的模型系数和所有 100 个样本自变量, 得到 100 个预测值。如果想要使得 predict 命令使用的样本自变量和模型拟合使用的样本一致, 可以使用 "if e(sample)==1" 来实现。

在 logit 模型或 probit 模型估计后, 用 predict 命令实现对选项概率的预测。在上例中, 先执行不显示结果的 logit 估计命令:

. quietly logit mode_car female i.salarycat3 edu commute_min havechild

设定将数据集中每个观测值, 即每个被调查个体, 关于通勤交通方式选择概率的预测值放置在新的变量 prlogit 中, 可执行命令:

. predict prlogit
(option pr assumed; Pr(mode_car))

从输出提示可以看出，STATA 默认为命令添加了 pr 选项，表明预测的是范围在 0~1 之间的概率值；并且给预测变量 prlogit 添加了标签"Pr（mode_car）"，表明是因变量 mode_car 对应的概率预测值。我们可以用"label variable"命令自定义含义更加明确的标签，因为该预测值来源于 logit 模型的估计结果，前提条件是拟合的系数以及样本自变量 x，所以将其标签修改为"Logit: Pr（mode_car | x）"，执行命令：

. `label variable prlogit "Logit:Pr(mode_car|x)"`

可以使用带 compact 参数的 codebook 命令观察预测变量 prlogit，执行命令：

. `codebook prlogit, compact`

Variable	Obs	Unique	Mean	Min	Max	Label
prlogit	4581	564	.4588518	.0860289	.9642323	Logit:Pr(mode_car|x)

从 codebook 的输出结果可以看到，预测概率值取值范围在 0.086~0.964 之间。为了更加形象地展示预测值，可以绘制频率点图。频率点图是将数据集中变量的取值在垂直方向上用频率的方式展示出，如图 6.3 所示。在 STATA 中的绘制命令为 dotplot。该命令的语法为：

dotplotvarname[if][in][,options]

其中，varname 为绘图所需的变量名。options 中，可以使用 over(groupvar) 来分组。详见 [R] dotplot。

在本例中，使用 dotplot 命令绘制用 logit 模型预测的概率值 prlogit，执行命令：

. `dotplotprlogit, ylabel(0(0.2)1, grid)`

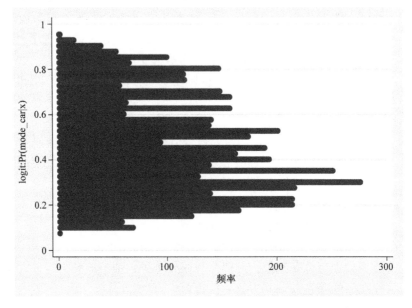

图 6.3　logit 模型预测概率的频率点图

绘图命令中的 ylabel（0（0.2）1，grid）为设置 y 轴的参数函数，其中 "0（0.2）1" 表示 y 轴从 0～1，每间隔 0.2 为一个刻度；grid 表明在每个刻度处绘制网格线。从图 6.3 可以看出，预测概率 prlogit 整体偏向低于 0.5 的趋势，其分布不对称，尾部在概率较大的部分。

在上文的 logit 模型输出结果中，性别变量 female 的 z 检验表明，对因变量有显著影响。我们可以按照性别，将预测概率值分组，观察不同性别下预测概率值分布是否有差异。用 dotplot 命令的选项 over（）来实现分组，执行命令：
. dotplotprlogit, over(female) ylabel(0(0.2)1, grid) xtitle("gender")

从图 6.4 可以明显看出，男性中，选择小汽车方式概率的预测值分布相对较为均匀，而女性更偏向于较小概率的分布，说明相对女性而言，男性更加愿意选择小汽车作为通勤的交通方式。

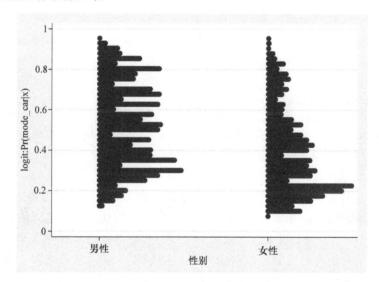

图 6.4　按照性别分组的 logit 模型预测频率点图

还可以用同样的方法，观察不同收入情况下，对小汽车方式选择概率的影响。收入分类变量为 salarycat3，所以执行绘图命令：
. dotplotprlogit, over(salarycat3) ylabel(0(0.2)1, grid)

从图 6.5 可以看出，随着收入的提高，预测选择小汽车的概率分布明显呈现增长的趋势。probit 模型的预测值也可以用类似的方法得到，执行命令：
. quietly probit mode_car female i.salarycat3 edu commute_min havechild
. predict prprobit
(option pr assumed; Pr(mode_car))
. label variable prprobit "Probit: Pr(mode_car|x)"

可以用 pwcorr 命令计算 logit 模型的预测概率值 prlogit 和 probit 模型的预测概率值之间的相关系数：

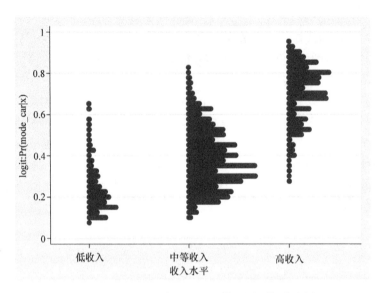

图 6.5 按照收入分组的 logit 模型预测概率点图

. pwcorrprlogitprprobit

	prlogit	prprobit
prlogit	1.0000	
prprobit	0.9999	1.0000

从结果可以看出，两种模型的预测概率值高度相关。虽然因为建立效用函数时尺度参数标定的差异，导致 logit 模型估计的系数大约比 probit 模型估计的系数大 1.7 倍，但是两个模型的概率预测值几乎完全一致。可以用 ttest 命令来实现这两个预测值均值是否相同的检验。或者也可以使用 scatter 来绘制散点图，观察两个预测值相互变化的趋势，如图 6.6 所示。执行命令：

. scatter prlogitprprobit, xlabel(0(0.2)1, grid) msymbol(oh)

绘图命令中的 msymbol（oh）用于定义散点的形状，oh 表明中空的小圈（smcircle hollow），详见［G－4］symbolstyle。从图上可以看出，logit 模型和 probit 模型的预测结果几乎是一条直线，高度相关。

2. 通过残差验证和分析数据集

残差（residual）是拟合模型中因变量的预测值和样本观测值之间的差异。如果残差值特别大，那么其对应的样本观测值为极值点（outliers）。通过残差，我们能够了解模型和样本数据的拟合程度，发现数据中的异常样本，并有针对性地分析异常产生的原因，以帮助我们更好地拟合和解释模型。

选择数据集的因变量或输出变量为 0－1 型分类变量，为 1 时表明选择对应的选项，为 0 时表明不选。设第 i 个样本，或被调查者，最终做出决策的变量为 y_i，

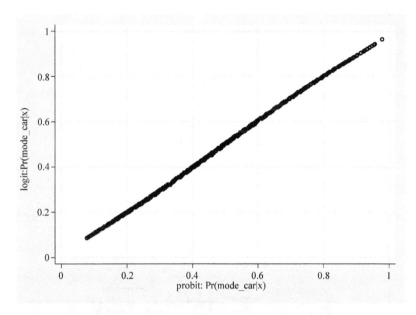

图 6.6　logit 和 probit 模型预测概率值的散点图

如上例中的 mode_car 变量。二项选择模型的预测变量为对应选项发生的概率 p_i，所以残差为 $y_i - p_i$。因为 y_i 取值为 0 或 1，所以残差取值为 $-p_i$ 或 $1-p_i$，相当于一个二项分布，所以残差的方差为

$$\mathrm{var}(y_i - p_i | x_i) = p_i(1 - p_i) \tag{6.28}$$

选择模型的预测值一般写成 $\widehat{p_i}$ 的形式。一种称为 Pearson 残差的计算方法如下：

$$r_i = \frac{y_i - \widehat{p_i}}{\sqrt{\widehat{p_i}(1 - \widehat{p_i})}} \tag{6.29}$$

但是有学者指出公式中的分母并不是残差方差的完美估计，所以进一步提出了标准 Pearson 残差：

$$r_i^{\mathrm{std}} = \frac{r_i}{\sqrt{1 - h_{ii}}},\ h_{ii} = \widehat{p_i}(1 - \widehat{p_i}) x_i \widehat{\mathrm{var}(\hat{\beta})} x_i' \tag{6.30}$$

在 STATA 中，可以用 predict 命令的 residuals 和 rstandard 这两个选项参数来计算上述的 Pearson 残差和标准 Pearson 残差。下面以数据集"SHAOXING2013 MODE - CAR TEST.dta"为例，计算并分析 logit 模型预测的残差。

首先拟合不显示结果的 logit 模型，执行命令：

```
. quietly logit mode_car female i.salarycat3 edu commute_min havechild
```

用带 rstandard 参数的 predict 命令，将预测的标准 Pearson 残差存储到新的变量 rstd 中，并用"label variable"命令将新变量 rstd 的标签定义为"standardized residual"，执行命令：

```
. predict rstd, rstandard
. label variable rstd "standardized residual"
```

在 logit 模型的自变量中，通勤出行时间 commute_min 是连续变量，我们可以将数据集按照出行时间排序，然后按照这个次序生成每个样本观测值的序号，存储在变量 personid 中，执行命令：

```
. sort commute_min
. generate personid = _n
. label variable personid "observation number"
```

然后，可以以标准 Pearson 残差 rstd 为纵坐标，以样本观测值的序号 personid 为横坐标，做散点图，如图 6.7 所示。

```
. twoway scatter rstdpersonid, msymbol(oh) yline(0, lwidth(thick))
```

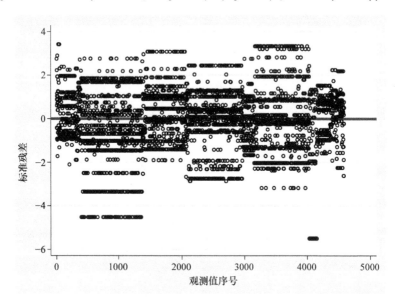

图 6.7 标准 Pearson 残差分布

需要注意的是，在绘图命令中，用 twoway 命令的参数 msymbol（oh）将散点标记为中空的小圆，详见 [G-4] symbolstyle。用 yline（0，lwidth（thick））来绘制坐标图中 y 轴为 0 的横线。yline 选项参数的语法为：

yline(numlist[,suboptions])

其中 numlist 为坐标图中横线的纵坐标。在 suboptions 中，可以使用 lpattern（linepatternstyle）来定义横线的线型，详见 [G-4] linepatternstyle；可以使用 lwidth（linewidthstyle）来定义横线的线宽，详见 [G-4] linewidthstyle；可以使用 lcolor（colorstyle）定义横线的颜色和透明度，详见 [G-4] colorstyle。关于 suboptions 的其他选项详见 [G-3] added_line_options。

从图 6.7 可以看出，存在小于 -4 的标准 Pearson 残差，可以使用 "edit if

rstd > 4 | rstd < -4"命令将残差过大的样本观测值显示出来,观察这些样本值的特征。通常情况下,并不建议直接将残差值过大的样本删除。残差过大,有可能是数据本身的问题,也有可能是模型设置不合理。

例如在本例中,执行"edit if rstd > 4 | rstd < -4"命令后发现,共筛选出来的样本观测值 117 个。在拟合的 logit 模型中,因变量为 mode_car,自变量为 female、salarycat3、edu、commute_min 和 havechild。在 117 个样本观测值中,female 都为男性,havechoild 都为 other。对于 salarycat3,即收入的分类变量,和因变量 mode_car 之间做表格如下:

```
. tabulate mode_car salarycat3 if rstd< -4
```

is travel by car	RECODE of salary (salary level)		Total
	median in	high inco	
by electric bike	60	25	85
by car	4	28	32
Total	64	53	117

从表中可以看出,随着收入从中等变化到较高,使用小汽车方式的个体数量从 4 增长到 28,使用电动自行车的数量从 60 减少到 25。说明随着收入的增多,人们偏向于使用小汽车作为通勤交通方式。在 logit 模型拟合结果中,salarycat3 中 median_income 和 high_income 系数的估计值分别为 0.249 和 1.407,且显著,和表格中的结果一致。对于 edu 变量同理。

因变量 mode_car 和通勤时间 commute_min 之间的表为:

```
. tabulate mode_car commute_min if rstd< -4
```

is travel by car	commute travel time (min)		Total
	10	35	
by electric bike	25	60	85
by car	28	4	32
Total	53	64	117

从表中可以看出,随着出行时间的增长,使用小汽车方式的个体数量在下降。但是在 logit 模型的拟合结果中,通勤时间 commute_min 的系数为 0.021,z 值为 7.87,p 值小于 0.001。显然和模型拟合结果不符合。这可能是因为没有考虑出行距离和出行所在的区位。如果出行发生在城区较为拥堵的区域,可能中等距离的出行会更加偏好电动自行车。

需要注意的是,较大的残差不一定对自变量系数的估计有较大的影响,反过来,较小的残差也可能会对自变量系数估计值有较大的影响。所以残差的大小和模型的拟合效果没有直接的关系。我们需要注意的是那些对模型估计参数有显著影响的残差。这些残差对应的样本观测值称为强影响点（influential observation），又称为高杠杆点（high leverage point）。某个样本观测值是强影响点或高杠杆点的判断标准为：模型拟合所用的数据集包含和不包含该样本观测值的情况下，自变量估计系数的变化大小是否显著。换句话，一个样本观测值是否为异常值（outlier）和是否为强影响点之间，并不等同。

Pregibon 在1981年提出了一种近似判断的方法，只需要估计一次模型，就能得到去除第 i 个样本观测值对模型估计出的系数向量的影响。其计算公式为

$$\Delta \widehat{\beta}_i = \frac{r_i^2 h_i}{(1 - h_i)^2} \tag{6.31}$$

在 STATA 中，可以使用带 dbeta 选项参数的 predict 命令来计算公式中的 $\Delta \beta$。详见 [R] logistic postestimation。在上例中，因为 predict 为估计后命令，所以确保先执行了 logit 估计命令：

. quietly logit mode_car female i.salarycat3 edu commute_min havechild

将每一个样本观测值缺失对系数估计量的影响存储到新的变量 delta_beta 中，执行命令：

. predict delta_beta, dbeta

以 delta_beta 为纵坐标，样本数据集观测值的序号 personid 为横坐标，绘制散点图，如图 6.8 所示。

. twoway scatter delta_beta personid

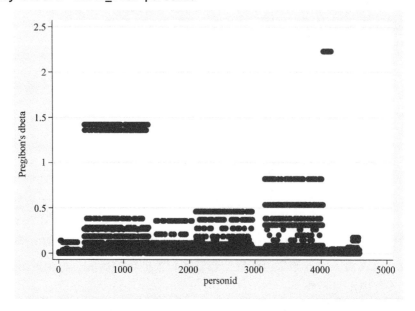

图 6.8　样本观测值缺失对系数估计量的影响

从图 6.8 可以看出，存在影响 deta_beta 大于 2 的情况，将满足这种情况的数据筛选出来，发现有 64 个样本观测值，都是通勤时间为 35min、中等收入的男性。其中有 60 个人以电动自行车为通勤交通方式，4 人以小汽车为通勤交通方式。可以对这些数据进一步进行分析。

在 SPost13 工具包中，还有一个 leastlikely 命令，能够帮助我们在二项选择模型估计后，找出当输出变量为 1，但是预测概率最低的样本观测值；以及当输出变量为 0，预测概率最低的样本观测值。换句话说，就是预测概率和结果变量最不相符合的那些样本。leastlikely 命令的语法为：

leastlikely[varlist][if][in]，[n(#) generate(varname)]

其中 varlist 为预测概率和结果变量最不相符合的样本变量。n（#）为对每个类别的输出变量需要列出的样本观测值的个数，默认为 5 个。generate（varname）为定义某个类别输出变量对应概率的预测值，默认为 Prob。list 命令的选项参数都可以用于此命令。

在上例中，还是先拟合 logit 模型：

. quietly logit mode_car female i.salarycat3 edu commute_min havechild

然后执行 leastlikely 命令，带上拟合模型所有的自变量：

. leastlikely female salarycat3 edu commute_min havechild

Outcome: 0 (by electric bike)

	Prob	female	salarycat3	edu	commut~n	havechild
2497.	.1170196	male	high income	5	20	other
3408.	.1176055	male	high income	4	30	age below 6
3420.	.0711697	male	high income	5	30	age below 6
3749.	.0967276	male	high income	5	30	other
4578.	.0606122	male	high income	3	90	age below 6

Outcome: 1 (by car)

	Prob	female	salarycat3	edu	commut~n	havech~d
25.	.1066279	female	median income	1	2	other
89.	.0894407	female	low income	1	5	other
286.	.0894407	female	low income	1	5	other
742.	.0985091	female	low income	1	10	other
1375.	.1023604	female	low income	1	12	other

从结果可以看出，当输出结果为 0，就是被调查者选择电动自行车作为通勤交通方式时，发生概率最低的是那些高收入、高学历、家里可能有 6 岁以下小孩的男性。这种属性特征的个体，显然和我们通常所认知骑电动自行车的人群有一定差异。而选择小汽车作为通勤交通方式，但是选择概率最低的是那些收入低、学历

低、通勤时间少、家里无6岁以下小孩的女性。这时就要去进一步调查和分析，验证这些样本数据的可靠性。

6.4.3 拟合优度

样本中观测值和估计模型之间的差距，我们可以用上文概率的预测值以及残差来分析。但有时，我们希望有一个指标，能够表示样本数据集和估计模型之间的拟合程度，通过这个指标，能帮助我们选择和实际数据拟合更好的模型。比如 logit 模型拟合结果中的对数似然函数值、似然比检验统计量等，都在一定程度上反映了实际数据和估计模型之间的拟合程度。下面主要介绍三大类体现数据和模型拟合程度的指标：信息标准指标（Information criteria）、R^2 类指标和命中率指标。

1. 信息标准指标

信息标准指标可以用来比较嵌套模型和非嵌套模型值之间的拟合优度。常用的信息标准指标有两类：Akaike 信息指标（Akaike's Information Criterion，AIC）和贝叶斯信息指标（Bayesian Information Criterion，BIC）。AIC 指标由 Akaike 在 1974 年提出，其公式如下：

$$AIC = -2\ln L + 2k \quad (6.32)$$

其中 $\ln L$ 为模型最大的对数似然函数值；k 为模型中待估计的参数个数。一般来说，AIC 和 BIC 指标越小，说明模型的拟合程度越好。BIC 是 Schwarz 在 1978 年提出。由于 BIC 指标对参数较多的模型会赋予更多的惩罚，所以相对于 AIC 指标，BIC 更加偏好较为简单的模型。BIC 指标值至少有三种定义形式，其中 STATA 的定义如下：

$$BIC = -2\ln L + k\ln N \quad (6.33)$$

其中，N 为样本量。Raftery 在 1995 年给出了关于通过不同模型的 BIC 值的差异来判断拟合程度的标准：当两个模型 BIC 的差值绝对值在 0~2 之间，具有较小 BIC 值的模型拟合程度要微弱地优于较大 BIC 值的模型拟合程度；当 BIC 差值绝对值在 2~6 之间时，是确定优于；当 BIC 差值绝对值在 6~10 之间时，是强烈优于；当 BIC 差值绝对值大于 10，是非常强烈优于。

在 STATA 中，计算信息标准指标的命令为 estat ic。因为信息标准指标的计算需要用到对数似然函数，所以 estat ic 是模型估计命令的后命令，其命令语法为：

estat ic [, n (#)]

其中 n (#) 定义了计算 BIC 所需的样本量 N。详见 [R] estat ic。

如在上例中，我们先执行 logit 模型的估计，再计算 AIC 和 BIC：

```
. quietly logit mode_car female i.salarycat3 edu commute_min havechild
. estat ic
```
Akaike's information criterion and Bayesian information criterion

Model	N	ll(null)	ll(model)	df	AIC	BIC
.	4,581	-3159.777	-2703.665	7	5421.33	5466.338

Note: BIC uses N = number of observations. See [R] BIC note.

因为信息标准指标可以比较非嵌套模型之间的拟合优度，所以我们可以估计 probit 模型，再计算其 AIC 和 BIC 值：

```
. quietly probit mode_car female i.salarycat3 edu commute_min havechild
. estat ic
```

Akaike's information criterion and Bayesian information criterion

Model	N	ll(null)	ll(model)	df	AIC	BIC
.	4,581	-3159.777	-2704.714	7	5423.429	5468.436

Note: BIC uses N = number of observations. See [R] BIC note.

通过比较可以看出，logit 模型的 AIC 和 BIC 值要小于 probit 模型，所以相对来说，logit 模型的拟合效果更好。

如果用 SPost13 包里的 fitstat 命令，能更加方便地比较不同模型或同一模型不同变量之间的拟合程度。fitstat 命令的语法为：

fitstat, [save diff saving(name) using(name) force ic]

其中，saving（name）指将当前模型拟合优度的计算结果放置到 name 中；using（name）指将当前模型的拟合优度结果和 name 中存储的结果进行对比。save 选项是将当前模型拟合优度结果存储到一个临时矩阵中；diff 是将当前模型拟合优度计算结果和 save 存储的结果进行对比。ic 指只计算信息标准指标，即 AIC 和 BIC。

如上例中，用 logit 模型估计完毕后，用带 save 参数选项的 fitstat 命令将 AIC 和 BIC 先临时存储起来：

```
. quietly logit mode_car female i.salarycat3 edu commute_min havechild
. quietly fitstat, save ic
```

然后再估计 probit 模型，使用带 diff 参数选项的 fitstat 命令比较 AIC 和 BIC：

```
. quietly probit mode_car female i.salarycat3 edu commute_min havechild
. fitstat, diff ic
```

	Current	Saved	Difference
AIC			
AIC	5423.429	5421.330	2.098
(divided by N)	1.184	1.183	0.000
BIC			
BIC(df=7/7/0)	5468.436	5466.338	2.098
BIC (based on deviance)	-33147.894	-33149.992	2.098
BIC' (based on LRX2)	-859.547	-861.645	2.098

Difference of 2.098 in BIC provides positive support for saved model.

显然，从结果中的 BIC 指标可以看出，saved 的模型，即 logit 模型的拟合效果比 probit 模型更好。

在 logit 模型中，自变量 salarycat3 是将原有 salary 变量分成了三类构建的分类变量，原有的 salary 变量包含了六个等级的收入。那么 salary 变量进行模型估计的方法有四种：连续变量的 salary、连续变量的 salarycat3、分类变量的 i.salary、分类变量的 i.salarycat3。可以用 estat ic 或"fitstat, ic"命令计算，得到表 6.1。

表 6.1 salary 变量的处理方法

拟合优度变量类型		信息标准指标		拟合效果排序（1最好，4最差）
		AIC	BIC	
连续变量	salarycat3	5454.569	5493.147	4
	salary	5398.006	5436.584	2
分类变量	i.salarycat3	5421.330	5466.338	3
	i.salary	5336.521	5400.818	1

从表 6.1 可以看出，对分级的变量最好还是以分类变量的形式进入模型，分类越细，模型拟合效果越好。但有时为了能更好地解释模型或样本数据，如果将分类进一步集计，那么最好还是使用分类变量作为自变量。

2. R^2 类指标

在线性回归模型中，有一个指标 R^2，或称为判定系数，用于表示回归方程所能解释因变量变动性的百分比，通常被看成是回归模型拟合效果的评判指标。在非线性的选择模型中，R^2 其实并不存在，但是由于该指标在线性回归领域使用广泛且很方便，所以很多研究者给出了非线性回归模型的 R^2，称为伪 R^2（Pseudo R^2）。例如，在 logit 命令输出结果中的"Pseudo R2"其实是 McFadden 提出的伪 R^2。

(1) McFadden 的 R^2（McFadden's R^2）

McFadden 在 1974 年给出一种 R^2，也被称为似然率指数，用于比较仅有截距的模型（即所有自变量的系数为 0）和拥有所有自变量的全模型，公式如下：

$$R^2_{\text{McF}} = 1 - \frac{\ln\hat{L}(M_{\text{Full}})}{\ln\hat{L}(M_{\text{Intercept}})} \quad (6.34)$$

如果模型 $M_{\text{Intercept}} = M_{\text{Full}}$，那么 $R^2_{\text{McF}} = 0$。R^2_{McF} 可以无限接近于 1，但永远不可能等于 1。由 David Hensher 和 Peter Stopher 在 1979 年编写的 *Bahvioural Travel Modelling* 中，McFadden 负责第 15 章的编写工作，其中他谈到"McFadden's R^2 相对于 R^2 来说，一般要小得多，其取值在 0.2~0.4 之间就能表明模型的拟合程度非常好了"。该指标一般会出现在 STATA 估计结果的表头，标记为"Pseudo R2"，在命令 fitstat 中，被标记为"R^2 McFadden"。由于 R^2_{McF} 总是随着模型中变量个数的增加而增加，所以往往对该系数进行调整：

$$\overline{R}^2_{\text{McF}} = 1 - \frac{\ln\hat{L}(M_{\text{Full}}) - K^*}{\ln\hat{L}(M_{\text{Intercept}})} \quad (6.35)$$

其中，K^* 为参数的个数，不是自变量的个数。

（2）极大似然 R^2（Maximum likelihood R^2）

Maddala 在 1983 年提出另外一种 R^2，也被称为 Cox–Snell R^2，相当于线性回归中 R^2 的似然比卡方变换，公式如下：

$$R_{\text{ML}}^2 = 1 - \left\{ \frac{L(M_{\text{Intercept}})}{L(M_{\text{Full}})} \right\}^{2/N} \quad (6.36)$$

（3）Cragg 和 Uhler 的 R^2（Cragg and Uhler's R^2）

因为 R_{ML}^2 仅能达到其最大值 $1 - L(M_{\text{Intercept}})^{2/N}$，所以 Cragg 和 Uhler 在 1970 年提出了一个更为广泛意义的指标，该指标也被称为 Nagelkerke 的 R^2：

$$R_{\text{C\&U}}^2 = \frac{R_{\text{ML}}^2}{\max R_{\text{ML}}^2} = \frac{1 - \{L(M_{\text{Intercept}})/L(M_{\text{Full}})\}^{2/N}}{1 - L(M_{\text{Intercept}})^{2/N}} \quad (6.37)$$

（4）Efron 的 R^2（Efron's R^2）

对于二项输出结果，Efron 在 1978 年提出了一种伪 R^2，公式为

$$R_{\text{Efron}}^2 = 1 - \frac{\sum_{i=1}^{N}(y_i - \hat{p}_i)^2}{\sum_{i=1}^{N}(y_i - \bar{y})^2} \quad (6.38)$$

其中，$\hat{p} = \widehat{\Pr}(y=1|x)$，即输出变量为 1 时发生的概率。

（5）Tjur 的歧视系数（Tjur's coefficient of discrimination）

对于二项输出结果，Tjur 在 2009 年提出了一种范围在 0 和 1 之间的拟合优度——歧视系数 D。该值就是输出结果为 1 时的平均预测概率和输出结果为 0 时平均预测概率之差：

$$D = \text{mean}\,\widehat{\Pr}(y=1|y=1) - \text{mean}\,\widehat{\Pr}(y=1|y=0) \quad (6.39)$$

该值的原理为：当一个二项模型有较好的拟合程度时，对于肯定结果的预测概率会随肯定结果数量的增加而增加，随否定结果数量的增加而减少。Paul Allison 教授曾经撰文评价了几种伪 R^2 指标（https：//statisticalhorizons.com/r2logistic），认为 Tjur 的歧视系数是在直观上比较接近线性回归的 R^2，并且简单易算，相对于 McFadden 的 R^2 和 Cox–Snell R^2，更为推荐 Tjur 的 R^2。遗憾的是，该指标目前还不能扩展到有序回归模型和多项回归模型中。

根据上例中的数据集，首先拟合 logit 模型：

```
. quietly logit mode_car female i.salarycat3 edu commute_min havechild
```

然后用 predict 命令预测出使用小汽车作为通勤方式（mode_car 为 1）的概率以及使用电动自行车作为通勤方式（mode_car 为 0）的概率，将其命名为 mode_hat。需要注意的是，为了保证预测所用的数据和拟合所用的数据一致，使用 if e(sample) 条件。

```
. predict mode_hat if e(sample)
(option pr assumed; Pr(mode_car))
```

在得到输出结果 mode_car 概率预测值之后，计算 mode_car 为 1 条件下概率的均值，并存储在标量 p1_mean 中：

```
. summarize mode_hat if mode_car == 1
```

Variable	Obs	Mean	Std. Dev.	Min	Max
mode_hat	2,102	.5600643	.2052324	.0894407	.9642323

```
. scalar p1_mean = r(mean)
```

显然，mode_car 为 1 条件下预测概率均值为 0.5601，存储在 p1_mean 中。同样的步骤，得到 mode_car 为 0 条件下的预测概率均值 p0_mean：

```
. summarize mode_hat if mode_car == 0
```

Variable	Obs	Mean	Std. Dev.	Min	Max
mode_hat	2,479	.3730314	.1836757	.0860289	.9393878

```
. scalar p0_mean = r(mean)
```

根据式（6.39），可以得到歧视系数 D 为：

```
. display "Tjur's coefficient of discrimination (D) is " p1_mean - p0_mean
Tjur's coefficient of discrimination (D) is .18703295
```

得到歧视系数 D 为 0.1870。在得到输出结果的概率预测值之后，还可以用 t 检验的命令 ttest，直接得到不同选项间均值的差值。如：

```
. ttest mode_hat, by(mode_car)
Two-sample t test with equal variances
```

Group	Obs	Mean	Std. Err.	Std. Dev.	[95% Conf. Interval]	
by elect	2,479	.3730314	.003689	.1836757	.3657975	.3802653
by car	2,102	.5600643	.0044764	.2052324	.5512857	.568843
combined	4,581	.4588518	.0031779	.2150889	.4526216	.465082
diff		-.187033	.0057481		-.198302	-.1757639

```
diff = mean(by elect)- mean(by car)               t = -32.5383
Ho: diff = 0                              degrees of freedom =     4579
Ha: diff < 0               Ha: diff != 0               Ha: diff > 0
Pr(T < t) = 0.0000   Pr(T > t) = 0.0000   Pr(T > t) = 1.0000
```

从输出结果中，可以看到 diff 的值为 -0.187033，相反数后，即为歧视系数。

（6）McKelvey 和 Zavoina 的 R^2（McKelvey and Zavoina's R^2）

有一些模型根据对潜变量 y^* 的回归来定义，$y^* = x\beta + \varepsilon$。则 y^* 拟合值的方差估计值为 $\widehat{\text{var}}(\hat{y}^*) = \hat{\beta}'\widehat{\text{var}}(x)\hat{\beta}$，Mckelvey 和 Zavoina 在 1975 年提出了如下

的 R^2：

$$R^2_{M\&Z} = \frac{\widehat{\text{var}(\hat{y}^*)}}{\widehat{\text{var}(y^*)}} = \frac{\widehat{\text{var}(\hat{y}^*)}}{\widehat{\text{var}(\hat{y}^*)} + \text{var}(\varepsilon)} \quad (6.40)$$

由于无法被直接观测，所以也无法计算其误差的方差，通常在 logistic 模型中将其设定为 $\pi^2/3$。

3. 命中率

命中率也称为计数 R^2（Count R^2）。在具有分类输出结果的模型中，可以采用观测值（样本值）和预测值来计算计数 R^2。对于二项模型，其观测值 y 为 1 或 0，可以通过估计后的模型计算 y 为 1 时的预测概率 $\hat{p}_i = \widehat{\Pr}(y=1|x_i)$。定义期望预测输出结果为

$$\hat{y}_i = \begin{cases} 0, & \text{若 } \hat{p}_i \leq 0.5 \\ 1, & \text{若 } \hat{p}_i > 0.5 \end{cases} \quad (6.41)$$

接上文的例子，通过 predict 命令得到输出结果为 1 的概率 mode_hat 后，以 0.5 为界限，对样本观测值进行分类。设分类变量为 more50，执行命令：

`. gen more50 = (mode_hat >= 0.5)`

当 more50 为 1 时，表明输出结果为 1 的概率预测值大于或等于 0.5。可以使用 tabulate 命令将 mode_car 和 more50 列表统计：

`. tabulate mode_car more50`

is travel by car	more50 0	1	Total
by electric bike	1,909	570	2,479
by car	812	1,290	2,102
Total	2,721	1,860	4,581

其中，mode_car 为 1，标签为"by car"，预测概率大于等于 0.5 的观测值为 1290 个；mode_car 为 0，标签为"by electric bike"，预测概率小于 0.5 的观测值为 1909 个。所以预测概率满足式（6.41）的观测值个数为 1290 + 1909，总的样本量为 4581，则命中率计算结果为：

```
. display "The hit ratio is " (1909 + 1290)/4581
The hit ratio is .69831914
```

得到命中率为 69.83%。另外，我们还可以通过命令 estat classification 将观测值和预测值放在同一张表中进行比较，需要注意的是该命令仅能用于 logistic、logit、probit 或 ivprobit 的估计结果之后。后估计命令 estat classification 的命令语

法为：

estat classification [if] [in] [weight] [, options]

在 option 中，有两个选项参数。一个为 all，表明统计数据集中所有的观测值（行）；另一个为 cutoff（#），其中#为设定的统计概率阈值，默认为 0.5。详见 [R] estat classification。

首先还是静默执行 logit 命令：

`. quietly logit mode_car female i.salarycat3 edu commute_min havechild`

然后执行输出结果及预测概率的汇总统计命令：

```
. estat classification
Logistic model for mode_car
```

Classified	True D	True ~D	Total
+	1290	570	1860
-	812	1909	2721
Total	2102	2479	4581

Classified + if predicted Pr(D) >= .5
True D defined as mode_car != 0

Sensitivity	Pr(+| D)	61.37%
Specificity	Pr(-|~D)	77.01%
Positive predictive value	Pr(D| +)	69.35%
Negative predictive value	Pr(~D| -)	70.16%
False + rate for true ~D	Pr(+|~D)	22.99%
False - rate for true D	Pr(-| D)	38.63%
False + rate for classified +	Pr(~D| +)	30.65%
False - rate for classified -	Pr(D| -)	29.84%
Correctly classified		69.83%

其中，"TrueD defined as mode_car ! = 0"，表明 D 表示输出结果 mode_car 为 1 的样本观测值，~D 表明输出结果 mode_car 为 0 的样本观测值。"Classified + if predicted Pr（D）>= 0.5"，表明 + 号表示 D 条件下，即输出结果为 1 情况下，预测概率大于 0.5 的样本观测值。- 号表示预测概率小于 0.5 的样本观测值。从上述输出结果可以看出，最终结果还是命中率为 69.83%。

拟合优度部分所介绍的指标，都可以使用 J. Scott Long 和 Jeremy Freese 的 fitstat 命令计算得到。详见 help for fitstat。

在上例中，执行完 logit 模型的估计命令后，可以直接执行 fitstat 命令：

```
. fitstat
Measures of Fit for logit of mode_car
Log-Lik Intercept Only:       -3159.777    Log-Lik Full Model:         -2703.665
D(4573):                       5407.330    LR(6):                         912.223
                                            Prob > LR:                     0.000
McFadden's R2:                    0.144    McFadden's Adj R2:             0.142
Maximum Likelihood R2:            0.181    Cragg & Uhler's R2:            0.241
McKelvey and Zavoina's R2:        0.237    Efron's R2:                    0.188
Variance of y*:                   4.314    Variance of error:             3.290
Count R2:                         0.698    Adj Count R2:                  0.343
AIC:                              1.184    AIC*n:                      5423.330
BIC:                         -33141.563    BIC':                       -861.645
```

得到的结果和前文计算都完全一致。

第7章 二项选择模型估计结果

通常有两种方法来实现对选择模型估计结果的解释：一是用回归系数；二是用预测的因变量——概率值。对于二项选择模型的回归系数 b，将其转变为 e^b，那么就可以用胜率比（odd ratio）来解释模型。因为二项选择模型是非线性模型，一个自变量的变化所引发因变量（某个选项发生的概率）的变化不是固定值，而是取决于所有自变量所处的水平。在用胜率比解释回归系数时，要求除了变化的自变量外，其余的自变量都固定不变，但并没有明确要求其余自变量处于某个固定值上。

实际上，随着其余变量固定取值的不同，因变量，即模型输出选项的发生概率会不断发生变化，并且这种变化和胜率比之间还不是线性比例的关系。胜率 odd = $p/(1-p)$，所以 $p = \text{odd}/(1+\text{odd})$。胜率比取决于胜率，胜率取决于预测的概率值，预测的概率值取决于在特定值处的所有自变量。在解释二项模型估计结果时，用预测的概率值更能表现模型因变量和自变量之间的非线性变化关系。

7.1 边际效应概念和种类

当某个自变量发生变化时，固定其余自变量在特定值处，这时模型因变量——选项发生的概率变化，称之为边际效应（marginal effect）。因为边际效应往往是通过对概率公式求某一个自变量的偏导得到的，所以也称为偏效应（partial effect）。

当自变量发生的是连续变化，需要对概率公式求该变量的偏导，得到的边际效应称为概率的边际变化（marginal change）；当自变量发生的是离散变化，要用离散变化前后的自变量取值去求对应的概率变化，这样的边际效应称为概率的离散变化（discrete change）。

若选择模型共有 m 个自变量，其中第 k 个自变量为 x_k，对应的系数为 β_k。若 x_k 发生变化，其余 $m-1$ 个自变量向量 x 固定为 x^*，可以固定为某一个样本观测值、样本观测值的均值或者其他。此时，第一个选项的概率值为 $\Pr(y=1|x_k, x = x^*)$。边际效用的种类见表 7.1。

表 7.1 边际效用的种类

边际效应	选定自变量 x_k		其余自变量 x
	变化类型	初始值	
均值处边际变化	连续变化	—	均值（可包括特定值）
均值处离散变化	离散变化	特定值（可包括均值）	均值（可包括特定值）
平均边际变化	连续变化	—	样本观测值
平均离散变化	离散变化	特定值（可包括均值）	样本观测值
	离散变化	样本观测值	样本观测值

7.1.1 边际变化

当 x_k 为连续变量,且发生连续变化时,概率发生连续变化的边际效应为对概率公式求 x_k 的偏导:

$$\frac{\partial \Pr(y=1|x_k, \boldsymbol{x}=\boldsymbol{x}^*)}{\partial x_k} \tag{7.1}$$

将二项选择模型概率公式的通用形式(6.20)代入上式中,得到:

$$\frac{\partial \Pr(y=1|x_k, \boldsymbol{x}=\boldsymbol{x}^*)}{\partial x_k} = \frac{\partial F(\beta_k x_k + \boldsymbol{x}\boldsymbol{\beta})}{\partial x_k} \tag{7.2}$$

$F(.)$ 为概率分布函数(probility distributation function,PDF)。概率分布函数的导数为概率密度函数 $f(.)$,并且上式分母中的 $\boldsymbol{x}$ 为除了 x_k 以外的其余自变量向量,当前取值为 $\boldsymbol{x}^*$,为常数,所以 $F(.)$ 中括号部分求 x_k 的偏导,得到系数 β_k。则式(7.2)可进一步推导为

$$\frac{\partial \Pr(y=1|x_k, \boldsymbol{x}=\boldsymbol{x}^*)}{\partial x_k} = \frac{\partial F(\beta_k x_k + \boldsymbol{x}^*\boldsymbol{\beta})}{\partial x_k}$$

$$= \beta_k f(\beta_k x_k + \boldsymbol{x}^*\boldsymbol{\beta}) \tag{7.3}$$

对于 probit 模型,$f(\beta_k x_k + \boldsymbol{x}^*\boldsymbol{\beta})$ 为正态分布的概率密度函数;对于 Logit 模型,$f(\beta_k x_k + \boldsymbol{x}^*\boldsymbol{\beta})$ 为 logistic 分布的概率密度函数。

以 logit 模型为例,根据 logistic 模型式(6.18)代入式(7.3)中,可以得到因变量为 1 的概率值为

$$\Pr(y=1|x_k, \boldsymbol{x}=\boldsymbol{x}^*) = \frac{1}{1+e^{-(\beta_k x_k + \boldsymbol{x}^*\boldsymbol{\beta})}} \tag{7.4}$$

将式(7.4)代入式(7.3)中,可以得到:

$$\frac{\partial \Pr(y=1|x_k, \boldsymbol{x}=\boldsymbol{x}^*)}{\partial x_k} = \frac{\partial \frac{1}{1+e^{-(\beta_k x_k + \boldsymbol{x}^*\boldsymbol{\beta})}}}{\partial x_k} = \frac{\partial (1+e^{-(\beta_k x_k + \boldsymbol{x}^*\boldsymbol{\beta})})^{-1}}{\partial x_k}$$

$$= -(1+e^{-(\beta_k x_k + \boldsymbol{x}^*\boldsymbol{\beta})})^{-2}(-\beta_k e^{-(\beta_k x_k + \boldsymbol{x}^*\boldsymbol{\beta})})$$

$$= \frac{\beta_k e^{-(\beta_k x_k + \boldsymbol{x}^*\boldsymbol{\beta})}}{(1+e^{-(\beta_k x_k + \boldsymbol{x}^*\boldsymbol{\beta})})^2} = \frac{1}{1+e^{-(\beta_k x_k + \boldsymbol{x}^*\boldsymbol{\beta})}} \frac{\beta_k e^{-(\beta_k x_k + \boldsymbol{x}^*\boldsymbol{\beta})}}{1+e^{-(\beta_k x_k + \boldsymbol{x}^*\boldsymbol{\beta})}}$$

$$= \beta_k \frac{1}{1+e^{-(\beta_k x_k + \boldsymbol{x}^*\boldsymbol{\beta})}} \frac{e^{-(\beta_k x_k + \boldsymbol{x}^*\boldsymbol{\beta})}}{1+e^{-(\beta_k x_k + \boldsymbol{x}^*\boldsymbol{\beta})}}$$

$$= \beta_k \frac{1}{1+e^{-(\beta_k x_k + \boldsymbol{x}^*\boldsymbol{\beta})}} \frac{1+e^{-(\beta_k x_k + \boldsymbol{x}^*\boldsymbol{\beta})} - 1}{1+e^{-(\beta_k x_k + \boldsymbol{x}^*\boldsymbol{\beta})}}$$

$$= \beta_k \frac{1}{1+e^{-(\beta_k x_k + \boldsymbol{x}^*\boldsymbol{\beta})}} \left(1 - \frac{1}{1+e^{-(\beta_k x_k + \boldsymbol{x}^*\boldsymbol{\beta})}}\right) \tag{7.5}$$

再将式(7.4)代入到式(7.5)中,可以得到:

$$\frac{\partial \Pr(y=1 \mid x_k, \boldsymbol{x}=\boldsymbol{x}^*)}{\partial x_k} = \beta_k \Pr(y=1 \mid x_k, \boldsymbol{x}=\boldsymbol{x}^*)(1-\Pr(y=1 \mid x_k, \boldsymbol{x}=\boldsymbol{x}^*)) \tag{7.6}$$

从式（7.6）中可以看出，若要使边际效应最大，则选项的概率值 $\Pr(y=1 \mid x_k, \boldsymbol{x}=\boldsymbol{x}^*)$ 取值要为 0.5，此时最大的边际效应为 $\beta_k/4$。换句话说，对于二项 logit 模型而言，某个自变量对应最大的边际效应为该自变量系数除以 4。

在式（7.3）中，因为概率密度函数始终大于 0，所以边际效应和系数 β_k 具有相同的符号方向。另外，由于同一种选择模型对应的概率密度函数都相同，所以两个自变量对应边际效应相除等于这两个自变量回归系数相除，即

$$\frac{\partial \Pr(y=1 \mid x_k, \boldsymbol{x}=\boldsymbol{x}^*)/\partial x_k}{\partial \Pr(y=1 \mid x_j, \boldsymbol{x}=\boldsymbol{x}^*)/\partial x_j} = \frac{f(\boldsymbol{x\beta})\beta_k}{f(\boldsymbol{x\beta})\beta_j} = \frac{\beta_k}{\beta_j} \tag{7.7}$$

在式（7.7）中，两个自变量 x_k 和 x_j 对应边际效应等于这两个变量回归系数 β_k 和 β_j 相除。所以选择模型的回归系数虽然不能直接给出边际效应值的大小，但是能够用来比较不同自变量边际效应之间的大小。

7.1.2 离散变化

当 x_k 为连续变量，且发生离散变化时，那么边际效应实际上是固定其余自变量的前提下，当 x_k 从某个值 x_{ks} 变化到 x_{ke} 时，选择概率发生变化。例如若 x_k 为出行时间变量，单位为 min，发生变化前出行时间为 10min，发生变化后为 15min，在固定其余自变量前提下，10min 对应的选择概率为 P_{10}，15min 对应的概率为 P_{15}，则出行时间对应离散变化的边际效应为 $P_{15}-P_{10}$。

当 x_k 为离散的分类变量时，如 female 变量，为 0 代表男性，为 1 代表女性，那么对应该变量的边际效应就是固定其余自变量为特定值 $\boldsymbol{x}^*$ 的前提下，female 为 1 时的选择概率和 female 为 0 时的选择概率之差。

无论自变量 x_k 为离散变量还是连续变量，当其发生离散变化时，总是从一个值 x_{ks} 变化到另一个值 x_{ke}，变化前后值之差可能为一个单位，也可能大于或小于一个单位。则离散变化的边际效应计算公式为

$$\frac{\Delta \Pr(y=1 \mid x_k, \boldsymbol{x}=\boldsymbol{x}^*)}{\Delta x_k(x_{ks} \to x_{ke})} = \Pr(y=1 \mid x_{ke}, \boldsymbol{x}^*) - \Pr(y=1 \mid x_{ks}, \boldsymbol{x}^*) \tag{7.8}$$

需要注意的是，当连续的自变量如果发生单位变化时，即 $x_{ke}-x_{ks}=1$，固定其余自变量前提下，对应概率的离散变化并不等于连续变化，即

$$\frac{\Delta \Pr(y=1 \mid x_k, \boldsymbol{x}=\boldsymbol{x}^*)}{\Delta x_k(x_k \to x_k+1)} \neq \frac{\partial \Pr(y=1 \mid x_k, \boldsymbol{x}=\boldsymbol{x}^*)}{\partial x_k} \tag{7.9}$$

这是因为固定其他自变量前提下，自变量 x_k 对应的概率曲线并不是一条直线，曲率越大，离散变化和连续变化差别越大。

7.2 边际效应的计算

边际效应取决于所有自变量所处的水平，或自变量的取值。在一个样本数据集中，每一个样本观测值，都意味着一组自变量取值，也就决定了一个边际效应。所以在一个数据集中，某个自变量的边际效应不是一个定值，而是随着样本观测值，也就是自变量取值的不同不断发生着变化，最终形成一个分布。为了便于解释，我们需要一些简便的方法来描述这个边际效应分布。在统计学中，我们通常用均值、百分位数、众数、方差等统计量来描述一个分布。在描述边际效应分布时，一般有三种方式：均值处边际效应（marginal effect at the mean，MEM）、特定值处的边际效应（marginal effect at representative values，MER）和平均边际效应（average marginal effect，AME）。从计算的复杂度来说，前面两种边际效应的计算较为简便，平均边际效应的计算量和样本量成正比。

7.2.1 均值处边际效应（MEM）

均值处边际效应即计算其余自变量位于样本均值处，自变量 x_k 的边际效应。如果 x_k 为连续变量，那么均值处边际效应（MEM）的连续变化计算公式为

$$\text{MEM} = \frac{\partial \Pr(y=1 | x_k = \bar{x}_k, \boldsymbol{x} = \bar{\boldsymbol{x}})}{\partial x_k} \tag{7.10}$$

上述公式的 MEM 可以解释为，如果其余所有固定的自变量 $\boldsymbol{x}$ 都等于样本均值时，自变量 x_k 边际效应的连续变化。对于 logit 模型，MEM 的连续变化为

$$\text{MEM} = \beta_k \Pr(y=1 | \bar{x}_k, \bar{\boldsymbol{x}})(1 - \Pr(y=1 | \bar{x}_k, \bar{\boldsymbol{x}})) \tag{7.11}$$

如果 x_k 发生离散变化，从 x_k 增长到 $x_k + \delta$，其余自变量为均值时，均值处边际效应离散变化计算公式为

$$\begin{aligned}\text{MEM} &= \frac{\Delta \Pr(y=1 | x_k, \boldsymbol{x} = \bar{\boldsymbol{x}})}{\Delta x_k \ (x_k \to x_k + \delta)} \\ &= \Pr(y=1 | x_k + \delta, \bar{\boldsymbol{x}}) - \Pr(y=1 | x_k, \bar{\boldsymbol{x}})\end{aligned} \tag{7.12}$$

7.2.2 特定值处的边际效应（MER）

特定值处的边际效应即计算其余自变量位于某个特定值处，自变量 x_k 的边际效应，这里的特定值可以根据实际问题具体确定。显然，均值处的边际效应是特定值处边际效应的特例。

7.2.3 平均边际效应（AME）

平均边际效应即计算出自变量 x_k 在其余自变量位于每一个样本观测值处的边际效应，然后求均值，也就是计算边际效应分布的均值，代表了样本数据集中效用的平均值。无论计算哪一种边际效应，都可以通过标准误来判断边际效应是否显著为 0，或其余自变量在不同取值时边际效应是否显著有差异。

平均边际效应（AME）为其余自变量在每一个样本观测值处，自变量 x_k 连续边际效应的均值，公式如下：

$$\text{AME} = \frac{1}{N}\sum_{i=1}^{N}\frac{\partial \Pr(y=1|x_k, \boldsymbol{x} = \boldsymbol{x}_i)}{\partial x_k} \tag{7.13}$$

其中，N 为数据集的样本量，$\boldsymbol{x}_i$ 为第 i 个样本观测值向量，里面包含了除 x_k 所有自变量的样本取值。对于 logit 模型，平均边际效应的连续变化为

$$\text{AME} = \frac{1}{N}\sum_{i=1}^{N}\beta_k P_1(y=1|x_{ki},\boldsymbol{x}_i)(1 - P_1(y=1|x_{ki},\boldsymbol{x}_i)) \tag{7.14}$$

x_{ki} 为 x_k 在第 i 个样本观测值处的取值。平均边际效应离散变化的计算公式为

$$\begin{aligned}\text{AME} &= \frac{1}{N}\sum_{i=1}^{N}\frac{\Delta\Pr(y=1|x_k, \boldsymbol{x} = \boldsymbol{x}_i)}{\Delta x_k(x_k \to x_k + \delta)} \\ &= \frac{1}{N}\sum_{i=1}^{N}(\Pr(y=1|x_{ki}+\delta, \boldsymbol{x}_i) - \Pr(y=1|x_{ki}, \boldsymbol{x}_i))\end{aligned} \tag{7.15}$$

上述公式可以解释为，当离散变量 x_k 增长了 δ 后，选择第一个选项的概率平均增长了 AME。

7.3 边际效应举例模型

还是以数据集 "SHAOXING2013 MODE – CAR TEST. dta" 为例。首先执行 logit 命令：

```
. logit mode_car female i.salarycat3 edu commute_min havechild, nolog
Logistic regression                             Number of obs   =      4,581
                                                LR chi2(6)      =     912.22
                                                Prob> chi2      =     0.0000
Log likelihood = -2703.6651                     Pseudo R2       =     0.1443
```

mode_car	Coef.	Std. Err.	z	P>|z|	[95% Conf. Interval]	
female	-.4001395	.0693269	-5.77	0.000	-.5360177	-.2642613
salarycat3						
median income	.2587751	.1147862	2.25	0.024	.0337983	.4837518
high income	1.407337	.1272533	11.06	0.000	1.157925	1.656749
edu	.5535557	.0366635	15.10	0.000	.4816966	.6254147
commute_min	.0213164	.0027086	7.87	0.000	.0160076	.0266252
havechild	.334733	.1037831	3.23	0.001	.1313219	.538144
_cons	-2.580482	.1433979	-18.00	0.000	-2.861536	-2.299427

要计算边际效应，首先要确定变化的自变量是连续变量还是分类变量，以及均值、标准差和取值范围。也就是要对自变量进行描述性统计。上文介绍过，在大样

本中，由于数据可能存在缺失，所以估计模型所用到的样本数据不一定是原始样本数据。这里要统计的是自变量在估计模型使用的样本数据中的均值、方差、取值范围等，所以无法直接使用 summarize、tabstat 等命令。可以用 estat summarize 来统计自变量在估计模型使用样本数据中的各种统计量。

estat summarize 命令对变量在估计样本中进行描述性统计，详见［R］estat summarize，其命令语法为：

estat summarize［eqlist］［,estat summ options］

其中，在［estat sum options］中可以使用选项 labels，表明显示变量的标签。在本例中，直接执行带 labels 选项参数的 estat summarize 命令：

```
. estat summarize, labels
Estimation sample logit                    Number of obs =    4,581
```

Variable	Mean	Std. Dev.	Min	Max	Label
mode_car	.4588518	.4983583	0	1	is travel by car
female	.4289456	.4949796	0	1	female
salarycat3					RECODE of salary (salary level)
median in..	.5758568	.4942662	0	1	
high income	.297315	.4571262	0	1	
edu	2.74045	.9996063	1	5	education level
commute_min	20.98531	12.50265	.2	120	commute travel time (min)
havechild	.1143855	.3183136	0	1	is child's age below 6

从上表中可以看出估计模型每个自变量的均值、标准差、最小值、最大值以及标签。其中，受教育程度（edu）和出行时间（commute_min）在估计模型中为连续变量，其余为分类变量。

7.4 均值处边际效应

均值处边际效应（MEM）为估计模型所有自变量都被固定在均值处时，被选定自变量变化时，选择概率的变化。当选定自变量边际变化时，边际效应为选择概率的边际变化；当选定自变量发生离散变化时，边际效应为选择概率的离散变化。

7.4.1 均值处的边际变化

以上例中的连续自变量出行时间（commute_min）为例，根据 logit 模型均值处连续变化边际效用的计算公式（7.11），如下：

$$\text{MEM} = \beta_k \Pr(y=1|\bar{x}_k,\bar{x})(1-\Pr(y=1|\bar{x}_k,\bar{x})) \tag{7.16}$$

计算 MEM，需要知道 β_k 以及所有自变量为均值时选项为 1 的概率值。在本例中，β_k 为自变量 commute_min 的估计系数，在上文的估计结果中，为 0.0213164。在 STATA 中可以使用多种命令及组合来实现边际效应的计算，如 predict、margins、 mchange 等。下面首先通过 predict 命令，给出边际效应计算的思路和流程。

1. 使用 predict 命令计算

选项为 1 时的概率值，可以用估计后命令 predict 计算。在使用 predict 之前，首先要将所有的自变量固定为均值。虽然在上文用 estat summarize 命令给出了所有自变量的均值，但是需要将这些均值作为输入提供给 predict 命令。这里有两种方法：

1）在执行完 logit 估计命令后，用 estat summarize 命令计算出估计过程中使用的自变量样本的均值，然后用 clear 命令将样本数据集清空，用均值替换原有的样本数据，然后直接使用 predict 命令，就可以得到所有自变量在均值处的概率值。

2）在执行完 logit 估计命令后，使用 collapse 能直接清空当前样本数据集，并将估计模型所用到所有自变量样本数据的均值直接存储到当前数据集中，然后使用 predict 命令，得到所有自变量在均值处的概率值。

显然第一种方法需要手动录入自变量的均值，可能会产生人工错误。这里以第二种方法为例进行演示。

因为 collapse 命令无法处理因子变量，所以将当前估计模型中的因子变量 salarycat3 转换为两个虚拟变量，用 median_inc 表示收入水平为 2 时的虚拟变量，high_inc 表示收入水平为 3 时的虚拟变量，执行生成命令：

```
. gen median_inc = 2.salarycat3
. gen high_inc = 3.salarycat3
```

重新执行 logit 估计：

```
. logit mode_car female median_inc high_inc edu commute_min havechild,nolog
Logistic regression                     Number of obs   =    4,581
                                        LR chi2(6)      =   912.22
                                        Prob> chi2 =    0.0000
Log likelihood = -2703.6651  Pseudo R2 =    0.1443
```

mode_car	Coef.	Std. Err.	z	P>|z|	[95% Conf. Interval]	
female	-.4001395	.0693269	-5.77	0.000	-.5360177	-.2642613
median_inc	.2587751	.1147862	2.25	0.024	.0337983	.4837518
high_inc	1.407337	.1272533	11.06	0.000	1.157925	1.656749
edu	.5535557	.0366635	15.10	0.000	.4816966	.6254147
commute_min	.0213164	.0027086	7.87	0.000	.0160076	.0266252
havechild	.334733	.1037831	3.23	0.001	.1313219	.538144
_cons	-2.580482	.1433979	-18.00	0.000	-2.861536	-2.299427

可以看出，得到和之前使用因子变量完全一样的结果。

collapse 可以将 STATA 内存中的数据集转化为关于样本变量的均值、总和、中位数、标准差等统计量，详见 [D] collapse。其命令语法为：

collapse clist[if][in][weight][,options]

其中 clist 可以为：

[(stat)]varlist[(stat)]…]

其中，stat 为统计量的表达式，如计算均值可以使用 mean。varlist 为要统计的样本变量。在本例中，需要统计 female、median_inc、high_inc、edu、commute_min、havechild 这六个自变量的均值。另外，为了保证统计的数据都来源于 logit 估计命令使用的样本，需要使用 e（sample）来对待统计样本进行判断。当 e（sample）为 1 时，样本观测值被用于之前的估计算法；否则就没有。需要注意的是，在执行 collapse 命令之前，应把当前数据集备份保存。执行命令：

. collapse (mean) female median_inc high_inc edu commute_min havechild

用 list 命令查看当前数据集：

. list

	female	median~c	high_inc	edu	commute~n	havechild
1.	.4289456	.5758568	.297315	2.7404497	20.985309	.114385508

当前内存中的数据集只有一行记录，即为各个变量的均值，可以看到这个均值和之前用 estat summarize 命令得到的结果一致。

将所有自变量为均值时的概率值命名为 prob，用 predict 命令预测生成：

. predict prob
(option pr assumed; Pr(mode_car))

因为只有一行记录，可以直接使用 display 命令显示概率值：

. dis prob
.4546082

得到 female、median_inc、high_inc、edu、commute_min、havechild 这六个自变量在均值处，通过 logit 模型预测得到选择小汽车方式的概率为 0.4546。上文得到自变量 commute_min 的估计系数，为 0.0213164。根据式（7.11），自变量 commute_min 的均值处边际效应的连续变化为：

. dis 0.0213164*0.4546*(1-0.4546)
.00528516

该边际效应可以解释为：当出行者的性别、收入、受教育程度、通勤时间和是否拥有小孩等特征属性都位于均值 0.4289、0.5759、0.2973、2.7404、20.9853、0.1144 时，通勤时间关于选择小汽车方式概率的边际效应为 0.00528516。

2. 使用 margins 命令

margins 是 STATA 中非常强大的一个命令，有特别丰富的参数，可以用来计算自变量在特定值时因变量的预测值，以及关于因变量预测值的统计量。所以 margins 命令只能跟随在回归模型之后执行。其命令语法为：

margins[marginlist][if][in][weight][,response options options]

其中，marginlist 为在计算结果中显示的因子变量或交叉项。在使用 predict 命令预测均值处的选择概率时,需要将自变量在样本数据中的均值计算出来,然后代入到 predict 命令中。在 margins 命令中,不需要手动计算估计模型自变量的均值,可以用 atmeans 选项参数,来表示估计自变量都在均值处的边际值。另外,要估计某个自变量对应边际效应的连续变化,需要用 dydx(varlist) 选项参数来定义该自变量,其中 varlist 为要定义的自变量列表。详见 [R] margins。

下面举例演示应用 margins 命令计算出行时间(commute_min)边际效应的连续变化值。首先,静默运行 logit 估计命令:

```
. quietly logit mode_car female i.salarycat3 edu commute_min havechild,
nolog
```

执行带 dydx() 和 atmeans 选项参数的 margins 命令:

```
. margins, dydx(commute_min) atmeans
Conditional marginal effects              Number of obs =    1,581
Model VCE       : OIM
Expression      : Pr(mode_car), predict()
dy/dx w.r.t.    : commute_min
at              : female       =    .4289456 (mean)
                  1.salarycat3 =    .1268282 (mean)
                  2.salarycat3 =    .5758568 (mean)
                  3.salarycat3 =    .297315  (mean)
                  edu          =    2.74045  (mean)
                  commute_min  =    20.98531 (mean)
                  havechild    =    .1143855 (mean)
```

	dy/dx	Delta-method Std. Err.	z	P>|z|	[95% Conf. Interval]	
commute_min	.0052852	.0006718	7.87	0.000	.0039684	.006602

从输出结果可以看出,因为命令要求在均值处求边际效应,所以是条件边际效应(conditional marginal effects)。atmeans 其实是计算了各个自变量的样本均值,margins 命令的输出结果中直接给出了这些均值。在表格中的 dy/dx 列,给出了关于变量 commute_min 的边际效应为 0.00525852,并且该值不显著为零,$p<0.001$。

margins 命令相对于 predict 命令计算边际效应的优势在于,不需要手动计算自变量的估计样本均值,并且可以对边际效应进行统计检验。

3. 使用 mchange 命令

mchange 不是 STATA 的系统命令,是 SPost13 包中集成的命令,其详解可见附录 B。在本例中,同样先要执行 logit 命令:

```
. quietly logit mode_car female i.salarycat3 edu commute_min havechild,
nolog
```

然后用带 amount() 和 atmeans 选项参数的 mchange 命令来计算所有自变量位于均值处,commute_min 发生边际变化的边际效应:

```
. mchange commute_min, amount(marginal) atmeans
logit: Changes in Pr(y)   Number of obs   =   4581
Expression: Pr(mode_car), predict(pr)
```

	Change	p-value
commute min		
Marginal	0.005	0.000

Predictions at base value

	by elec~e	by car
Pr(y|base)	0.545	0.455

Base values of regressors

	female	2.salaryc~3	3.salaryc~3	edu	commute~n	havechild
at	.429	.576	.297	2.74	21	.114

1: Estimates with margins option atmeans.

从输出结果可以看出，commute_min 的边际变化为 0.005，$p < 0.001$，和 margins 输出结果一致，并且在最后一张表中，也给出了各个自变量的均值。不同的是，在中间一张表（predictions at base value）中给出了选择小汽车方式和电动自行车方式的平均预测概率。

总的来看，当所有自变量位于均值处，计算连续自变量的边际变化时，margins 命令的输出结果较为简洁清晰，并且给出的边际变化值小数点位数较多，可用作进一步计算或解释的参考。

7.4.2　均值处的离散变化

当其余自变量位于均值处，变量 x_k 发生离散变化，从 x_{ks} 变化到 x_{ke} 时，其边际效应为选择概率发生的变化。根据式（7.12），均值处离散变化边际效应计算公式为

$$\text{MEM} = \frac{\Delta \Pr(y=1 \mid x_k, \bm{x}=\bar{\bm{x}})}{\Delta x_k (x_{ks} \to x_{ke})} = \Pr(y=1 \mid x_{ke}, \bar{\bm{x}}) - \Pr(y=1 \mid x_{ks}, \bar{\bm{x}}) \quad (7.17)$$

从公式可以看出，为了计算离散变化的边际效应，在固定其余自变量为均值时，要分别计算选定自变量变化前后的选择概率，然后相减。下面分别用 predict、margins 和 mchange 命令来回答以下问题：如果出行时间（commute_min）从 10min 变为 15min，其余自变量为均值时，选择小汽车方式的概率会发生什么变化？

1. 用 predict 命令

如果用 predict 命令计算，要先用 logit 命令估计模型，估计结果存储在内存中，然后用 collapse 命令计算所有自变量的估计样本均值。将选定变量，即 commute_min 变量的均值先改为 10，用 predict 命令预测出 Pr（mode_car = 1 | commute_min = 10），然后将 commute_min 变量的均值改为 15，用 predict 命令预测出 Pr（mode_car = 1 |

commute_min = 15）。则其余自变量为均值时，出行时间从 10min 变化到 15min，选择小汽车方式概率发生的变化为：Pr（mode_car = 1 | commute_min = 15） − Pr（mode_car = 1 | commute_min = 10）。

2. 用 margins 命令

在 margins 命令中，一个重要的选项参数是"at(atspec)"，指定自变量为特定值时，计算对应因变量的预测值。"atspec"具体有几种形式："varlist"" （stat) varlist" "varname = #" "varname = （numlist)" "varname = generate(exp)"。其中，stat 是标准的统计量计算标识，如"mean""median"等。比较常用的是"varname = (numlist)"，例如要预测出行时间（commute_min）为 10min 和 15min 时，选择小汽车方式的概率预测值，在 margins 命令中就可以使用选项 at（commute_min = （10 15)) 来设定。详见 [R] margins。

首先静默估计 logit 模型：

```
. quietly logit mode_car female i.salarycat3 edu commute_min havechild,
nolog
```

用带 atmeans 和 at（） 选项参数的 margins 命令预测出行时间（commute_min）为 10min 和 15min，其余自变量为均值时的选择概率值：

```
. margins, at(commute_min=(10 15)) atmeans
Adjusted predictions                            Number of obs =    4,581
Model VCE       : OIM
Expression      : Pr(mode_car), predict()

1._at            : female        =    .4289456  (mean)
                   1.salarycat3  =    .1268282  (mean)
                   2.salarycat3  =    .5758568  (mean)
                   3.salarycat3  =     .297315  (mean)
                   edu           =     2.74045  (mean)
                   commute_min   =          10
                   havechild     =    .1143855  (mean)

2._at            : female        =    .4289456  (mean)
                   1.salarycat3  =    .1268282  (mean)
                   2.salarycat3  =    .5758568  (mean)
                   3.salarycat3  =     .297315  (mean)
                   edu           =     2.74045  (mean)
                   commute_min   =          15
                   havechild     =    .1143855  (mean)
```

	Margin	Delta-method Std. Err.	z	P>|z|	[95% Conf. Interval]	
_at						
1	.3974178	.0106288	37.39	0.000	.3765858	.4182499
2	.4231993	.0089731	47.16	0.000	.4056123	.4407862

margins 命令的输出结果给出了两组自变量取值，第一组中 commute_min 为 10min，其余自变量取均值；第二组中，commute_min 为 15min，其余自变量取均值。第一组情况下，选择小汽车的概率预测值为 0.3974；第二组情况下，选择小汽车的概率预测值为 0.4232。所以，当其余自变量在均值处，出行时间从 10min 变为 15min，选择小汽车方式概率预测值从 0.3974 变为 0.4232，增长了 0.0258，即出行时间边际效应的离散变化为 0.0258。

虽然得到了出行时间边际效应的离散变化为 0.0258，但是这个估计值是否显著不为 0，还没有经过检验。为了检验这个估计值，首先要将 margins 命令的估计结果用 post 选项参数存储在内存中，替换之前 logit 命令的估计结果，然后用 lincom 命令来估计 commute_min 在 15min 和 10min 处小汽车方式选择预测概率之差的估计量。步骤如下：

1）用 logit 模型静默估计样本数据：

```
. quietly logit mode_car female i.salarycat3 edu commute_min havechild,
nolog
```

2）执行带 post 选项参数的 margins 命令，如果有必要，可以先用 estimates store 命令将 logit 模型估计结果存储起来，以后有需要可以使用 estimates restore 命令恢复到内存中：

```
. estimates store logit_model
. margins, at(commute_min=(10 15)) atmeans post
Adjusted predictions                          Number of obs =     4,581
Model VCE      : OIM
Expression     : Pr(mode_car), predict()

1._at          : female        =     .4289456   (mean)
                 1.salarycat3  =     .1268282   (mean)
                 2.salarycat3  =     .5758568   (mean)
                 3.salarycat3  =      .297315   (mean)
                 edu           =      2.74045   (mean)
                 commute_min   =           10
                 havechild     =     .1143855   (mean)

2._at          : female        =     .4289456   (mean)
                 1.salarycat3  =     .1268282   (mean)
                 2.salarycat3  =     .5758568   (mean)
                 3.salarycat3  =      .297315   (mean)
                 edu           =      2.74045   (mean)
                 commute_min   =           15
```

```
                       havechild      =   .1143855   (mean)
```

	Margin	Delta-method Std. Err.	z	P>|z|	[95% Conf. Interval]	
_at						
1	.3974178	.0106288	37.39	0.000	.3765858	.4182499
2	.4231993	.0089731	47.16	0.000	.4056123	.4407862

3）用 lincom 命令估计 commute_min 从 10min 变化到 15min 的概率变化：

```
. lincom 2._at - 1._at
 (1)  - 1bn._at + 2._at = 0
```

	Coef.	Std. Err.	z	P>|z|	[95% Conf. Interval]	
(1)	.0257814	.0031727	8.13	0.000	.0195631	.0319997

从结果可以看出，当 commute_min 从 10min 变化到 15min 时，固定其他自变量在均值处，选择小汽车方式的平均概率增加了 0.025781，且 $p<0.001$，不显著为 0。

如果选定自变量取值较多，如出行时间的取值为 5、10、15、20，可以设置 at（commute_min =（5（5）20）），其余自变量设置为 atmeans。执行命令：

```
. margins, at(commute_min=(5(5)20)) atmeans
```

（略）

	Margin	Delta-method Std. Err.	z	P>|z|	[95% Conf. Interval]	
_at						
1	.3721936	.0127028	29.30	0.000	.3472966	.3970905
2	.3974178	.0106288	37.39	0.000	.3765858	.4182499
3	.4231993	.0089731	47.16	0.000	.4056123	.4407862
4	.4494058	.0082048	54.77	0.000	.4333248	.4654869

这里省略了四组情况下自变量取值的显示，直接给出了选择概率预测值。

在 margins 命令中，可以在 at（）选择参数后，跟随选项参数 contrast（atcontrast（r）），实现不同预测概率值之间的比较。详见［R］margins，contrast。比较出行时间在 10min 和 20min 时，其余自变量在均值处的概率预测值：

```
. margins, at(commute_min=(10 20)) atmeans contrast(atcontrast(r))
```

（略）

	df	chi2	P>chi2
_at	1	64.53	0.0000

	Delta-method			
	Contrast	Std. Err.	[95% Conf. Interval]	
_at (2 vs 1)	.051988	.0064718	.0393035	.0646725

从结果可以看出，其余自变量在均值处时，出行时间 20min 相对于 10min，选择小汽车方式概率预测值增加了 0.0520。

用 margins 命令不仅可以计算连续变量的离散边际变化，还能直接计算离散分类变量的离散边际变化。例如本例中的 female，取值为 0 或 1；salarycat3 变量取值 1、2 或 3，表明不同收入水平。计算 female 从 0 变到 1，其余自变量为均值时的离散边际变化：

```
. margins, at(female=(0 1)) atmeans
```
（略）

	Margin	Delta-method Std. Err.	z	P>|z|	[95% Conf. Interval]	
_at						
1	.4973924	.0109226	45.54	0.000	.4759845	.5188003
2	.3987755	.0125766	31.71	0.000	.3741258	.4234252

可以看出，女性相对于男性，当其余自变量取均值时，选择小汽车方式概率预测值，会减少 0.3988 - 0.4974 = -0.0986。

因为 salarycat3 以因子变量进入估计模型，所以可以直接跟随 margins 命令。计算不同收入水平下，其余自变量取均值时的离散边际变化：

```
. margins salarycat3, atmeans
```

```
Adjusted predictions                          Number of obs  =    4,581
Model VCE    : OIM
Expression   : Pr(mode_car), predict()
at           : female       =    .4289456 (mean)
               1.salarycat3 =    .1268282 (mean)
               2.salarycat3 =    .5758568 (mean)
               3.salarycat3 =     .297315 (mean)
               edu          =     2.74045 (mean)
               commute_min  =    20.98531 (mean)
               havechild    =    .1143855 (mean)
```

	Margin	Delta-method Std. Err.	z	P>|z|	[95% Conf. Interval]	
salarycat3						
low income	.3209285	.0232091	13.83	0.000	.2754395	.3664174
median income	.3797209	.009878	38.44	0.000	.3603603	.3990815
high income	.6587725	.0143669	45.85	0.000	.6306138	.6869311

从输出结果可以看出，不同收入水平均值条件下，选择小汽车方式概率预测值分别为 0.3209、0.3798、0.6588。

3. 用 mchange 命令

对应 margins 命令的第一个例子，首先是出行时间（commute_min）从 10min 增长到 15min，其余自变量为均值处，选择小汽车方式概率预测值的变化。根据 mchange 命令的使用步骤，确定选择的自变量为 commute_min；发生变化为从 10min 到 15min，变化了 5min，所以用 amount（delta），同时设置 delta（5）；其余自变量在均值处，所以用 atmeans，并且 commute_min 从 10min 处开始变化，所以 at（commute_min = 10）；最后省略平均选择概率预测值的显示，并将结果小数点后位数扩展为 6 位，decimals（6）。执行命令：

```
. mchange commute_min, amount(delta) delta(5) atmeans at(commute_min = 10)
brief decimals(6)
logit: Changes in Pr(y) | Number of obs = 4581
Expression: Pr(mode_car), predict(pr)
```

	Change	p-value
commute min		
+delta	0.025781	0.000000

从结果可以看出，其他自变量为均值时，当出行时间从 10min 增长了 5min，变为 15min 后，选择小汽车方式的概率预测值平均显著增长了 0.0258，$p < 0.001$。结果和 margins 计算一致。如果要显示 10min 和 15min 情况下的概率预测值，可以在 mchange 命令后添加 <u>details</u> 选项参数。

7.5 平均边际效应

均值处边际效应（MEM）是当被选中的自变量发生变化时，其余自变量在均值处，选择概率预测值的变化值。当自变量发生连续变化，边际效用为边际变化；当自变量发生离散变化，边际效用为离散变化。任意值处边际效用（MER）就是自变量发生变化时，其余自变量在任意值处时，选择概率预测值的变化。对于边际变化，往往只需要根据公式，计算一次即可得到边际效应；对于离散变化，往往需要计算两次选择概率预测值，相减后，得到边际效应的离散变化。和 MEM 以及 MER 不同的是，平均边际效应（AME）的计算次数和样本量一致，即计算每个样本观测值处的边际效用，再求均值。

7.5.1 平均边际效用的边际变化

边际变化就是对选择概率公式求选定自变量的偏导，也称为偏效用。计算公式如式（7.13）。对于 logit 模型，平均边际变化计算公式为

$$\text{AME} = \frac{\beta_k}{N} \sum_{i=1}^{N} \Pr(y = 1 | x_{ki}, \mathbf{x}_i)(1 - \Pr(y = 1 | x_{ki}, \mathbf{x}_i)) \qquad (7.18)$$

还是以出行时间（commute_min）为例，β_k 为其估计系数，取值为 0.0213164。

可以用 predict 命令预测样本观测值处的选择概率值。首先静默估计 logit 模型：
. quietly logit mode_car female i.salarycat3 edu commute_min havechild, nolog

用 predict 命令生成样本概率预测变量 prob，执行命令：
. predict prob
(option pr assumed; Pr(mode_car))

给 prob 添加标签 "Pr(mode_car = 1 | xi)"，明确其含义为概率的样本观测预测值：
. label variable prob "Pr(mode_car=1|xi)"

根据式 (7.18)，生成求和符号中的变量，命名为 sigma_p，并求其均值：
. gen sigma_p = prob * (1 - prob)
. sum sigma_p

Variable	Obs	Mean	Std. Dev.	Min	Max
sigma_p	4,581	.2020537	.0441603	.0344883	.25

根据式 (7.18)，可求得 AME 为：
. display 0.0213164 * r(mean)
.00430706

即自变量 commute_min 发生连续变化时，其平均边际效应为 0.0043。而上文计算得到 commute_min 发生连续变化时，其余自变量在均值处的边际效应为 0.0053。说明由于概念上的差异，均值处边际效应和平均边际效应并不相等。

如果使用 margins 命令计算平均边际效应，则更加简便。计算均值处边际变化的 margins 命令需要带 dydx() 和 atmeans 选项参数，前者确定连续变化的自变量，后者使其余自变量固定在均值处。在计算平均边际变化时，因为其余自变量取值为样本观测值，不固定在均值处，所以不再需要 atmeans 选项参数。例如，用 margins 计算 commute_min 的平均边际变化的命令为：

. margins, dydx(commute_min)
Average marginal effects   Number of obs =   4,581
Model VCE   : OIM
Expression   : Pr(mode_car), predict()
dy/dx w.r.t. : commute_min

	dy/dx	Delta-method Std. Err.	z	P>|z|	[95% Conf. Interval]	
commute_min	.0043071	.0005346	8.06	0.000	.0032593	.0053548

从输出结果可以看出，用 dydx() 定义了连续变化的自变量为 commute_min，平均边际变化为 0.0043，且 $p < 0.001$。说明平均边际变化显著不为零。

如果使用 mchange 命令，类似的思路。在 mchange 后面紧跟连续变化的自变量 commute_min，用 amount（marginal）选项参数说明自变量发生连续变化，用 decimal（6）将小数点后位数设定为 6 位。不用带 atmeans 选项参数，表明计算平均效应，而不是均值处效应。执行命令：
```
. mchange commute_min, amount(marginal) brief decimals(6)
logit: Changes in Pr(y) | Number of obs = 4581
Expression: Pr(mode_car), predict(pr)
```

	Change	p-value
commute min		
Marginal	0.004307	0.000000

得到的结果非常简洁，平均边际效应同样为 0.0043，$p<0.001$。

7.5.2 定值处平均边际效应的离散变化

离散变化和边际变化相比，更容易解释和理解。当被选择的自变量 x_k，无论是连续变化还是分类变量，发生了 δ 的变化时，即从定值 x^* 变化到 $x^*+\delta$，其余自变量固定在第 i 个样本观测值处，可以得到 x_k 变化前后的两个概率预测值以及这两个预测值的差值，则对所有样本观测值对应概率预测差值求平均，就能得到自变量 x_k 在定值 x^* 处增长了 δ 后，对应平均边际效应的离散变化值。公式如下：

$$\begin{aligned} \text{AME} &= \frac{1}{N}\sum_{i=1}^{N}\frac{\Delta \text{Pr}(y=1|x_k, \boldsymbol{x}=\boldsymbol{x}_i)}{\Delta x_k(x_k \to x^*+\delta)} \\ &= \frac{1}{N}\sum_{i=1}^{N}(\text{Pr}(y=1|x^*+\delta, \boldsymbol{x}_i) - \text{Pr}(y=1|x^*, \boldsymbol{x}_i)) \end{aligned} \quad (7.19)$$

先以出行时间（commute_min）为例，当初始值为 10min 时，计算其发生一个单位增长后的平均边际效应。需要注意的是，这里一个单位的增长是离散变化，不是连续变化。

1. 使用 predict 命令

如果用 predict 命令计算，步骤如下：

1）需要用 logit 命令估计模型。
```
. quietly logit mode_car female i.salarycat3 edu commute_min havechild, nolog
```

2）将样本数据集中的 commute_min 变量都先替换为 10，再用 predict 命令第一次预测选择小汽车方式概率值 prob10。
```
. replace commute_min = 10
(3,606 real changes made)
. predict prob10
(option pr assumed; Pr(mode_car))
```

3）将样本数据集中的 commute_min 变量都先替换为 11，再用 predict 命令第一次预测选择小汽车方式概率值 prob11。
```
. replace commute_min = 11
(4,581 real changes made)
. predict prob11
(option pr assumed; Pr(mode_car))
```

4）生成新的变量 p11_p10，表明是两个概率值变量之差。

```
. gen p11_p10 = prob11 - prob10
```

5) 用 summarzie 求变量 p11_p10 的均值，即为 commute_min 从 10min 增长为 11min 时的平均边际效应值。

```
. sum p11_p10
```

Variable	Obs	Mean	Std. Dev.	Min	Max
p11_p10	4,581	.0042711	.0009022	.0019093	.0053256

从输出结果可以得到，当 commute_min 从 10min 增长了一个单位，变为 11min，其他自变量位于样本观测值处，平均边际效应的离散变化为 0.0043，即选择小汽车方式的概率预测值平均增加了 0.004271。

需要注意的是，当 commute_min 发生连续变化时，即当所有自变量固定在样本观测值处，对小汽车方式选择概率公式求关于 commute_min 的偏导，得到平均边际效应的边际变化值为 0.004307，和平均边际效用的离散变化 0.004271 非常接近。这并不意味着自变量的单位变化导致的边际效应离散变化等同于自变量连续变化导致的平均边际效应的连续变化。只是因为关于自变量的概率曲线比较接近直线，所以两者在数值上比较接近。

2. 使用 margins 命令

在 margins 命令中，只要不使用 atmeans 选项参数，就表明计算的是平均边际效应，而不是自变量在均值处的边际效应。所以只需要在 at() 选项参数中，定义选定的自变量 commute_min 的取值，即 10min 和 11min，就可以得到对应两个选择概率预测值，将两个值相减，即可得到从 10min 变化到 11min 的平均边际效应。相当于对式（7.19）的进一步展开：

$$\begin{aligned} \text{AME} &= \frac{1}{N}\sum_{i=1}^{N} \frac{\Delta\Pr(y=1|x_k, \boldsymbol{x}=\boldsymbol{x}_i)}{\Delta x_k(x_k \to x^* + \delta)} \\ &= \frac{1}{N}\sum_{i=1}^{N}(\Pr(y=1|x^*+\delta, \boldsymbol{x}_i) - \Pr(y=1|x^*, \boldsymbol{x}_i)) \\ &= \frac{1}{N}\sum_{i=1}^{N}\Pr(y=1|x^*+\delta, \boldsymbol{x}_i) - \frac{1}{N}\sum_{i=1}^{N}\Pr(y=1|x^*, \boldsymbol{x}_i) \end{aligned} \quad (7.20)$$

使用 margins 命令计算自变量离散变化的平均边际效用步骤为：

1) 估计 logit 模型。

```
. quietly logit mode_car female i.salarycat3 edu commute_min havechild,
nolog
```

2) 用 margins 命令计算自变量 commute_min 取值 10min 和 11min 时的平均边际效应。

```
. margins, at(commute_min=(10 11))
Predictive margins                              Number of obs =    4,581
Model VCE    : OIM
Expression   : Pr(mode_car), predict()
1._at        : commute_min       =    10
2._at        : commute_min       =    11
```

	Margin	Delta-method Std. Err.	z	P>|z|	[95% Conf. Interval]	
_at						
1	.4112684	.0088741	46.34	0.000	.3938755	.4286613
2	.4155396	.0085445	48.63	0.000	.3987927	.4322864

3）不同自变量 commute_min 取值下的平均边际效应相减，就能得到 commute_min 发生离散变化的平均边际效用。

```
. display 0.4155396 - 0.4112684
.0042712
```

从结果可以看出，和用 predict 命令计算结果一致，当 commute_min 从 10min 变到 11min，其余自变量位于样本观测值时，选择小汽车方式的概率平均增长了 0.004271。

3. 使用 mchange 命令

根据上文使用 mchange 命令的思路，来构建执行命令，步骤如下：

1）确定变化的自变量，紧跟在 mchange 命令之后，在本例中，为 mchange commute_min。

2）确定选定自变量的变化类型，用 amount(change-amounts) 来定义。在本例中，commute_min 为单位变化，所以使用的选项参数为 amount（one）。

3）确定选定自变量的初始值，用 at（）选项参数定义。如本例中，commute_min 从 10min 变到 11min，初始值为 10min，则选项参数为 at（commute_min = 10）。

4）用选项参数 statistics（statistics-names）设置输出结果的统计参数。在本例中，可以设置显示所有统计量，所以使用 stats（all）。

5）用 breif 省略显示总的平均边际效用，用 decimal（#）设定小数点后位数。

根据上述步骤，可得到 mchange 的执行命令及显示结果如下：

```
. mchange commute_min, amount(one) at(commute_min = 10) stats(all) brief
decimal(6)
logit: Changes in Pr(y)   Number of obs   =   4581
Expression: Pr(mode_car), predict(pr)
```

	Change	p-value	LL	UL	z-value	Std Err
commute min +1	0.004271	0.000000	0.003238	0.005304	8.105848	0.000527

	From	To
commute min +1	0.411268	0.415540

从结果可以看出，commute_min 从 10min 变化到 11min 的平均边际效应为 0.004271，即其余自变量为样本观测值处，选择小汽车的概率预测值会增长 0.004271，显著不为零，$p < 0.001$。10min 处选择小汽车的平均概率预测值为

0.411268，11min 处为 0.415540。

7.5.3 样本观测值处平均边际效应的离散变化

虽然在上文介绍了如何用 mchange 计算选定自变量 x_k 从某个定值 x^* 处开始变化时的平均边际效应，即其余自变量位于样本观测值处，选定自变量发生一个增量 δ 变化前后的平均概率预测值之差。还有另外一种定义平均边际效用的概念：选定自变量变化的初始值不是一个定值，而是样本观测值，从选定自变量 x_k 每个样本观测值 x_{ki} 处发生增量 δ，变化前后的平均预测概率值之差，为选定变量在样本观测值处平均边际效应的离散变化。计算公式如下：

$$\begin{aligned}
\text{AME} &= \frac{1}{N}\sum_{i=1}^{N}\frac{\Delta\Pr(y=1|x_k,\boldsymbol{x}=\boldsymbol{x}_i)}{\Delta x_k(x_k \to x_{ki}+\delta)} \\
&= \frac{1}{N}\sum_{i=1}^{N}(\Pr(y=1|x_{ki}+\delta,\boldsymbol{x}_i) - \Pr(y=1|x_{ki},\boldsymbol{x}_i)) \\
&= \frac{1}{N}\sum_{i=1}^{N}\Pr(y=1|x_{ki}+\delta,\boldsymbol{x}_i) - \frac{1}{N}\sum_{i=1}^{N}\Pr(y=1|x_{ki},\boldsymbol{x}_i)
\end{aligned} \quad (7.21)$$

当出行时间 commute_min 在每个样本观测值中增加了 5min，其平均边际效用为多少？

1. 使用 predict 命令

基本思路如下：

1) 先用 predict 计算出预测概率值 prob1，再得到其均值。

```
. predict prob1
(option pr assumed; Pr(mode_car))
. summarize prob1
```

Variable	Obs	Mean	Std. Dev.	Min	Max
prob1	4,581	.4588518	.2150889	.0860289	.9642323

得到选择小汽车方式的平均预测概率值为 0.458852。

2) 将 commute_min 的样本观测值都增加 5 后，再用 predict 预测概率值 prob2，得到其均值。

```
. replace commute_min = commute_min + 5
(4,581 real changes made)
. predict prob2
(option pr assumed; Pr(mode_car))
. sum prob2
```

Variable	Obs	Mean	Std. Dev.	Min	Max
prob2	4,581	.4804627	.2150818	.0947873	.9677317

得到出行时间增加 5min 后，选择小汽车方式的平均预测概率值为 0.480463，增加了 0.480463 − 0.458852 = 0.021611。

2. 使用 margins 命令

使用 margins 命令计算样本观测值处的平均边际效应，需要设定自变量在样本观测值处,以及在样本观测值处发生一个增量后的值。可以使用 margins 命令的 at (atspec) 选项参数来实现,设定自变量在观测值处的操作,atspec 可以选择"varname = generate(exp)"。例如,对于 commute_min 变量,当其在样本观测值处时,可以设置"at(commute_min = gen(commute_min))",当其在样本观测值处增加 5min 时,可以设置"at(commute_min = gen(commute_min + 5))"。那么出行时间在样本观测值处、以及增加 5min 后的平均边际效应为:

```
. margins, at(commute_min = gen(commute_min)) at(commute_min =
gen(commute_min + 5))
Predictive     margins                          Number of obs  =    4,581
Model VCE : OIM
Expression   : Pr(mode_car), predict()
1._at        : commute_min = commute_min
2._at        : commute_min = commute_min    + 5
```

	Margin	Delta-method Std. Err.	z	P>|z|	[95% Conf. Interval]	
_at						
1	.4588518	.0066413	69.09	0.000	.4458351	.4718685
2	.4804627	.0072055	66.68	0.000	.4663403	.4945852

可以看出,出行时间发生变化前后选择小汽车方式的平均概率值和 predict 命令计算结果一致,依然是 0.458852 和 0.480463,差值依旧为 0.021611。

3. 用 mchange 命令

用 mchagne 命令,不仅可以计算出出行时间发生变化前后选择小汽车方式的平均概率值,还能直接计算出概率差值,即平均边际效应,并进行假设检验。

```
. mchange commute_min, amount(delta) delta(5) brief decimals(6)
stats(all)
logit: Changes in Pr(y)  |Number of obs   =    4581
Expression: Pr(mode_car), predict(pr)
```

	Change	p-value	LL	UL	z-value	Std Err	From	To
commute_min								
+delta	0.021611	0.000000	0.016338	0.026884	8.032792	0.002690	0.458852	0.480463

从结果可以看出,选择小汽车方式平均概率从 0.458852 变化为 0.480463,增加了 0.021611,且 $p < 0.001$。显然,mchange 命令的结果更为易读,但实际上 mchange 命令都是通过 margins 命令计算得到的,可以在上面的 mchange 命令后增加 commands 选项参数,即可得到对应的 margins 命令。

7.6 边际效应的分布

在非线性模型中,边际效应取决于模型中所有变量的取值,并非固定。模型中变量取值其实就是样本观测值,所以对应着不同的样本观测值,有着不同的边际效应。这些边际效应的集合构成了均值为平均边际效应（AME）的分布。虽然平均边际效应能给出分布的中心，即确定分布所处的位置，但无法描述分布的形状。并且平均边际效应在实质上并不能代表样本中任何一个观测值所对应的边际效应，只是样本观测值对应边际效应的一种统计量。所以如果能够得到样本观测值对应边际效应的集合，通过直方图将其分布描绘出，则能更好地理解二项选择模型的估计结果。

在上文已经推导出二项选择模型边际效应中边际变化的一般公式，即从式（7.3）可以得到：

$$\frac{\partial \Pr(y=1|x_k, \boldsymbol{x}=\boldsymbol{x}^*)}{\partial x_k} = \beta_k f(\beta_k x_k + \boldsymbol{x}^* \boldsymbol{\beta}) \quad (7.22)$$

从公式中可以看出，自变量 x_k 的边际变化为其余自变量在均值处时概率密度函数乘以自变量 x_k 的系数 β_k。

对于二项 logit 模型而言，将 logistic 分布的概率密度函数代入式（7.22），就能得到二项 logit 模型的边际变化公式：

$$\frac{\partial \Pr(y=1|x_k, \boldsymbol{x}=\boldsymbol{x}^*)}{\partial x_k} = \beta_k \Pr(y=1|x_k, \boldsymbol{x}=\boldsymbol{x}^*)(1-\Pr(y=1|x_k, \boldsymbol{x}=\boldsymbol{x}^*))$$

(7.23)

对于二项 probit 模型而言，可以使用 STATA 中的 normalden( ) 来替换式（7.22）中的概率密度函数。下面首先用 predict 命令来计算边际变化和离散变化两种边际效应的分布。

7.6.1 用 predict 计算边际变化的分布

用 predict 命令计算边际变化分布的具体步骤如下：
1）估计二项选择模型。
2）用 predict 命令预测每个样本观测值对应的选择概率预测值。
3）基于式（7.22）和选择概率预测值，计算选定自变量的边际变化。
4）计算选定自变量均值处以及平均边际变化。
5）绘制出选定自变量边际变化的直方图，同时标出均值处和平均边际变化。

第一步，估计二项选择模型。还是以数据集"SHAOXING2013 MODE – CAR TEST. dta"为例。如果估计 logit 模型，则执行下列命令，并将估计结果存储在 mode_logit 中：
. quietly logit mode_car female i.salarycat3 edu commute_min havechild
. estimates store model_logit

如果估计 probit 模型，则执行下列命令，并将估计结果存储在 mode_probit 中：
. quietly probit mode_car female i.salarycat3 edu commute_min havechild
. estimates store model_probit

第二步，用 predict 命令预测选择小汽车方式的概率值。对于 logit 模型，可以直接使用 predict 命令，令预测的概率值变量为 pr_logit。在预测之前，首先将 logit 模型的估计结果重新载入内存：

```
. estimates restore model_logit
(results model_logit are active now)
. predict double pr_logit if e(sample)
(option pr assumed; Pr(mode_car))
```

需要注意的是，为了保证预测精度，使用了 double 数据类型，使得生成的变量 pr_logit 为 double 类型。另外，通过 if e（sample）来确保预测所用的样本观测值同时也用来估计模型的样本数据集。

对于 probit 模型，需要预测的是式（7.22）中概率密度函数中的线性组合，所以需要用带 xb 选项参数的 predict 命令，生成的变量命名为 p_xb：

```
. estimates restore model_probit
(results model_probit are active now)
. predict double p_xb, xb
```

第三步，计算选定自变量的边际变化。选定自变量出行时间 commute_min，则估计结果中对应的系数为 _b［commute_min］。对于 logit 模型，可以使用式（7.23），将其边际变化变量命名为 mc_logit：

```
. estimates restore model_logit
(results model_logit are active now)
. gen double mc_logit = pr_logit * (1 - pr_logit) * _b[commute_min]
. label var mc_logit "Marginal change of commute_min on pr_logit"
```

对于 probit 模型，用 normalden（）来替代正态分布的概率密度函数，用式（7.23），将其边际变化变量命名为 mc_probit：

```
. estimates restore model_probit
(results model_probit are active now)
. gen double mc_probit = _b[commute_min] * normalden(p_xb)
```

第四步，分别计算 logit 模型和 probit 模型的均值处边际变化和平均边际变化。对于 logit 模型，设定均值处边际变化的宏名为 mem_logit：

```
. estimates restore model_logit
(results model_logit are active now)
. quietly margins, dydx(commute_min) atmeans
```

边际变化的结果实际上存储在矩阵 $r(b)$ 中，可以使用 matlist 命令查看。我们可以使用函数 el(s, i, j) 从矩阵 s 中提取 i 行 j 列的元素，并存储在宏 mem_logit 中：

```
. local mem_logit = el(r(b), 1, 1)
. dis `mem_logit'
.00528518
```

同理，提取平均边际变化，存储在宏 ame_logit 中：

```
. quietly margins, dydx(commute_min)
. local ame_logit = el(r(b), 1, 1)
. dis `ame_logit'
.00430706
```

probit 模型同理。

第五步，绘制直方图。绘图命令为：

```
histogram mc_logit, fraction col(%50) ///
xline(.00528518 .00430706) ///
xlabel(0(0.001)0.003 .00529 .0043) ///
text(0.005 .00526 "MEM", placement(10)) ///
text(0.005 .00425 "AME", placement(10))
```

从图 7.1 可以看出，随着样本观测值的变化，关于出行时间 commute_min 的边际变化呈现偏态分布。因为存在偏态，均值处的边际效应（MEM）比平均边际效应（AME）相对更能代表边际变化的分布。

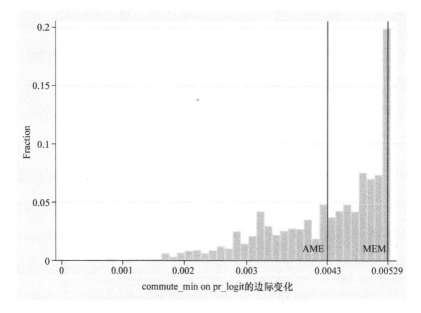

图 7.1　logit 模型的边际变化分布

7.6.2　用 predict 计算离散变化的分布

以 commute_min 变量为例，计算其边际效应离散变化的分布，即若出行时间 commute_min 从 10min 变为 15min，那么对应每个样本观测值的离散变化为多少。计算步骤如下：

1）用二项选择模型估计样本数据，得到每个变量的估计系数。

```
. quietly logit mode_car female i.salarycat3 edu commute_min havechild
. estimate store logit
```

2）因为要变动样本数据集中的 commute_min 变量，将原始的样本数据存储到一个新的变量 commute_min_org 中，作为备份。

```
. gen commute_min_org = commute_min
```

3）将 commute_min 变量所有的值替换为 10min。

```
. replace commute_min = 10
(3,606 real changes made)
```

4）用 predict 命令预测其余变量在样本观测值处的选择概率 p10，注意用双精度。

```
. predict double p10
(option pr assumed; Pr(mode_car))
```

5）将 commute_min 变量所有的值替换为 15min。

```
. replace commute_min = 15
(4,581 real changes made)
```

6）用 predict 命令预测其余变量在样本观测值处的选择概率 p15。

```
. predict double p15
(option pr assumed; Pr(mode_car))
```

7）将 commute_min 变量的值从 commute_min_org 中还原。

```
. replace commute_min = commute_min_org
(3,941 real changes made)
```

8）p15 和 p10 的差值即为 commute_min 变量从 10min 变化为 15min 时的离散变化，差值的均值为平均离散变化，即 AME。

```
. gen double p10_15 = p15 - p10
. label var p10_15 "Discrete change of commute_min"
```

9）分别计算 AME 和 MEM。

p10_15 的均值即为 AME，执行命令：

```
. sum p10_15
```

Variable	Obs	Mean	Std. Dev.	Min	Max
p10_15	4,581	.0214741	.0044279	.0096052	.026637

可以用 margins 命令来验证，执行带 post 选项参数的 margins 命令：

```
. margins, at(commute_min = (10 15)) post
Predictive    margins                    Number of obs =   4,581
Model VCE    : OIM
Expression   : Pr(mode_car), predict()
1._at        : commute_min     =    10
2._at        : commute_min     =    15
```

	Margin	Delta-method Std. Err.	z	P>|z|	[95% Conf. Interval]	
_at						
1	.4112684	.0088741	46.34	0.000	.3938755	.4286613
2	.4327425	.0074332	58.22	0.000	.4181737	.4473113

可以看出，commute_min 为 10min 时的平均边际效应（AME）为 0.411268，15min 时为 0.432743。用 lincom 命令计算从 10min 变到 15min 的离散变化：

```
. lincom 2._at - 1._at
 ( 1)  - 1bn._at + 2._at = 0
```

	Coef.	Std. Err.	z	P>|z|	[95% Conf. Interval]	
(1)	.0214741	.0026703	8.04	0.000	.0162404	.0267077

得到的结果和上文计算 p10_15 的均值一致，都是 0.021474。lincom 命令中，用 r（estimate）存储估计结果中的系数。将平均离散变化存储在本地宏 ame 中：

```
. local ame = r(estimate)
```

在内存中恢复 logit 模型的估计结果，然后用 margins 命令计算均值处的离散变化。margins 命令中的 noatlegend 选项参数表明不显示自变量所在值：

```
. estimate restore logit
(results logit are active now)
. margins, at(commute_min = (10 15)) noatlegendatmeans post
Adjusted predictions                     Number of obs =   4,581
Model VCE      : OIM
Expression     : Pr(mode_car), predict()
```

	Margin	Delta-method Std. Err.	z	P>|z|	[95% Conf. Interval]	
_at						
1	.3974178	.0106288	37.39	0.000	.3765858	.4182499
2	.4231993	.0089731	47.16	0.000	.4056123	.4407862

用 lincom 命令计算平均离散变化（MEM），并存储在 mem 中：

```
. lincom 2._at - 1._at
 ( 1)  - 1bn._at + 2._at  =  0
```

	Coef.	Std. Err.	z	P>|z|	[95% Conf. Interval]	
(1)	.0257814	.0031727	8.13	0.000	.0195631	.0319997

```
. local mem = r(estimate)
```

绘制直方图，并标记出均值处离散变化（MEM）和平均离散变化（AME）：

```
. histogram p10_15, col(%60) xline(`ame' `mem') xlabel(0.01 0.02 0.028 `ame'
"AME" `mem' " MEM")
(bin=36, start=.00960524, width=.0004731)
```

从图 7.2 可以看出，commute_min 从 10min 变到 15min，其离散变化的分布较为分散。

7.6.3 用自定义的 margdis 命令计算边际效应的分布

在用 predict 计算边际效应的分布时，虽然简单直观，但是根据边际效应的计算公式，需要知道关于自变量线性组合的概率分布密度函数。我们可以通过 STATA 中带 in 选项的 margins 命令来计算某个样本观测值的边际变化和离散变化的分

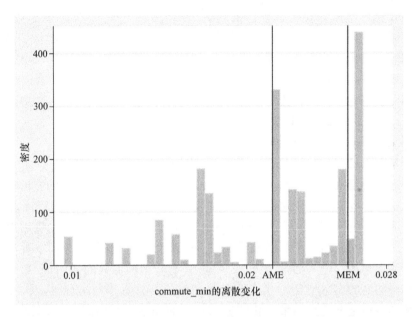

图7.2 logit 模型 commute_min 从 10min 到 15min 的离散变化分布

布，而不需要去计算概率密度函数。并且如果把计算流程打包成 ado 函数，用命令行语言的方式，能够非常方便地计算任意自变量的边际分布。关于 STATA 命令行的基础知识，可参见附录 A 中的 STATA 命令程序。

在编写用 margins 命令计算边际效应分布的例子中，我们首先需要设定出标准的 STATA 命令行。设定步骤如下：

1）根据标准 STATA 命令行，首先需要确定一个 cmd，即命令。本例的目的是计算任意自变量的边际效应分布，设定命令为 margdis，取意为 margins distribution，即边际效应的分布。

2）设定输出变量。本例中计算得到边际效应的分布可以存储在一个变量中，可以将该变量取名为 disname，取意 distribution variable name，即分布的变量。

3）设定计算的功能或表达式。为了计算 disname，需要明确的是要计算离散变化还是边际变化。我们可以设定两个函数：mc（）和 dc（）。其中，mc 代表 margins change，即边际变化；dc 代表 discrete change，即离散变化。

4）设定边际效应对应的自变量。要在现有样本自变量中选取一个变量，来计算其每一个样本观测值发生变化时对应的效应。因为只计算一个样本变量的边际效应分布，所以在命令语法中，将该样本变量命令为 varname 即可，如果涉及多个样本变量，可以使用 varlist。对于边际变化，结合上一步的表达式，可以写为 mc（varname）；对于离散变化，为 dc（varname）。如果是边际变化，命令语法的设定到此结束，但如果是离散变化，还需要输入样本自变量发生变化的范围。

5）设定离散变化时样本自变量发生变化的范围。我们可以在选项参数中用

numlist 设定这个范围，设定选项参数名为 range（），括号中为具体的数值列表，数值之间用空格隔开。如果只有一个数值，表明样本自变量变化前的初始值为当前样本观测值，变化后为设定的数值；如果有两个数值，那必须前一个小，后一个大。范围不能超过这两个数值。该设定为 range(numlist)。

根据以上步骤的设定，我们可以将计算任意样本自变量 varname 的边际效应分布变量 disname 的命令语法设定为：

margdisdisname = mc(varname)[,hist]

margdisdisname = dc(varname),range(numlist)[hist]

根据上文设定关于命令 margdis 的语法，编写名为 margdis. ado 的文件。在程序文件中，执行步骤如下：①解析命令行，将用户输入的命令解析为程序能用的参数；②生成临时变量"effect"，存储每一个样本观测值的效应；③如果用户输入的是"mc"，则使用带 dydx（）选项参数的 margins 命令计算每一个样本观测值的边际变化；④如果用户输入的是"dc"，则使用带 at 选项参数的 margins 命令计算每一个样本观测值的离散变化；⑤基于变量"effect"计算平均边际效应，并绘制直方图，来展现边际变化或离散变化的分布。下面详细介绍如何基于 STATA 的编程来实现上述步骤。

1. 解析命令行

在上文中，设定了 margdis 命令的语法，为：

margdisdisname = mc(varname)[,hist]

margdisdisname = dc(varname),range(numlist)[hist]

既然已经设定了命令的语法，那么在程序文件中，首先需要能够识别命令语法中的各种输入参数。换句话说，就是要让程序能够"理解"用户输入的命令。附录 A 中的 STATA 命令行程序介绍了解析 STATA 命令行的方式有四种，第一种和第二种通常比较适用于较为简单、参数不多的程序，第三种和第四种适用于对标准 STATA 命令行的解析。

在 margdis 的命令语法中，有两种命令：带 mc 函数的命令计算边际变化和带 dc 函数的命令计算离散变化。两个命令共同的部分是"disname ="。等号后面紧跟着的"mc"或"dc"是我们自定义的函数名，用来表示边际变化（marginal change）和离散变化（discrete change），并不是 STATA 中的表达式，所以无法用 syntax 来解析，只能用 gettoken 解析。两个命令的逗号后面，既有固定项 range(numlist)，又有可选项 hist，用 gettoken 解析比较繁琐，可以考虑用 syntax 来解析。

首先解析第一个参数 disname，即生成的边际分布变量名，在程序中，我们还是使用宏'disname'来存储变量名。考虑到用户在输入命令时，可能在 disname 后面不用空格直接连接等号，所以不能用默认的空格来分割边际分布变量名，需要制定分割的字符为：或空格或等号或括号，即 parse（" ="）。使用 gettoken 解析第一个参数：

```
gettokendisname 0 : 0, parse(" =(")
```
此时将用户输入的边际分布变量名存入了宏`disname'中。需要注意的是，这个变量应该和当前内存中的样本变量没有冲突，即不能和现有样本变量名重合。我们可以使用 confirm new variable 命令来验证某个字符串是否有重复的变量名。详见[P] confirm。验证宏`disname'中存储的字符串是否为新的变量名，如果和已有变量名重复，则系统报错。
```
confirm new variable `disname'
```
下面根据 margdis 命令的语法，依次提取等号、函数名、括号、选择计算边际分布的自变量名，分别存储在宏`equal'、`fcn'、`leftpar'、`varname'中。
```
gettokeneqsign 0 : 0, parse(" =(")
gettokenfcn 0 : 0, parse(" =(")
gettokenleftpar 0 : 0, parse(" (")
gettokenvarname 0 : 0, parse(" )")
```
其中，宏`fcn'中只可能为"mc"和"dc"两种字符串。

2. 生成临时变量

声明临时变量其实就是一种宏的定义，只是当程序运行结束时，临时变量所占用内存会被释放，临时变量会被删除，不会永久存储在内容中改变样本数据集。临时变量声明的语法为：

tempvarlclname[lclname[...]]

其中，lclname 为临时变量名，tempvar 可以同时定义多个临时变量。

在本例中，为了确保计算边际或离散变化的样本观测值就是 logit 模型拟合用的样本数据集，我们可以生成一个名为 insample 的临时变量，令其等于 e(sample)，用来识别样本观测值是否被用于模型的拟合。需要注意的是，当 e(sample) 为 1 时，表明该样本观测值用于模型的拟合；为 0 时则没有。先定义临时变量 insample，再将 e(sample) 赋值给它。
```
tempvarinsample
gen `insample' = e(sample)
```
如果通过 margins 命令计算出了每一个样本观测值的边际效应，需要有一个变量来存储这些效应。我们可以先用一个临时变量 effect 存储计算出的边际效应，再将临时变量的值赋予用户输入的 disname。生成临时变量 effect，并赋予标签：
```
tempvar effect
gen `effect' = .
label var `effect' "Marginal effect for each observation"
```

3. 用 margins 命令计算边际变化

在命令解析中，我们用宏 fcn 来存储用户希望计算边际效应的类型：mc 为边际变化；dc 为离散变化。下面分别从边际变化的计算和离散变化的计算来编写代码。

当 fcn 为 mc 时，需要计算边际变化。计算边际变化的命令语法为：

margdisdisname = mc(varname)[,hist]

可以看出，只有一个选项参数 hist。选项参数意味着用户可能会输入，也可能不会输入，这时用 gettoken 来解析命令会比较困难，我们可以用 syntax 来解析选项参数：

syntax [, hist]

如果用户输入了 hist，那么在程序中，宏 hist 就会存储字符串"hist"，否则宏 hist 为空。

计算边际变化的思路是：

1）用 forvalue 循环语句遍历所有参与模型拟合的样本观测值：

forvalues i = 1/_N {}

该语句的意思是令宏 i 从 1 取值到_N，_N 为当前样本数据集的样本量。但是这个样本量可能包含没有参与模型估计的样本，所以我们需要用宏 insample 来甄别。

2）用条件 if 语句来判断样本观测值是否用于模型的估计，如果是则可以用于边际变化的计算，否则取下一个样本观测值：

if `insample' == 1{}

在大括号 {} 中，可以继续根据用于模型估计的样本观测值来计算边际变化。

3）确定用第 i 行的样本观测值来计算边际变化，计算命令如下：

quietly margins in `i', dydx(`varname')

该命令中，in `i'表示对第 $i$ 行样本观测值使用 margins 命令，dydx ( ) 为计算边际变化，`varname' 为计算边际变化所需的自变量，为用户输入。

4）margins 命令计算的结果存储在矩阵 $r(b)$ 中的第一行第一列，我们可以使用 el(s,i,j)函数把矩阵 s 中第 i 行和第 j 列的元素取出。将取出的值存储在之前生成的临时变量 effect 中。需要注意的是，需要用 in 指定存储位置为第 i 个样本观测值：

quietly replace `effect' = el(r(b), 1, 1) in `i'

计算边际变化的完整代码如下：

```
if "`fcn'" == "mc" {              //确定用户要计算边际变化
    syntax [, hist]               //确定用户是否输入了 hist
    forvalues i = 1/_N {          //遍历所有样本观测值
        if `insample' == 1 {      //判断样本观测值是否用于模型估计
            quietly margins in `i', dydx(`varname')       //计算边际变化
            quietly replace `effect' = el(r(b), 1, 1) in `i'//存储边际变化
            dis "Computer margins change for No. `i' obs."  //循环时显示
        }
    }
}
```

4. 用 margins 命令计算离散变化

当 fcn 为 dc 时，表明用户要计算离散变化。计算离散变化的命令语法为：
margdisdisname = dc(varname), range(numlist)[hist]

在选项参数中，有一个必选项 range（numlist）和一个可选项 hist。hist 的含义和之前计算边际变化的命令一致，是用户设定是否在计算完边际分布后显示直方图。必选项 range（numlist）用来设定自变量 varname 的变化范围，其中 numlist 为一个数字序列，详见［P］numlist。如果 numlist 只设定一个数字 a，表明自变量 varname 从当前的样本观测值变化到当前这个数字 a；numlist 中最多只能设置两个数字 a 和 b，并且 $a<b$，表明计算自变量从 a 变化到 b 时的离散变化。为了实现这个范围的功能设定，我们还是使用 syntax 来解析命令：

```
syntax , range(numlist max=2 ascending) [hist]
```

在上面一行的程序中，max = 2 表明 numlist 这个数字列表中最多只能有 2 个数字，并且是按照 ascending（升序）排列。用户输入的任意一个或两个数字，都会以字符串的形式存储在本地宏 range 中。如果用户直接输入了"range（10）"，那么经过 syntax 的解析，宏`range'中就存储着 10，表明计算自变量从样本观测值变化到 10 时的离散变化；如果用户输入了"range（5 10）"，在程序中经过语句"syntax , range（numlist max = 2 ascending）［hist］"解析后，本地宏 range 中就存储着字符串"5 10"。我们可以使用 tokenize 命令把这个字符串解析为两个数字的字符串。tokenize 命令主要用于分割字符串，并将分割后的字符串按照字符串中的次序，存储在宏`1'、`2'、`3'……中。详见［P］tokenize。其命令语法为：

tokenize[[`]"][string]["[']] [,**parse**("pchars")]

其中，string 为被分割的字符串，pchars 为分割的依据字符串，默认为空格。通过 tokenize 命令来分解存储变化范围数字序列字符串的 range：

```
tokenize `range'
```

如果`range'中只有一个数字 10，那么分解出的宏`1'中存储着这个数字 10，宏`2'为空。如果`range'中有两个数字：5 和 10，那么会分解出两个宏`1'和`2'，分别存储着字符串"5"和"10"。所以只要判断宏`2'是否为空，就可以知道用户输入的是一个数字还是两个数字。

```
if "`2'" == ""{}
```

如果宏`2'为空，用户输入了一个数字，这个数字存储在宏`1'中。那么自变量 varname 从第 i 个样本观测值变化到第 i 个样本观测值加上宏`1'中存储的数字，对应的 margins 命令为：

```
quietly margins in `i', at(`varname' = gen(`varname')) ///
                        at(`varname' = gen(`varname' + `1'))
```

在选项参数 at（）中，如果令自变量`varname'为 gen（`varname'），表明计算自变量`varname'在样本观测值处的概率预测值，这个结果存储在矩阵 $r(b)$ 中的第一行第一列中；令自变量`varname'为 gen (`varname' +`1'), 表明计算自变量`varname'在样本观测值再加上宏`1'处时的概率预测值，这个结果存储在矩阵 $r(b)$ 中的第一行第二列中。

如果宏`2'不为空，那么用户输入的两个数字会分别存储在宏`1'和`2'中。计算自变量 varname 在第 $i$ 个样本观测值处，从`1'中的数字变化到`2'中的数字，对应的 margins 命令为：

```
quietly margins in `i', at(`varname' = (`1' `2'))
```

以数据集"SHAOXING2013 MODE – CAR TEST.dta"为例，自变量为 commute_min。如果用户输入的是"range (5)"，相当于输入了命令". margins, at (commute_min = gen (commute_min)) at (commute_min = gen (commute_min + 5))"，该命令的输出结果存储在矩阵 $r(b)$ 中，我们可以使用 matlist 命令来显示这个矩阵。执行命令"matlist r(b)"，可以得到如下结果：

	1._at	2._at
r1	.4588518	.4804627

其中，0.4588518 为 commute_min 取样本观测值时的平均预测概率，0.4804627 为 commute_min 取样本观测值加 5 时的平均预测概率，那么平均离散变化就为 0.4804627 – 0.4588518。如果用户输入了两个数字 5 和 10，相当于输入命令"margins, at (commute_min = (5 10))"，一样会得到有两个元素的矩阵 $r(b)$：第一行第一列为 commute_min 为 5 时的预测概率值，第一行第二列为 commute_min 为 10 时的预测概率值，平均离散变化为两个概率值之差。

所以在我们的程序中，对应第 i 行样本观测值，离散变化为矩阵 $r(b)$ 中第一行第二列中的概率预测值减去第一行第一列的概率预测值，并存储入临时变量 effect 中：

```
quietly replace `effect' = el(r(b), 1, 2) - el(r(b), 1, 1) in `i'
```

计算离散变化的完整代码如下：

```
else if "`fcn'" == "dc" {                    //判断是否计算离散变化
    syntax , range(numlist max=2 ascending) [hist]   //解析离散变化范围和是
否绘制直方图
    tokenize `range'                         //解析变化范围的数字列表
    forvalues i = 1/_N {                     //遍历所有样本观测值
        if `insample' == 1 {                 //判断样本观测值是否用于模型估计
            if "`2'" == "" {                 //判断用户是否输入一个数字
                quietly margins in `i', at(`varname' = gen(`varname'))
                at(`varname' = gen(`varname' + `1'))
            }
```

```stata
        else {                      //用户输入两个数字
            quietly margins in `i', at(`varname' = (`1' `2'))
        }
        quietly replace `effect' = el(r(b), 1, 2) - el(r(b), 1, 1) in `i'
        dis "Computer discrete change for No. `i' obs."
        }
    }
}
```

5. 计算平均边际效应并绘制直方图

此时，边际效应的分布已经存储在临时变量 effect 中，只要对该变量进行描述性统计，即计算其均值，就可以得到平均边际效应。

```stata
quietly sum `effect'
local ame = r(mean)
dis "The average margins effect for `margins' is `ame'!"
```

在上述命令中，首先静默运行 sum 命令，计算变量 effect 的描述性统计量，其中均值存储在 r（mean）中。定义一个新的本地宏 ame，将 r（mean）存储在 ame 中，并利用 display 命令显示出来。

因为临时变量在程序运行完毕后就会被删除，所以需要将临时变量里面的值赋予用户定义的边际分布变量中。经过前文 gettoken 命令的解析，用户定义的变量名存储在宏 `disname' 中。我们可以用 generate 命令生成用户定义的新变量，并将临时变量的值存储其中。

```stata
quietly gen `disname' = `effect'
```

新生成的边际效应分布变量可能是离散变化，也可能是边际变化。我们可以通过用户定义的 `fcn' 来判断。对应离散变化和边际变化，生成不同的变量标签。

```stata
if "`fcn'" == "mc" {
    label var `disname' "Marginal change for `margins'"
}
else if "`fcn'" == "dc" {
    label var `disname' "Discrete change for `margins'"
}
```

最后，如果用户定义了 hist，需要绘制直方图，那么经过 syntax 的解析，在宏 `hist' 中会有字符串"hist"，判断和绘制命令如下：

```stata
if "`hist'" == "hist" {
    histogram `disname', col(%50) xline(`ame') title(Disbution of Margins)
text(0 `ame' "AME", place(2))
}
```

6. 命令及代码

计算边际分布变量 margdis 命令的语法，为：

margdisdisname = mc(varname) [,hist]

margdisdisname = dc(varname) ,range(numlist) [hist]

其完整代码为：

```
capture program drop margdis
program margdis    //. quietly logit mode_car female i.salarycat3 edu commute_min havechild
    version 16
    gettokendisname 0 : 0, parse(" =(")
    dis "`disname'"
    confirm new variable `disname'
    gettokeneqsign 0 : 0, parse(" =(")
    dis "`eqsign'"
    gettokenfcn 0 : 0, parse(" =(")  //mc, margins change; dc, discrete change;
    dis "`fcn'"
    gettokenleftpar 0 : 0, parse(" (")
    gettokenvarname 0 : 0, parse(" )")   //varname for margins
    dis "`varname'"
    gettokenrightpar 0 : 0, parse(" )")

    tempvar insample
    gen `insample' = e(sample)
    tempvar effect
    gen `effect' = .
    label var `effect' "Marginal effect for each observation"

    local size = _N

    if "`fcn'" == "mc" {
        syntax [, hist]
        forvalues i = 1/`size' {
            if `insample' == 1 {
                quietly margins in `i', dydx(`varname')
                quietly replace `effect' = el(r(b), 1, 1) in `i'
                dis "Computer margins change for No. `i' obs."
            }
        }
    }
    else if "`fcn'" == "dc" {
        syntax , range(numlist max=2 ascending) [hist]
        tokenize `range'
```

```
        //dis "`1' and `2'"
        forvalues i = 1/`size' {
            if `insample' == 1 {
                if "`2'" == "" {
                    quietly margins in `i', at(`varname' = gen(`varname')) ///
                    at(`varname' = gen(`varname' + `1'))
                }
                else {
                    quietly margins in `i', at(`varname' = (`1' `2'))

                }
                quietly replace `effect' = el(r(b), 1, 2) - el(r(b), 1, 1) in `i'
                dis "Computer discrete change for No. `i' obs."
            }
        }
    }

    quietly sum `effect'
    local ame = r(mean)
    dis "The average margins effect for `margins' is `ame'!"

    quietly gen `disname' = `effect'
    if "`fcn'" == "mc" {
        label var `disname' "Marginal change for `margins'"
    }
    else if "`fcn'" == "dc" {
        label var `disname' "Discrete change for `margins'"
    }

    if "`hist'" == "hist" {
        histogram `disname', col(%50) xline(`ame') title(Disbution of Margins) text(0 `ame' "AME", place(2))
    }
end
```

7.7 边际效应的绘图

如果拟合模型的自变量中存在连续变量，那么可以将其作为横坐标，绘制预测概率分布图。绘制预测概率分布图有三个步骤：①确定连续变量的变化范围及采样间隔；②拟合模型，用 margins 命令计算连续变量不同取值下的预测概率值；③用 marginsplot 绘制概率预测图。

以数据集"SHAOXING2013 MODE – CAR TEST. dta"为例，自变量 commute_min 为连续变量。按照上述步骤，绘制预测概率图。

7.7.1 确定连续变量的范围

commute_min 表明被调查者的出行时间，可以用带 detail 选项参数的 sum 命令来观察其分布情况：

```
. sum commute_min, detail
```

```
                    commute travel time (min)

      Percentiles     Smallest
 1%         4            .2
 5%         5            .5
10%        10             1        Obs              4,581
25%        10             1        Sum of Wgt.      4,581

50%        20                      Mean          20.98531
                    Largest        Std. Dev.     12.50265
75%        30            90
90%        35            90        Variance      156.3161
95%        40           100        Skewness      1.335072
99%        60           120        Kurtosis      6.196986
```

从中可以看出，commute_min 最小值为 0.2min，最大值为 120min。不考虑极值的影响，选取 10% 百分位数到 90% 百分位数之间的范围，即 1～90min。考虑取每 5min 一个间隔。

7.7.2 拟合模型，用 margins 命令预测概率值

首先，拟合 logit 模型，命令如下：

```
. quietly logit mode_car female i.salarycat3 edu commute_min havechild
```

计算 commute_min 在 1min，6min，11min，…，90min 时，预测选取小汽车方式的概率值。此时 commute_min 的取值为一个间隔为 5min 的数字序列，在 STATA 中对应着 numlist 的数据类型，可以写为 1（5）90。使用带 at（）选项参数的 margins 命令：

```
. margins, at(commute_min=(1(5)90)) noatlegend
Predictive margins                              Number of obs  =    4,581
Model VCE    : OIM
Expression   : Pr(mode_car),  predict()
```

	Margin	Delta-method Std. Err.	z	P>|z|	[95% Conf. Interval]	
_at						
1	.3734643	.0122787	30.42	0.000	.3493985	.3975302
2	.3943174	.0103201	38.21	0.000	.3740904	.4145444
3	.4155396	.0085445	48.63	0.000	.3987927	.4322864
4	.4370703	.0072234	60.51	0.000	.4229126	.451228
5	.4588455	.0067463	68.01	0.000	.445623	.472068
6	.4807976	.0073495	65.42	0.000	.4663929	.4952023
7	.5028565	.0088388	56.89	0.000	.4855328	.5201802
8	.5249499	.0108473	48.39	0.000	.5036895	.5462103
9	.5470041	.0131084	41.73	0.000	.521312	.5726961
10	.5689448	.015466	36.79	0.000	.5386321	.5992576
11	.590698	.0178259	33.14	0.000	.5557598	.6256362
12	.6121905	.0201257	30.42	0.000	.5727448	.6516362
13	.6333512	.0223198	28.38	0.000	.5896053	.6770971
14	.6541118	.0243726	26.84	0.000	.6063423	.7018813
15	.6744075	.0262562	25.69	0.000	.6229463	.7258688
16	.6941782	.0279482	24.84	0.000	.6394007	.7489557
17	.7133688	.0294315	24.24	0.000	.6556842	.7710534
18	.7319301	.0306936	23.85	0.000	.6717717	.7920884

该命令计算了 commute_min 在 18 个值处，其他自变量在样本观测值处，选择小汽车方式的平均预测概率。选项参数 noatlegend 用于省略显示 commute_min 的每一个取值。如果加上 atmean 选项参数，则表明预测的是其他自变量在均值处的平均预测概率。

7.7.3 用 marginsplot 命令绘制图形

marginsplot 命令可以直接绘制 margins 命令计算的结果，并且也只能绘制出 margins 涉及的自变量。所以 marginsplot 需要紧跟 margins 命令，详见 [R] marginsplot。该命令的语法较为简单，为：

marginsplot[, options]

其中，options 中可以使用所有二维绘图的选项（twoway_options），如用 yline (#) 绘制横向参考线，#为纵坐标。其他较为常用的选项包括：recast(plottype)，设定预测概率曲线的线型，其中 plottype 可以为 scatter、line、rarea 等；recastci (plottype)，确定置信区间的图形形状，如果将 plottype 设置为 rarea，就是带状；byopts(byopts)，可以通过 by 语句将图形分组。

在上例中，我们可以直接绘制随出行时间变化，其他自变量在样本观测值处，选择小汽车方式的预测概率图为：

. marginsplot
Variables that uniquely identify margins: commute_min

从图 7.3 可以看出，随着出行时间的增加，采用小汽车方式的预测概率也在增加,增加的趋势近乎直线,但是置信区间分布并不均等。我们可以将其他自变量的影响考虑进来,例如想知道不同性别下,随出行时间的增加,其他自变量在样本观测值处时,选择小汽车方式的预测概率如何发生变化。

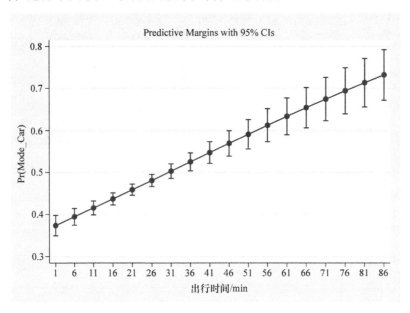

图 7.3　marginsplot 绘制的预测概率分布

和上述步骤一样,先拟合模型,再用 margins 命令计算不同性别和出行时间下的预测概率值:

```
. margins, at(commute_min=(1(5)90)) over(female) noatlegend
Predictive margins                                Number of obs =   4,581
Model VCE    : OIM
Expression   : Pr(mode_car), predict()
over         : female
```

(略)

然后用 marginsplot 绘制图形,这次不用竖线的形式来表示置信区间,用带状来表示,使用 recastci(rarea) 选项参数:

```
. marginsplot, recastci(rarea)
Variables that uniquely identify margins: commute_min female
```

从图 7.4 可以看出,男性相对于女性,更加愿意使用小汽车方式,但是当出行时间增加到 75min 以上时,不同性别之间选择小汽车方式的预测概率置信区间开始有交叠,说明当出行时间较高时,性别在小汽车方式选择预测概率上的差异逐渐在交错模糊。

我们还可以进一步将收入因素考虑进来。在拟合模型中,收入自变量为 sala-

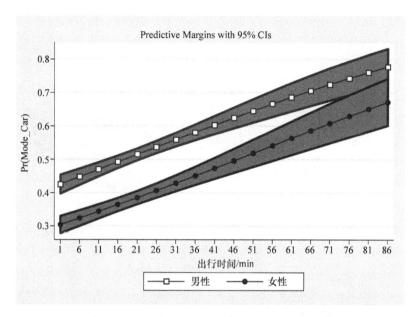

图 7.4 考虑性别的选择小汽车方式概率预测值分布

rycat3，采用了因子变量的方式进入 logit 模型，所以可以直接放置在 margins 命令之后：

```
.margins salarycat3, at(commute_min=(1(5)90)) over(female) noatlegend
Predictive margins      Number of obs =    4,581
Model VCE   : OIM
Expression  : Pr(mode_car), predict()
over        : female
```

（略）

目前有性别、收入两个因素，性别有两个水平（男和女），收入有三个水平（低、中、高），同时在一张图中显示会比较杂乱，我们可以使用 marginsplot 命令中的 by() 选项参数来对性别进行图形分组。分组后为了便于参照，可以考虑在 0.5 预测概率处绘制一条参考线，用 yline（0.5）选项参数。命令如下：

```
. marginsplot, yline(0.5) recastci(rarea) by(female)
Variables that uniquely identify margins: commute_min salarycat3 female
```

从图 7.5 可以看出，收入对于小汽车方式选择预测概率的影响十分显著，特别是高收入会显著增加男性和女性的选择预测概率，相对来说，男性的选择概率更高。

同理，可以将是否拥有 6 岁以下小孩考虑进来，绘制图如图 7.6 所示。

还可以考虑其他属性特征之间的组合，具体需要根据研究目的和兴趣来确定。

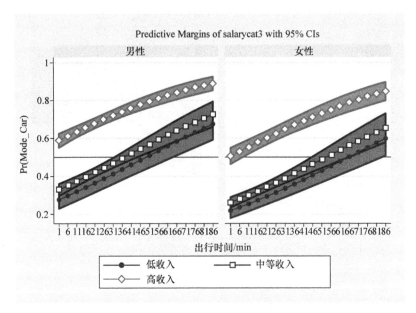

图 7.5 考虑收入和性别的小汽车方式选择预测概率分布

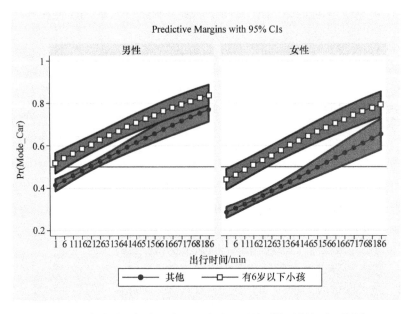

图 7.6 考虑是否拥有 6 岁以下小孩以及性别的选择概率预测值

第 8 章　多项选择模型

在二项选择模型中，因变量只有两种可能。在实际的生活中，人们面临的选项往往会有多个。如出行方式的可能选择有步行、自行车、小汽车、出租车、公交车等；居住地的选择可能为多个不同地点的居民小区；学生学习外语的选择可能有多种语言。值得注意的是，这些选项都大于两个，并且彼此之间并没有大小关系。这种因变量一般称为分类名义（nominal）变量，变量中每一种可能的选项称之为选项（alternatvie）。在多个选项中进行选择被称为多级选择（polychotomous choice），在有的文献中也被称为多项选择（multinomial choice）。

本章将首先介绍多项 logit 模型的原理和公式，然后介绍 STATA 中用于拟合多项 logit 模型的命令类型及特点。重点展现 STATA 16 版本中基于选择数据集的多项 logit 模型的拟合方法、检验技术和结果解释。

8.1 多项选择模型的表达

若有 N 个个体，共同面临的所有选项为 J 个，第 n 个个体面临的选项为 J_n，显然每个个体面临的选项由于受到种种条件的制约，$J_n \leq J$。根据随机效用理论，第 n 个个体会考虑他所面临的每一个选项的效用，这样的效用共有 J_n 个，构成了第 n 个个体的个人效用向量：

$$U_n = \begin{pmatrix} U_{n1} \\ U_{n2} \\ \vdots \\ U_{nJ_n} \end{pmatrix} = V_n + \varepsilon_n \tag{8.1}$$

其中，U_n 为第 n 个个体对各种选项的效用向量，由效用的客观向量 V_n 和随机项向量 ε_n 构成。第 n 个个体选择 J_n 中第 j 个选项的概率可以表述为

$$\begin{aligned} P_n(j) &= \Pr(U_{nj} \geq U_{ni}, \forall i \in J_n) \\ &= \Pr(U_{ni} - U_{nj} \leq 0, \forall i \in J_n) \end{aligned} \tag{8.2}$$

实际上，式（8.2）不能看成一个单一的方程，效用 U_{nj} 需要和其他所有选项的效用 U_{n1}，U_{n2}，…，$U_{n(j-1)}$，$U_{n(j+1)}$，U_{nJ_n} 进行比较。换句话说，我们感兴趣的是效用 U_{nj} 和其他选项效用之差，共有 $J_n - 1$ 个。为了将效用之差转化为矩阵形式，我们可以设计一个 $J_n - 1$ 行、J_n 列的矩阵 Δ_j，使其乘以第 n 个个体的效用向量 U_n 后，就等于个体对其他各个选项的效用与第 j 个选项效用之差的向量：

$$\begin{pmatrix} U_{n1} - U_{nj} \\ U_{n2} - U_{nj} \\ \vdots \\ U_{nJ_n} - U_{nj} \end{pmatrix} = \Delta_j \begin{pmatrix} U_{n1} \\ U_{n2} \\ \vdots \\ U_{nJ_n} \end{pmatrix} = \Delta_j U_n \tag{8.3}$$

例如，J_n 为 3，即个体 n 面临 3 个选项，那么考虑 j 为 2 的情况：

$$\begin{pmatrix} U_{n1} - U_{n2} \\ U_{n3} - U_{n2} \end{pmatrix} = \begin{pmatrix} 1 & -1 & 0 \\ 0 & -1 & 1 \end{pmatrix} \begin{pmatrix} U_{n1} \\ U_{n2} \\ U_{n3} \end{pmatrix} = \boldsymbol{\Delta}_2 \boldsymbol{U}_n \tag{8.4}$$

则我们可以将式（8.2）转化为矩阵形式：

$$\begin{aligned} P_n(j) &= \Pr(\boldsymbol{\Delta}_j \boldsymbol{U}_n \leq 0) \\ &= \Pr(\boldsymbol{\Delta}_j \boldsymbol{V}_n + \boldsymbol{\Delta}_j \boldsymbol{\varepsilon}_n \leq 0) \\ &= \Pr(\boldsymbol{\Delta}_j \boldsymbol{\varepsilon}_n \leq -\boldsymbol{\Delta}_j \boldsymbol{V}_n) \end{aligned} \tag{8.5}$$

根据式（8.5），可以看出选择第 j 个选项的概率等于所有效用差同时小于等于 0 的概率。只要设定随机项向量 $\boldsymbol{\varepsilon}_n$ 中所有元素的联合分布，就能推算出不同的多项选择模型。如果已知随机项的联合概率密度函数为 $f(\boldsymbol{\varepsilon}_n) = f(\varepsilon_{n1}, \varepsilon_{n2}, \cdots, \varepsilon_{nJ_n})$，那么只要推导出 $\boldsymbol{\Delta}_j \boldsymbol{\varepsilon}_n$ 的联合累计分布函数，就能算出选择第 j 个选项的概率。

我们也可以直接将式（8.2）中的效用分解为可观测项和随机项：

$$\begin{aligned} P_n(j) &= \Pr(U_{nj} \geq U_{ni}, \forall i \in J_n, i \neq j) \\ &= \Pr(V_{nj} + \varepsilon_{nj} \geq V_{ni} + \varepsilon_{ni}, \forall i \in J_n, i \neq j) \\ &= \Pr(\varepsilon_{ni} \leq V_{nj} - V_{ni} + \varepsilon_{nj}, \forall i \in J_n, i \neq j) \end{aligned} \tag{8.6}$$

如果设 $j = 1$，可以相对简便地写出概率公式的积分形式：

$$P_n(1) = \int_{\varepsilon_{n1} = -\infty}^{+\infty} \int_{\varepsilon_{n2} = -\infty}^{V_{n1} - V_{n2} + \varepsilon_{n1}} \cdots \int_{\varepsilon_{nJ_n} = -\infty}^{V_{n1} - V_{nJ_n} + \varepsilon_{n1}} f(\varepsilon_{n1}, \varepsilon_{n2}, \cdots, \varepsilon_{nJ_n}) \mathrm{d}\varepsilon_{nJ_n} \cdots \mathrm{d}\varepsilon_{n1} \tag{8.7}$$

虽然我们用概率论的知识可以直接推出式（8.7），但是多重积分比较难计算，不利于选择概率的估计。通常还有另外两种选择概率的表达方式，其中一种是将联合概率密度函数转化为累计分布函数的偏导数。令 F_j 为效用随机项联合累计分布函数 F 相对于 ε_{nj} 的偏导，那么我们可以重新表述概率公式：

$$P_n(1) = \int_{\varepsilon_{n1} = -\infty}^{+\infty} F_1(\varepsilon_{n1}, V_{n1} - V_{n2} + \varepsilon_{n1}, V_{n1} - V_{n3} + \varepsilon_{n1}, \cdots, V_{n1} - V_{nJ_n} + \varepsilon_{n1}) \mathrm{d}\varepsilon_{n1}$$

$$\tag{8.8}$$

另一种更加直观，根据效用最大化理论，选择某个选项的概率就是某个选项给个体带来最大效用的概率，对于选项 j 而言，就是要求：

$$U_{nj} \geq \max_{i \in J_n, i \neq j} U_{ni} \tag{8.9}$$

直接带入概率公式，可以得到：

$$P_n(j) = \Pr(V_{nj} + \varepsilon_{nj} \geq \max_{i \in J_n, i \neq j}(V_{ni} + \varepsilon_{ni})) \tag{8.10}$$

无论是多重积分，还是联合累计分布函数，在推导过程中都较为困难，唯独设定随机项服从 Gumbel 分布，可以顺利推导出封闭形式的 logit 模型。用于拟合多个名义输出选项的 logit 模型，称为多项 logit 模型（Nultinomial Logit Model，MNL）。

在多项 logit 模型中，可以根据自变量的特征，将其分为个体相关（case - specific）和选项相关（alternative - specific）两类。个体相关指的是自变量只随个体差异而有所变化,并不会随选项变量,如性别、年龄等;选项相关指自变量会随着选项的不同而有所差异,如出行时间、费用等,会随着出行方式的不同而有差异。在实证数据中,被调查者在面临一系列选择中会做出自己的选择(choice),实际上个体的选择是多项 logit 模型的因变量。

8.2 多项 logit 模型及特性

根据 logit 模型的公式推导,我们已经得到了第 n 个决策者在 J 个选项中选择第 j 种的概率为

$$\Pr_{nj} = \frac{e^{V_{nj}}}{\sum_{i=1}^{J} e^{V_{ni}}} = \frac{1}{1 + \sum_{i \neq j} e^{-(V_{nj}-V_{ni})}} \tag{8.11}$$

其中,V_{nj} 为第 n 个决策者对于第 j 种选项效用的系统部分,可以假设为选项影响因素(自变量)x 和系数 β 乘积的线性组合,矩阵形式为 $x\boldsymbol{\beta}$。从公式中可以看出,无论对于哪一个选项,分母都相同。

在前文我们介绍过,logit 模型还有一种胜率的形式,即对两种选项概率的比值取对数,其实就是选项影响因素(自变量)x 和系数 β 乘积的线性组合 V。假设 J 为 3,即共有三种选项,因变量 y 为第一个选项的概率为

$$\Pr(y=1) = \frac{e^{V_1}}{e^{V_1} + e^{V_2} + e^{V_3}} \tag{8.12}$$

因变量 y 为第二个选项的概率为

$$\Pr(y=2) = \frac{e^{V_2}}{e^{V_1} + e^{V_2} + e^{V_3}} \tag{8.13}$$

选择第一个选项的概率除以第二个选项的概率后再取对数:

$$\ln\frac{\Pr(y=1)}{\Pr(y=2)} = \ln\frac{e^{V_1}}{e^{V_2}} = \ln e^{V_1-V_2} = V_1 - V_2 \tag{8.14}$$

设第一个选项对应的系数向量为 $\boldsymbol{\beta}_1$,第二个选项对应的系数向量为 $\boldsymbol{\beta}_2$。则

$$\ln\frac{\Pr(y=1)}{\Pr(y=2)} = x\boldsymbol{\beta}_1 - x\boldsymbol{\beta}_2 = (\beta_{11} - \beta_{12})x_1 + (\beta_{21} - \beta_{22})x_2 + \cdots \tag{8.15}$$

令 x_1 的系数为 $\boldsymbol{\beta}_1$,$\boldsymbol{\beta}_1 = \beta_{11} - \beta_{12}$。通过对实证数据的拟合,我们可以估计出 $\boldsymbol{\beta}_1$ 的值,但是 β_{11} 和 β_{12} 有无数种组合可以得到值 $\boldsymbol{\beta}_1$。所以在多项 logit 模型中,需要将某一个选项的系数固定为 0,即模型的识别,此时这个选项称为基准(base)选项或参考(reference)选项。如令选项二为基准选项,其系数都为 0,即 $\boldsymbol{\beta}_{12}=0$,那么 $\boldsymbol{\beta}_{11}=\boldsymbol{\beta}_1$,可解释为因素 x_1 选项一相对于选项二的影响。影响因素 x 可能和个体相关(case-specific),也可能和选项相关(alternative-specific)。

从式（8.14）可以看出，基于 logit 模型的假设前提，两个选项的选择概率相除，得到的结果仅仅和两个选项效用的系统部分 V_1 和 V_2 相关，和其他选项无关。换句话说，两个选项概率的胜率比仅仅和这两个选项相关，和选择集中其他选项无关，这称为多项 logit 模型的选项无关独立性（independence from irrelevant alternatives，IIA）。选项无关独立性的前提核心在于假设选项效用的随机项或扰动项之间相互独立，也意味着选项之间应该没有相关性。比如红巴士和蓝巴士问题，虽然是同一种巴士，虽然被漆成红和蓝不同的颜色，但是不同颜色巴士选项的可观测项和随机项具有很强的相关性，这就导致了模型预测结果和人们的客观感受之间发生了偏差。

对于不同类型的数据集或影响因素，STATA 中提供了不同类型的估计命令，见表 8.1。

表 8.1　STATA 中多项 logit 模型的估计命令

估计命令	因变量要求	决策者（个体）变量	选项变量	自变量	数据要求或说明
mlogit	编码的非有序变量，如 1、2、3。编码代表类别，并无大小前后之分	无	同因变量	自变量只能是个体相关（case-specific）变量，如性别、年龄、职业等	每个个体面临的选择集相同，截面数据
clogit	为 0-1 型变量，1 代表实际选项，0 代表没有选择的选项	放置在选项参数 group() 中			面板数据，按照决策者（case）分组
cmclogit	为 0-1 型变量，1 代表实际选项，0 代表没有选择的选项	用 cmset 命令在选项数据集中定义	用 cmset 命令在选项数据集中定义	个体相关（case-specific）变量放置于选项参数 casevars() 中	clogit 模型的特殊形式，用于拟合 McFadden 选择模型，必须使用预先定义的选择数据集
asclogit	为 0-1 型变量，1 代表实际选项，0 代表没有选择的选项	放置在选项参数 case() 中	选项参数 alternatives() 中	个体相关（case-specific）变量放置于选项参数 casevars() 中	clogit 模型的特殊形式，在 STATA 16 版本中被 cmclogit 命令取代

8.3　mlogit 估计命令及结果解释

mlogit 命令用于估计"宽数据集"的多项 logit 模型（multinomial logit model）。

因变量为分类变量,类别之间无大小序列之分,并且类别之间没有相关性。详见[R] mlogit。其命令语法为:

mlogit depvar [indepvars] [if] [in] [weight] [,options]

其中,depvar 为因变量,用整数编码来表示类别。如可以用1、2、3 代表不同的交通方式,也可以用4、7、30 来表示,整数的大小无意义,只是代表了不相关的类别。indepvars 表示自变量,如果没有自变量,mlogit 命令估计结果中只有常数项。需要注意的是,由于样本中观测值在不同的变量上可能会有缺失,对于同一数据集,用同一命令去拟合,但是自变量不同,可能会导致估计命令用到的数据样本并不相同。

在 options 中,选项参数 noconstant 指拟合模型的结果中没有常数项;baseoutcome(#) 用于定义基准选项,默认会选择样本量最大的选项作为基准选项;vec(vectype) 用来定义标准误(standard errors)的类型,如果模型定义错误,可以用 robust 来得到稳健标准误,和常规标准误进行比较;选项参数 rrr 可以将模型估计结果的系统转化为相对风险比(relative–risk ratio,rrr),即如果系数为 b,使用 rrr 的选项参数后,得到的是 $\exp(b)$,也就是前面二项选择模型中的胜率比(odds ratios)。

8.3.1 mlogit 命令举例说明

以 "Shaoxing2013 Commute 4.dta" 数据集为例,说明 mlogit 命令的使用及估计结果的初步解读。该数据集为绍兴市 2013 年大规模居民出行调查结果,每一行(一个观测值)代表一个出行者的个体属性及通勤方式的选择。选择 choice_mode 为因变量,commute_min、agecat3、female、salarycat3、educat3、child 和 cars 为自变量。下面详细介绍拟合模型将要使用的因变量和自变量。

1. 因变量和自变量说明

(1) 因变量 choice_mode

因变量 choice_mode 取值从 1 到 4,其标签名为 mode,则我们可以用 label list 命令列出每个编码代表的含义,执行命令:

```
. label list mode
mode:
    1   electric
    2   bus
    3   car
    4   moto
```

所以因变量 choice_mode 中,1 代表电动自行车方式,2 代表公交方式,3 代表小汽车方式,4 代表摩托车方式。可以使用 tabulate 命令查看选择每种通勤方式的人数:

```
. tabulate choice_mode
```

RECODE of commute_mode (commute_mode)	Freq.	Percent	Cum.
electric	2,735	47.97	47.97
bus	428	7.51	55.47
car	2,247	39.41	94.88
moto	292	5.12	100.00
Total	5,702	100.00	

从中可以看出，骑电动自行车和使用小汽车方式的人数最多。

（2）自变量 commute_min

自变量 commute_min 为通勤时间，单位为 min，表明个体从家到工作单位或学校路上所需要花费的时间。我们可以使用 sum 命令查看变量 commute_min 的分布：

```
. sum commute_min
```

Variable	Obs	Mean	Std. Dev.	Min	Max
commute_min	5,702	21.44861	12.44667	4	65

从中可以看出，通勤时间最少 4min，最多 65min，平均 21.45min，标准差为 12.45min。

（3）自变量 agecat3

自变量 agecat3 代表出行者的年龄分类。在原始数据集中，用 age 来存储连续的年龄变量，直接将 age 放入拟合模型，发现并不会显著影响因变量 choice_mode。所以将年龄按照 18 岁以下、18～59 岁、60 岁及以上分段，用 recode 命令：

```
. recode age (1/18 = 1 "child 1-18") (19/59 = 2 "young 19-59") (else = 3 "old 60~"), gen(agecat3)
```

将年龄分段后，用 tabulate 命名列表查看：

```
. tabulate agecat3
```

RECODE of age (age1)	Freq.	Percent	Cum.
child 1-18	576	10.10	10.10
young 19-59	4,953	86.86	96.97
old 60~	173	3.03	100.00
Total	5,702	100.00	

从中可以看出，18~59 岁年龄段人数最多。因为 agecat3 为分类变量，所以进入拟合模型时，需要用因子变量的形式，即增加 i 前缀。

(4) 自变量 female

自变量 female 表示被调查个体的性别，为 1 时是女性，为 0 时是男性。我们可以用 sum 命令查看样本数据集中男性和女性的分布：

. tabulate female

female	Freq.	Percent	Cum.
0	3,211	56.31	56.31
1	2,491	43.69	100.00
Total	5,702	100.00	

从中可以看出，女性比男性略少。

(5) 自变量 salarycat3

自变量 salarycat3 源自于变量 salary，表明被调查者的收入，1 为 1000 元以下，2 为 1000~2000 元，3 为 2000~3000 元；4 为 3000~5000 元，5 为 5000~8000 元，6000 为 8000 元以上。为了便于在拟合模型中解释，将收入变量归为 3 类：低收入，3000 元以下；中等收入，5000~8000 元；高收入，8000 元以上。使用 recode 命令，基于 salary 变量生成 salarycat3 变量：

. recode salary (1/3 = 1 "low") (4/5 =2 "medium") (6 = 3 "high"), gen(salarycat3)

可以使用 tabulate 命令查看三类收入的分布：

. tabulate salarycat3

RECODE of salary (salary1)	Freq.	Percent	Cum.
low	2,509	44.00	44.00
medium	2,681	47.02	91.02
high	512	8.98	100.00
Total	5,702	100.00	

从结果可以看出，中等收入最多，高收入最少。和自变量 agecat3 一样，salarycat3 也是分类变量，所以进入模型时，也需要用加 i. 前缀的因子变量形式，默认以低收入作为基准类别。

(6) 自变量 educat3

自变量 educat3 源于变量 edu，表明被调查者的受教育程度，1 为小学毕业，2 为初中毕业，3 为高中毕业，4 为本科及大专，5 为研究生及以上。将高中及以下归为 educat3 的第一类，本科及大专为第二类，研究生及以上为第三类。使用 recode 命令生成 educat3：

```
. recode edu (1/3 = 1 "below high school") (4 = 2 "under graduate") (5 = 3 "graduate"), gen(educat3)
```

使用 tabulate 命令查看受教育程度的分布：

```
. tabulate educat3

  RECODE of edu
         (edu1) |     Freq.    Percent       Cum.
----------------+----------------------------------
below high school|    4,257      74.66      74.66
   under graduate|    1,373      24.08      98.74
        graduate |       72       1.26     100.00
----------------+----------------------------------
          Total |    5,702     100.00
```

可以看出，本科及以上受教育程度被调查者所占比例并不高。变量 educat3 也要以因子变量的形式进入模型。

（7）自变量 child

自变量 child 用来表述被调查者拥有小孩的情况：0 为没有小孩，1 为有 6 周岁以下小孩，2 为有 6~18 周岁的小孩，3 为有 18 周岁以上孩子。显然，各个类别之间没有大小次序之分，所以 child 为分类的名义变量，在进入模型时要加 i. 前缀。

（8）自变量 cars

自变量 cars 表明被调查者家庭拥有小汽车的数量。从直观上判断，家庭拥有小汽车数量越多，个体越有可能使用小汽车方式出行。cars 为连续变量，可直接进入模型。

2. 模型建立及估计

因变量 choice_mode 中，1 代表电动自行车方式，2 代表公交车方式，3 代表小汽车方式，4 代表摩托车方式。假设以公交车方式作为基准选项，根据式 (8.15) 建立其他各种方式相对于公交方式的多项 logit 模型。

在 STATA 的 mlogit 命令中，具有 $J-1$ 个方程，每个方程都被命令为对应的因变量选项的标签。在本例中，首先是电动自行车相对于公交方式的方程：

$$\ln\frac{\Pr(y=1)}{\Pr(y=2)} = \beta_{0,12} + \beta_{1,12}\text{commute\_min} +$$
$$\beta_{2,12}2.\,\text{agecat3} + \beta_{3,12}3.\,\text{agecat3} + \beta_{4,12}\text{female} +$$
$$\beta_{5,12}2.\,\text{salarycat3} + \beta_{6,12}3.\,\text{salarycat3} +$$
$$\beta_{7,12}2.\,\text{educat3} + \beta_{8,12}3.\,\text{educat3} +$$
$$\beta_{9,12}1.\,\text{child} + \beta_{10,12}2.\,\text{child} + \beta_{11,12}3.\,\text{child} +$$
$$\beta_{12,12}\text{cars} \tag{8.16}$$

其中，β 的第一个下标表示在拟合模型中不同自变量的系数，如为 0 时表明是常数项，为 1 时表明是通勤时间的系数，为 2、3 时是中年和老年人相对于年轻人的系数。第二个下标的 12 中的 1 表明是电动自行车方式，2 表明公交车方式，12 表明电动自行车方式相对于公交方式，如 $\beta_{1,12}$ 表明电动自行车方式相对于公交车方式通勤时间的系数。电动自行车方式相对于公交车方式，共有 12 个系数。

小汽车方式相对于公交车方式的模型公式如下：

$$\ln\frac{\Pr(y=3)}{\Pr(y=2)} = \beta_{0,32} + \beta_{1,32}\text{commute\_min} +$$

$$\beta_{2,32}2.\text{agecat3} + \beta_{3,32}3.\text{agecat3} + \beta_{4,32}\text{female} +$$

$$\beta_{5,32}2.\text{salarycat3} + \beta_{6,32}3.\text{salarycat3} +$$

$$\beta_{7,32}2.\text{educat3} + \beta_{8,32}3.\text{educat3} +$$

$$\beta_{9,32}1.\text{child} + \beta_{10,32}2.\text{child} + \beta_{11,32}3.\text{child} +$$

$$\beta_{12,32}\text{cars} \tag{8.17}$$

摩托车相对于公交车方式的模型公式如下：

$$\ln\frac{\Pr(y=4)}{\Pr(y=2)} = \beta_{0,42} + \beta_{1,42}\text{commute\_min} +$$

$$\beta_{2,42}2.\text{agecat3} + \beta_{3,42}3.\text{agecat3} + \beta_{4,42}\text{female} +$$

$$\beta_{5,42}2.\text{salarycat3} + \beta_{6,42}3.\text{salarycat3} +$$

$$\beta_{7,42}2.\text{educat3} + \beta_{8,42}3.\text{educat3} +$$

$$\beta_{9,42}1.\text{child} + \beta_{10,42}2.\text{child} + \beta_{11,42}3.\text{child} +$$

$$\beta_{12,42}\text{cars} \tag{8.18}$$

使用 mlogit 命令拟合样本数据集：

```
. mlogit choice_mode commute_min ib2.agecat3 female i.salarycat3 i.educat3
i.child cars, baseoutcome(2)
Iteration 0:    log likelihood = -6077.8738
Iteration 1:    log likelihood = -4189.9879
Iteration 2:    log likelihood = -3979.2491
Iteration 3:    log likelihood = -3970.4773
Iteration 4:    log likelihood = -3970.4635
Iteration 5:    log likelihood = -3970.4635
Multinom200ial logistic regression           Number of obs   =    5,702
                                             LR chi2(36)     =  4214.82
                                             Prob> chi2      =   0.0000
Log likelihood = -3970.4635                  Pseudo R2       =   0.3467
```

choice_mode	Coef.	Std. Err.	z	P>|z|	[95% Conf. Interval]	
electric						
commute_min	-.067879	.0040163	-16.90	0.000	-.0757507	-.0600073
agecat3						
child 1-18	-1.307235	.1750554	-7.47	0.000	-1.650337	-.9641327
old 60~	-.1806106	.277722	-0.65	0.515	-.7249357	.3637145
female	-.0148371	.1179733	-0.13	0.900	-.2460606	.2163863
salarycat3						
medium	-.0497095	.135481	-0.37	0.714	-.3152474	.2158284
high	-.584602	.2937198	-1.99	0.047	-1.160282	-.0089218
educat3						
under graduate	-.5401773	.1482135	-3.64	0.000	-.8306705	-.249684
graduate	.8703904	.7778122	1.12	0.263	-.6540934	2.394874
child						
1	.9793478	.2248953	4.35	0.000	.538561	1.420135
2	1.1114	.1492336	7.45	0.000	.8189073	1.403892
3	.8993746	.2271954	3.96	0.000	.4540798	1.344669
cars	-.7765547	.1162454	-6.68	0.000	-1.004391	-.548718
_cons	3.271467	.1974207	16.57	0.000	2.884529	3.658404
bus	(base outcome)					
car						
commute_min	-.0381768	.0042048	-9.08	0.000	-.046418	-.0299356
agecat3						
child 1-18	-.5464241	.2004534	-2.73	0.006	-.9393055	-.1535426
old 60~	-.2998596	.3372328	-0.89	0.374	-.9608238	.3611045
female	-.9584708	.1269838	-7.55	0.000	-1.207355	-.7095871
salarycat3						
medium	.5926133	.1488869	3.98	0.000	.3008004	.8844262
high	1.060256	.2881818	3.68	0.000	.4954306	1.625082
educat3						
under graduate	-.1259179	.1524415	-0.83	0.409	-.4246978	.172862
graduate	1.093361	.7655188	1.43	0.153	-.4070279	2.593751
child						
1	.7097399	.2330943	3.04	0.002	.2528834	1.166596
2	.6761237	.1637783	4.13	0.000	.3551241	.9971233
3	.1207424	.2567477	0.47	0.638	-.3824739	.6239587
cars	2.855625	.1381335	20.67	0.000	2.584889	3.126362
_cons	-.1345246	.2302315	-0.58	0.559	-.58577	.3167209

moto						
commute_min	-.0666168	.0064247	-10.37	0.000	-.079209	-.0540245
agecat3						
child 1-18	-1.597622	.2861225	-5.58	0.000	-2.158412	-1.036832
old 60~	-1.283288	.532859	-2.41	0.016	-2.327673	-.238904
female	-1.537081	.2000852	-7.68	0.000	-1.92924	-1.144921
salarycat3						
medium	-.0214053	.1859342	-0.12	0.908	-.3858296	.343019
high	-.7094316	.4098919	-1.73	0.083	-1.512805	.0939418
educat3						
under graduate	-1.538211	.3148332	-4.89	0.000	-2.155273	-.9211494
graduate	.1297683	1.264766	0.10	0.918	-2.349127	2.608663
child						
1	.8864864	.3623889	2.45	0.014	.1762173	1.596756
2	1.073816	.246923	4.35	0.000	.5898555	1.557776
3	.8555176	.3366046	2.54	0.011	.1957846	1.515251
cars	-1.385622	.2038768	-6.80	0.000	-1.785213	-.9860303
_cons	1.794203	.2961596	6.06	0.000	1.213741	2.374666

从结果中可以看出,每一种出行方式都和公交车方式进行了比较,但是除公交车以外的方式之间,并没有进行比较。我们可以使用 SPost13 包中的 listcoef 命令,来实现选项之间的两两比较,并给出各种系数。listceof 的命令语法十分简单:

listcoef [varlist] [, options]

其中,options 中的选项参数较为丰富。当 options 为 help 时,会给出每种系数的详细解释。

本例中,紧跟着 mlogit 命令,我们可以用 listcoef 命令来计算通勤时间相对两两选项的影响,执行命令:

```
. listcoef commute_min, help
mlogit (N=5702): Factor change in   the odds   of choice_mode
Variable: commute_min (sd=12.447)
```

		b	z	P>|z|	e^b	e^bStdX
electric	vs bus	-0.0679	-16.901	0.000	0.934	0.430
electric	vs car	-0.0297	-8.375	0.000	0.971	0.691
electric	vs moto	-0.0013	-0.227	0.820	0.999	0.984
bus	vs electric	0.0679	16.901	0.000	1.070	2.328
bus	vs car	0.0382	9.079	0.000	1.039	1.608
bus	vs moto	0.0666	10.369	0.000	1.069	2.291
car	vs electric	0.0297	8.375	0.000	1.030	1.447
car	vs bus	-0.0382	-9.079	0.000	0.963	0.622
car	vs moto	0.0284	4.592	0.000	1.029	1.425
moto	vs electric	0.0013	0.227	0.820	1.001	1.016
moto	vs bus	-0.0666	-10.369	0.000	0.936	0.436
moto	vs car	-0.0284	-4.592	0.000	0.972	0.702

```
b       =   raw coefficient
z       =   z-score for test of b=0
P>z     =   p-value for z-test
e^b     =   exp(b) = factor change in odds for unit increase in X
e^bStdX =   exp(b*SD of X) = change in odds for SD increase in X
```

从结果可以看出，除了摩托车相对于电动自行车方式外，其余方式之间，通勤时间都有显著影响。电动自行车相对于公交车和小汽车方式而言，通勤时间系数为负，且显著，表明随着通勤时间的增加，被调查者更加不偏好使用电动自行车方式，这说明在城区通勤中，随着通勤时间的增长，电动自行车方式的优势在逐渐减弱。特别是小汽车相对于电动自行车和摩托车方式，随着通勤时间的增长，人们更加偏好小汽车方式。唯一例外的是公交车相对于小汽车方式，当通勤时间增长，人们偏向于使用公交车方式。同理，我们可以用 listcoef 命令对其他各个自变量进行分析。

和二项选择模型一样，我们可以用 SPost13 包中的 fitstat 命令给出所有的拟合指标，来判断多项 logit 模型的拟合精度。

```
. fitstat
```

	mlogit
Log-likelihood	
Model	-3970.464
Intercept-only	-6077.874
Chi-square	
Deviance(df=5663)	7940.927
LR(df=36)	4214.820
p-value	0.000
R2	
McFadden	0.347
McFadden(adjusted)	0.340
Cox-Snell/ML	0.522
Cragg-Uhler/Nagelkerke	0.593
Count	0.749
Count(adjusted)	0.517
IC	
AIC	8018.927
AIC divided by N	1.406
BIC(df=39)	8278.221

上述结果中拟合指标的详细解释见 6.4.3 节。

8.3.2 假设检验

在多项 logit 模型的估计结果中,STATA 对每一个自变量的系数直接给出了 z 统计量。我们还可以用 test 命令进行 Wald 检验,用 lrtest 命令进行似然比(LR)检验。从式(8.16)~式(8.18)中可以看出,如果选择模型共有 J 个选项,对于某一个自变量,或影响因素 x,会有 $J-1$ 个系数。在本例中,共有四种交通方式:电动自行车、公交车、小汽车和摩托车,性别变量 female 在模型中的系数就有三个:$\beta_{4,12}$、$\beta_{4,32}$、$\beta_{4,42}$。系数 β 的第一个下标表明 female 是第 4 个自变量,第二个下标表示某种交通方式(1 为电动自行车、3 为小汽车、4 为摩托车)相对于基准交通方式(2 为公交方式)。要判断 female 是否会对人们的通勤方式选择有显著性影响,需要进行假设检验。零假设为自变量 female 的三个系数同时为零:

$$H_0: \beta_{4,12} = \beta_{4,32} = \beta_{4,42} = 0 \tag{8.19}$$

这个假设我们可以使用 Wald 或似然比检验。

1. 自变量系数的似然比检验

似然比检验前文有过详细介绍,这里简单总结一下,共有三个步骤:一是将所有自变量放入模型中进行拟合,估计全模型(full model),得到检验统计量 χ_F^2;二是在自变量列表中去掉要检验的自变量,估计约束模型(restricted model),得到对应的检验统计量 χ_R^2;最后一步是用全模型的似然比检验统计量减去约束模型的统计量,即

$$\chi_{LR}^2 = \chi_F^2 - \chi_R^2 \tag{8.20}$$

如果零假设为真,那么似然比检验统计量 χ_{LR}^2 服从自由度为 $J-1$ 的卡方分布。在 STATA 中,我们可以使用 lrtest 命令进行检验。

在本例中,我们用似然比检验来判断性别是否对交通方式的选择有显著性影响,首先拟合全模型,并将估计结果存储在 full_model 中:

```
. quietly mlogit choice_mode commute_min ib2.agecat3 female i.salarycat3
i.educat3 i.child cars, baseoutcome(2)
. estimate store full_model
```

然后在自变量中去掉 female,重新拟合模型,并将结果存储在 drop_female 中:

```
. quietly mlogit choice_mode commute_min ib2.agecat3 i.salarycat3 i.educat3
i.child cars, baseoutcome(2)
. estimate store drop_female
```

最后,用 lrtest 命令检验全模型和约束模型的拟合结果:

```
. lrtest full_model drop_female
Likelihood-ratio test                          LR chi2(3)  =   214.19
(Assumption: drop_female nested in full_model) Prob> chi2  =   0.0000
```

从结果可以看出,自由度为 3 的卡方检验统计量为 214.19,$p < 0.001$,说明无法接受零假设,性别对交通方式的选择有显著性影响。

在 SPost13 的程序包中，有一个命令 mlogtest 能够更加方便地检验自变量对选项是否有显著性影响。在使用 lrtest 命令时，每检验一个自变量，必须拟合一次约束模型，再执行似然比检验，而使用 mlogtest 命令，能一次性检验所有的自变量。mlogtest 命令专门用于检验 mlogit 模型的拟合结果，其命令语法为：

mlogtest [varlist] [, options]

其中 options 选项特别丰富，为 lr 时，表明执行似然比检验；为 wald 时，执行 wald 检验。

在上例中，我们在内存中回复全模型的拟合结果，并用 mlogtest 命令执行似然比检验：

```
. estimate restore full_model
(results full_model are active now)
. mlogtest, lr
LR tests for independent variables (N=5702)
Ho: All coefficients associated with given variable(s) are 0

                  |   chi2      df    P>chi2
      commute_min | 309.475      3    0.000
        1.agecat3 |  68.683      3    0.000
        3.agecat3 |   8.067      3    0.045
           female | 214.194      3    0.000
     2.salarycat3 |  42.620      3    0.000
     3.salarycat3 |  93.754      3    0.000
       2.educat3  |  43.550      3    0.000
       3.educat3  |   3.322      3    0.345
          1.child |  20.502      3    0.000
          2.child |  55.188      3    0.000
          3.child |  26.179      3    0.000
             cars |2756.014      3    0.000
```

从结果中可以看出，性别 female 对交通方式的选择有显著性影响，$\chi^2 = 214.19$，$p < 0.001$。老年人（3.agecat3）在 0.05 水平下对交通方式的选择有显著性影响，但是 0.01 水平下不显著，$\chi^2 = 8.07$，$p = 0.045$。也可以说，在 0.001 水平下，无法接受小汽车数量（cars）的系数同时为零的假设，$\chi^2 = 2756.01$，$p < 0.001$。

2. 自变量的 Wald 检验

如果模型比较复杂，或者样本量特别大，或者要计算稳健标准误（robust standard errors），使用 Wald 检验会更加适合。

如在上例中，我们首先拟合全模型，然后用 test 命令检验家庭有 6 岁以下小孩（1.child）对交通方式选择影响的显著性：

```
. quietly mlogit choice_mode commute_min ib2.agecat3 female i.salarycat3
i.educat3 i.child cars, baseoutcome(2)
. test 1.child
 (1)  [electric]1.child = 0
 (2)  [bus]1o.child = 0
 (3)  [car]1.child = 0
 (4)  [moto]1.child = 0
       Constraint 2 dropped
       chi2(  3) =    19.03
       Prob> chi2 =     0.0003
```

在输出结果中，[electric] 1. child 是指相对于公交车方式，使用电动自行车方式的家中有6岁以下小孩的系数。因为公交车方式为基准选项，所以1o. child 中的 o 表明是 ommited，不被估计。最终结果是，家中有6岁以下小孩对交通方式的选择有显著性影响，$\chi^2 = 19.03$，$p < 0.001$。

当然，也可以使用带 wald 选项参数的 mlogtest 命令一次性检验所有的自变量：

```
. mlogtest, wald
Wald tests for independent variables (N=5702)
Ho: All coefficients associated with given variable(s) are 0
```

	chi2	df	P>chi2
commute_min	294.107	3	0.000
1.agecat3	70.650	3	0.000
3.agecat3	6.277	3	0.099
female	193.908	3	0.000
2.salarycat3	42.265	3	0.000
3.salarycat3	84.673	3	0.000
2.educat3	38.722	3	0.000
3.educat3	2.651	3	0.449
1.child	19.027	3	0.000
2.child	57.053	3	0.000
3.child	25.366	3	0.000
cars	1201.946	3	0.000

结果的解释同上。

3. 选项雷同检验

如果式（8.16）中所有自变量的系数都为零，或者说自变量所代表的因素对选项1和选项2胜率比的对数没有影响，那么我们可以称选项1和2雷同或无法区分（indistinguishable）。显然检验两个选项雷同的零假设为方程中所有自变量的系数为0，可以通过 Wald 或似然比检验来检验选项之间的雷同性。需要注意的是，并不是检验发现选项有雷同，就一定要把雷同的选项合并，一定要确保在有意义的前提下，对选项进行新的定义。

以"Shaoxing2013 Commute 4. dta"数据集为例,首先估计模型,让模型的拟合结果存储在内存中:
. quietly mlogit choice_mode commute_min ib2.agecat3 female i.salarycat3 i.educat3 i.child cars, baseoutcome(2)

可以用带 combine 选项参数的 mlogtest 命令检验两两选项之间的雷同性:
. mlogtest, combine
Wald tests for combining alternatives (N=5702)

Ho: All coefficients except intercepts associated with a given pair of alternatives are 0 (i.e., alternatives can be combined)

	chi2	df	P>chi2
electric & bus	398.635	12	0.000
electric & car	1374.531	12	0.000
electric & moto	130.487	12	0.000
bus & car	638.983	12	0.000
bus & moto	283.034	12	0.000
car & moto	590.999	12	0.000

从结果中可以看出,我们可以拒绝零假设,所有的交通方式选项之间,都没有显著的雷同性。我们还可以使用带 lrcombine 选项参数的 mlogtest 命令来检验,会得到相同的结果。

4. 选项无关独立性(IIA)

选项无关独立性检验比较两种模型:一种是包含所有选项的全模型,另一种是至少除去一种选项的约束模型。如果检验统计量显著,那么可以拒绝选项无关性的假设,认为多项 logit 模型可能并不适合用于拟合当前数据集。下面介绍常用的 IIA 检验:Hausman–McFadden(HM)检验。

对于一个有 J 个选项的选择模型,如果我们去除第一个选项后,得到第一个约束模型,并和全模型比较得到第一个检验统计量;去除第二个选项,得到第二个检验统计量;以此类推,可以计算 J 个检验统计量。

无论是 HM 还是 SH 检验,都可以使用 mlogtest 命令。需要注意的是,HM 和 SH 检验有时候可能会得到矛盾的结果,这时需要研究者仔细观察数据,并能够理解选项无关独立性检验的局限性。HM 检验的步骤:

1)首先拟合有 J 个选项的全模型,估计得到系数向量为 $\hat{\beta}_F$。
2)然后拟合去掉一个或多个选项的约束模型,估计得到的系数向量为 $\hat{\beta}_R$。
3)在系数向量 $\hat{\beta}_F$ 中去掉没有对应约束模型的系数,得到系数向量 $\hat{\beta}_F^*$,则检验统计量为

$$\text{HM} = (\hat{\beta}_R - \hat{\beta}_F^*)' \{\widehat{\text{var}}(\hat{\beta}_R) - \widehat{\text{var}}(\hat{\beta}_F^*)\}^{-1} (\hat{\beta}_R - \hat{\beta}_F^*) \qquad (8.21)$$

如果选项无关独立性为真,那么 HM 为无限逼近自由度是 $\hat{\beta}_R$ 行数的卡方分布。HM 检验结果显著,意味着违反选项无关独立性假设。

以"Shaoxing2013 Commute 4. dta"数据集为例,首先估计模型:
```
. quietly mlogit choice_mode commute_min ib2.agecat3 female i.salarycat3
i.educat3 i.child cars, baseoutcome(2)
. mlogtest, hausman
Ho: Odds(Outcome-J vs Outcome-K) are independent of other alternatives

            |    chi2      df    P>chi2
   electric | -175.596     26       .
        bus |   31.933     26     0.195
        car |   -5.615     26       .
       moto |   -0.533     26       .

Note: A significant test is evidence against Ho.
 Note: If chi2<0, the estimated model does not meet asymptotic assumptions.
```

从结果可以看出,执行了四次 HM 检验。负的检验统计量表明选项无关特性并没有被违反,但是检验可能存在问题。

8.3.3 模型估计结果的解释

多项 logit 模型和二项选择模型一样,也是一种输出结果为概率的非线性模型,所以很难通过一种方法就能够完美描述因变量和自变量之间的关系。所以和二项选择模型一样,也需要通过预测、边际效应和绘图等方式,来寻找解释多项 logit 模型最合适的途径。

1. 用 predict 命令预测选择概率

在执行完 mlogit 命令后,可以运行 predict 命令来基于多项 logit 命令预测不同选项可能发生的概率值。例如,以"Shaoxing2013 Commute 4. dta"数据集为例,首先用 mlogit 命令估计多项 logit 模型:
```
. quietly mlogit choice_mode commute_min ib2.agecat3 female i.salarycat3
i.educat3 i.child cars, baseoutcome(2)
```

输出变量 choice_mode 由四个类别构成,每个类别的代码如下:
```
. label list mode
mode:
    1    electric
    2    bus
    3    car
    4    moto
```

而 predict 的命令语法为:

predict newvalist [if] [in] [, options]

如何来生成指定类别的预测概率呢?有两种方法:

一是在 predict 命令后,按照输出变量编码从小到大排列,放置每个类别的预测概率变量。如设定选择电动自行车的预测概率为 mpr_ele,选择公交车方式的概率变量为 mpr_bus，选择小汽车方式的概率变量为 mpr_car，选择摩托车方式的概率变量为 mpr_moto。其中 m 表示多项 logit 模型，pr 表示预测概率。执行 predict 命令：

```
. predict mpr_elempr_bus mpr_car mpr_moto
(option pr assumed; predicted probabilities)
```

二是使用带有 outcome (#) 选项参数的 predict 命令，可以直接指定预测某一个类别选项的选择概率，其中#为被选择类别的编码。如要预测小汽车方式的选择概率，可执行命令：

```
. predict mpr_3, outcome(3)
(option pr assumed; predicted probability)
```

可以通过 edit 命令观察到，变量 mpr_car 和 mpr_3 完全一致。

2. 边际效应的解释

边际效应是衡量和解释自变量在模型中影响大小很有效的方法。在前文中，我们介绍了二项选择模型边际效应的类型和计算方法。其中边际变化（marginal change）反映的是其他自变量固定不变的前提下，某个自变量 x_k 相对于因变量曲线上的斜率，显然对于曲线而言，x_k 有不同的取值，斜率就不相同，如果曲线变化很快，x_k 在不同值处的边际变化的值就会有较大的变化，难以充分解释自变量 x_k 在模型中的影响。所以通常在选择模型中，我们更多使用离散变化（discrete change）来解释自变量在模型中的影响。

在多项选择模型中，选择第 j 个选项，其他自变量固定不变，自变量 x_k 如果从 x_k^1 变化到 x_k^2 的离散变化为

$$\frac{\Delta \Pr(y=j|\boldsymbol{x})}{\Delta x_k(x_k^1 \to x_k^2)} = \Pr(y=j|\boldsymbol{x}, x_k=x_k^1) - \Pr(y=j|\boldsymbol{x}, x_k=x_k^2) \tag{8.22}$$

其中，$\Pr(y=j|\boldsymbol{x})$ 为固定其他自变量选择第 j 个选项的概率。离散变化可以解释为：固定其他自变量，当自变量 x_k 从 x_k^1 变化到 x_k^2 时，选择第 j 个选项的概率发生的变化就为 $\Delta \Pr(y=j|\boldsymbol{x})/\Delta x_k$。

在上文中，我们介绍了可以使用 predict、margins 和 mchange 三种命令来计算选择模型的边际效应。在前文中我们详细介绍了 mchange 命令的用法，如果使用选项参数 amount（sd），表明对于连续自变量，基于样本观测值，发生一个标准差变化时，计算离散变化值；对于离散变化，则是不同类别之间发生相对变化时，计算离散变化。

以"Shaoxing2013 Commute 4. dta"数据集为例，首先用 mlogit 命令估计多项 logit 模型：

```
. quietly mlogit choice_mode commute_min ib2.agecat3 i.female i.salarycat3
1.educat3 i.child cars, baseoutcome(2)
```

其中，female 为分类变量，为 1 时是女性，为 0 时是男性。commute_min 和 cars 为连续变量，用 sum 命令计算标准差，并用 e（sample）确保样本数据为拟合多项 logit 模型所用：

```
. sum commute_min cars if e(sample)
```

Variable	Obs	Mean	Std. Dev.	Min	Max
commute_min	5,702	21.44861	12.44667	4	65
cars	5,702	.6715188	.6879006	0	4

从结果可以看出，通勤时间 commute_min 的标准差为 12.45min，家庭小汽车拥有量的标准差为 0.67 辆。

我们用带 amount（sd）选项参数的 mchange 命令计算 commute_min 和 cars 发生标准差变化时的离散变化，以及分类变量 female 从 0 变为 1 时的离散变化。选项参数 brief 表明去掉平均边际效应的输出结果。

```
. mchange commute_min cars female, amount(sd) brief
mlogit: Changes in Pr(y) Number of obs = 5702
Expression: Pr(choice_mode), predict(outcome())
```

	electric	bus	car	moto
commute_min				
+SD	-0.069	0.056	0.019	-0.006
p-value	0.000	0.000	0.000	0.036
cars				
+SD	-0.215	-0.023	0.268	-0.031
p-value	0.000	0.000	0.000	0.000
female				
1 vs 0	0.130	0.026	-0.103	-0.053
p-value	0.000	0.000	0.000	0.000

从结果可以看出，当 commute_min 和 cars 发生标准差的变化，female 从 0 变为 1，命令 mchange 给出了四种交通方式对应的选择概率离散变化。

我们可以用更加形象的图示方法表达自变量发生变化时，不同选项概率的离散变化。mchangeplot 命令为 SPost13 包中，用于绘制具有分类或有序因变量模型的边际效应分布图。其命令语法为：

mchangeplot [varlist] [, options]

其中，varlist 为 mchange 命令中包含的自变量列表，此项如果默认，则会将 mchange 命令中所有自变量放入变量列表中。mchangeplot 命令将因变量各个类别标签的首字母，作为图形中选项的标识。如在上例中，因变量 choice_mode 有四个选项，编码 1、2、3、4，标签分别为 electric、bus、car、moto。那么在 mchangeplot

绘制的图形中，用 e 表示 electric，即电动自行车方式；用 b 代表公交车方式；用 c 代表小汽车方式；用 m 代表摩托车方式。如果标签中有重复首字母的情况，可使用symbols（）选项参数重新标注因变量的选项。选项参数significance（level），可以定义离散变化的显著性水平。

我们绘制 commute_min、cars 和 female 这三个自变量发生变化时的离散变化图，定义显著水平为 0.05：

. mchangeplot, sig(0.05)

从图 8.1 可以看出，平均来说，当通勤时间增加了一个标准差，即 21.45min 时，选择公交车方式的概率增加了 0.056，选择小汽车方式的概率增加了 0.019。摩托车和电动自行车的选择概率都有所减少，分别为 -0.069 和 -0.006。通勤时间发生标准差变化时，对各种交通方式的离散变化在 0.05 水平下显著。

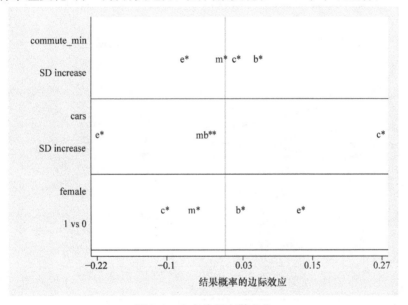

图 8.1　自变量的离散变化

平均来说，在 0.05 水平下，女性相对于男性，选择电动自行车的概率会显著增加 0.13，选择公交车的概率会显著增加 0.026；选择摩托车和小汽车的概率会显著减少 0.053 和 0.103。

关于边际效应的分布，依旧可以使用上文编写的 ado 命令 margdis 计算。

如果自变量中有连续变量，如本例中的通勤时间 commute_min，那么可以利用 margins 命令计算出连续变量在多个间隔内对应的边际效应，并通过 marginsplot 命令绘制出不同因变量类别下预测值的变化曲线图。

在本例中，以 5min 为间隔，计算 commute_min 从 5min 变化到 60min 对应的离散变化值，并用 noatlegend 减少输出的内容：

```
. margins, at(commute_min=(5(5)60)) noatlegend
Predictive margins                              Number of obs=    5,702
Model VCE    : OIM
1._predict : Pr(choice_mode==electric), predict(pr outcome(1))
2._predict : Pr(choice_mode==bus), predict(pr outcome(2))
3._predict : Pr(choice_mode==car), predict(pr outcome(3))
4._predict : Pr(choice_mode==moto), predict(pr outcome(4))
```
（略）

从输出结果可以看出，电动自行车方式被标记为 outcome（1）、公交车方式标记为 outcome（2）、小汽车方式标记为 outcome（3）、摩托车方式标记为 outcome（4）。然后可以直接用 marginsplot 命令绘制预测概率曲线。

```
. marginsplot, noci
```

从图 8.2 可以看出，随着出行时间的增加，电动自行车方式预测概率逐渐下降，大约在 33min，电动自行车方式和小汽车方式预测概率非常接近。在通勤过程中，选择公交车方式的预测概率大约在 25min 以后有急剧增长的趋势。

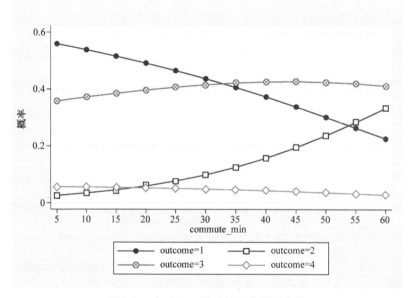

图 8.2　多项 logit 模型的概率预测曲线

3. 胜率比的解释

多项 logit 模型是一种非线性模型，估计出的系数大小无法直接用于解释模型。但是我们可以通过 logit 模型的特性，用胜率比（Odds Ratios, OR），来定量解释不同因变量类别之间，某个自变量发生离散变化时类别被选择的胜率变化。

比如自变量 x_k 发生了一个增量 δ，在固定其他自变量 x 的前提下，因变量中 i 选项相对于 j 选项的胜率变化为

$$\frac{\Omega_{i|j}(x, x_k+\delta)}{\Omega_{i|j}(x, x_k)} = e^{\beta_{k,i|j}\delta} \quad (8.23)$$

当 δ 为 1 时，胜率比可以解释为：当自变量 x_k 增加一个单位时，固定其他自变量保持不变，选项 i 相对于选项 j 的胜率变化的期望值为 $\exp(\beta_{k,i|j})$。

当 δ 为 x_k 的标准差 s_k 时，胜率比可以解释为：当自变量 x_k 增加一个标准差时，固定其他自变量保持不变，选项 i 相对于选项 j 的胜率变化的期望值为 $\exp(\beta_{k,i|j} \times s_k)$。

直接用 mlogit 命令，只能给出因变量各个选项相对于基准项的系数或胜率。我们可以用上文介绍过的 listcoef 命令，来实现因变量两两选项之间的比较，并可以直接计算出胜率的变化 $\exp(\beta_{k,i|j})$。以性别自变量为例：

```
. quietly mlogit choice_mode commute_min ib2.agecat3 i.female i.salarycat3
  i.educat3 i.child cars, baseoutcome(2)
. listcoef female, help
mlogit (N=5702): Factor change in the odds of choice_mode
Variable: 1.female (sd=0.496)
```

		b	z	P>|z|	e^b	e^bStdX
electric	vs bus	-0.0148	-0.126	0.900	0.985	0.993
electric	vs car	0.9436	10.784	0.000	2.569	1.597
electric	vs moto	1.5222	8.932	0.000	4.582	2.128
bus	vs electric	0.0148	0.126	0.900	1.015	1.007
bus	vs car	0.9585	7.548	0.000	2.608	1.609
bus	vs moto	1.5371	7.682	0.000	4.651	2.144
car	vs electric	-0.9436	-10.784	0.000	0.389	0.626
car	vs bus	-0.9585	-7.548	0.000	0.383	0.622
car	vs moto	0.5786	3.126	0.002	1.784	1.332
moto	vs electric	-1.5222	-8.932	0.000	0.218	0.470
moto	vs bus	-1.5371	-7.682	0.000	0.215	0.467
moto	vs car	-0.5786	-3.126	0.002	0.561	0.751

```
b       =   raw coefficient
z       =   z-score for test of b=0
P>z     =   p-value for z-test
e^b     =   exp(b) = factor change in odds for unit increase in X
e^bStdX =   exp(b*SD of X) = change in odds for SD increase in X
```

输出结果中的 e^b 就是自变量发生单位变化时的胜率变化。如对第 5 行数据的解释：在固定其他自变量不变的前提下，对女性而言，公交车相对于小汽车方式的胜率是男性的 2.61 倍。

8.4 选择样本数据集

从 STATA16 版开始，选择模型（Choice Model，CM）已经成为一个单独的统计模块，拥有独立的手册。详见［CM］Choice Model。其中，选择模型定义为将样本数据集中的选择结果作为因变量（输出变量）的模型。具有选择结果——选项（alternative）变量的样本数据集可以称为选择数据集。通常，选择数据集中的分类选项有两种类型：离散变量和有序变量。比如出行方式：步行、电动自行车、公交、小汽车等，选项之间没有大小递增或递减关系，就是离散选项。再比如，交通事故发生的严重程度：轻微事故、严重事故、特大事故，选项之间有大小，就是有序选项。在STATA中，选择数据集中无论是离散还是有序的分类因变量，在用不同的选择模型进行拟合前，都要将数据集按照一定的格式进行整理和设置。

8.4.1 选择数据集的整理

在STATA的数据集中，通常每一列代表一个样本变量，每一行代表一组样本观测值（observation）。选择数据集的抽样对象往往为个人，所以通过问卷调查后，得到的数据集每一行代表每一个个体的相关信息。

以绍兴市2013年大规模居民出行调查的数据集"Shaoxing2013 Commute.dta"为例。其样本变量及含义见表8.2。

表8.2 数据集样本变量说明

变量名	说明	备注
id	被调查个体的编号	无重复
mode	被调查者通常采用的通勤交通方式，为分类离散变量	1表示电动自行车方式；2表示公交方式；3表示小汽车方式；4表示摩托车方式
被调查者个体特征		
female	性别	1为女性，0为男性
age	年龄	
salary	个人月收入，单位元，可以近似看成连续变量	1为1000元以下；2为1000~2000元；3为2000~3000元；4为3000~5000元；5为5000~8000元；6为8000元以上
edu	受教育程度	1为小学毕业；2为初中毕业；3为高中毕业；4为本科及大专；5为研究生及以上
child	家庭有小孩的情况	0为没有小孩；1为有6周岁以下小孩；2为有6~18周岁的小孩；3为有18周岁以上孩子
通勤交通方式属性		
bus_min	如果通勤用公交方式的时间	单位min
car_min	如果通勤用小汽车方式的时间	单位min
electric_min	如果通勤用电动自行车的时间	单位min
moto_min	如果通勤用摩托车的时间	单位min
bus_fare	如果通勤用公交方式的费用	平均月花费，单位元
car_fare	如果通勤用小汽车方式的费用	平均月花费，单位元
electric_min	如果通勤用电动自行车的费用	平均月花费，单位元
moto_fare	如果通勤用摩托车的费用	平均月花费，单位元

选取样本变量 id、mode、female、age、bus_min、car_min、electric_min、moto_min 为例,列出样本中的前 10 个观测值为:

```
. list id mode female age bus_min car_min electric_min moto_min in 1/3
```

	id	mode	female	age	bus_min	car_min	electr~n	moto_min
1.	1	car	0	40	15	10	10	8
2.	2	car	0	42	150	100	80	60
3.	3	electric	0	25	50	20	20	10

对于一个观测值,即对一个被调查者个体而言,最后四个样本变量 bus_min、car_min、electric_min、moto_min 都是同一个个体可能的四种不同通勤交通方式的出行时间。换句话,就本例而言,每个个体会考虑四种不同的交通方式,并从中选择其中一种作为自己上班或上学出行的主要方式。为了能够更加清晰地表达个体在不同选项中的选择,我们通常将和选项相关的属性变量堆叠起来,并生成 0–1 型变量 choice 来表达实际的选择结果。

首先,样本变量 mode 为个体确定选择的上班或上学的通勤交通方式,为了使其含义更加明确,将其重新命令为 choice_mode。

```
. rename mode choice_mode
```

显示样本变量 choice_mode 中编码和交通方式之间的关系。因为 choice_mode 变量使用的标签名还是 mode,所以我们用标签显示命令:

```
. label list mode
mode:
    1   electric
    2   bus
    3   car
    4   moto
```

从中可以看出各种交通方式对应的编码。为了将目前样本中每一行观测值代表的一个被调查者个体信息的数据集,转换为每一行观测值代表个体对应某种交通方式的属性、各种交通方式的属性构成一个个体信息的数据结构,可以使用 STATA 的 reshape 命令。使用 reshape 命令之前,首先需要了解 STATA 中关于长(long)数据集和宽(wide)数据集的概念。

有一个变量 x_{ij},有 i 和 j 两个下标,表示该变量是两种属性次序下的取值。假设 x 表示收入,i 表示第 i 个被调查者个体,j 表示该个体工作后的第 j 年,那么 x_{ij} 就表示第 i 个个体在第 j 年的收入。这样的数据在 STATA 中有两种表达方式,一种是长数据集,一种是宽数据集。例如,个体 i 取值 1 和 2,年份 j 取值 2018、2019 和 2020,那么长数据集形式见表 8.3。

表 8.3 长数据集举例

i 个个体	第 j 年	收入 x_{ij}
1	2018	5000
1	2019	5500
1	2020	6000
2	2018	8000
2	2019	8500
2	2020	9000

宽数据集形式为编号只用个体 i，而把年份分解为样本变量，见表 8.4。

表 8.4 宽数据集举例

i 个个体	2018 年的收入	2019 年的收入	2020 年的收入
1	5000	5500	6000
2	8000	8500	9000

这两种数据集在内容上没有区别，只是形式上不同。长数据集更适合于选择模型的表达和拟合。如果要将宽数据集转换为长数据集形式，可以用 reshape 命令。该命令可以用于长数据集和宽数据集之间的相互转换，详见 [D] reshape。其命令语法为：

reshape long stubnames, i (varlist) [options]

其中，stubnames 为将 j 个变量转化为单个变量名；varlist 为关于 i 的变量列表；options 中，有选项 j (varname [values])，如果是宽数据集转换为长数据集，括号中的 varname 为新生成的表示 j 编号的变量。

在数据集 "Shaoxing2013 Commute. dta" 中，不同交通方式所要花费的时间（min）变量 bus_min、car_min、electric_min、moto_min，相当于上例中的 x_{ij}，其中 i 为被调查者个体的编号，j 为不同的交通方式，则 x_{ij} 为第 i 个个体第 j 种交通方式的出行时间。目前 "Shaoxing2013 Commute. dta" 为宽数据集形式，为了将其转换为长数据集，需要执行以下步骤：

1) 确定要转变的样本变量。无论是从宽数据集转换为长数据集，还是从长数据集转换为宽数据集，涉及的样本变量都会有两个属性指标，i 和 j。在本例中，同时拥有被调查者个体编号和交通方式两个属性指标的变量有 bus_min、car_min、electric_min、moto_min，以及 bus_fare、car_fare、electric_fare、moto_fare。这里以出行时间变量为例。

2) 确定第一个属性指标对应的编号变量。两个属性指标 i 和 j，都要对应到具体的数据集变量上。一般而言，第一个属性指标 i 往往指被调查个体的序号。需要注意的是，在宽数据集中，i 对应的序号是没有重复的唯一编号；而在长数据集中，i 对应的序号可能有重复，因为每一个 i 对应若干个 j 编号。在本例中，i 属性指标对应的样本变量为被调查者的编号id。

3）确定第二个属性指标对应的编号变量。在宽数据集中，属性指标j对应的分类情况其实蕴含在样本变量名中。如样本变量 bus_min、car_min、electric_min、moto_min，变量名中的 bus、car、electric 和 moto 就指代了出行时间的第二个属性指标j。所以，从宽数据集转换为长数据集，需要将样本变量名中的属性指标或分类提取出来，生成新的样本变量。

为了同样能够使用关于交通方式的标签变量 mode，首先将样本变量 bus_min、car_min、electric_min、moto_min 中的字符交通方式转换为和标签变量 mode 对应的编号类别交通方式，即 bus 为 2、car 为 3、electric 为 1、moto 为 4。可以使用 rename group 命令，来成组重新命名变量。详见［D］rename group。该命令的语法为：

rename（old1 old2 …）（new1 new2 …）［, options1］

其中，old 为原有变量名。new 为新的变量名。options1 中，选项 addnumber 表明按照序列增加数字。在新变量中，增加数字的地方可以用通配符#表示。另外，在 rename 命令中，可以用通配符 * 表示变量名中的多个字符，? 表示变量名中的一个字符，#表示数字，（#）表示一位数，（##）表示两位数。

在本例中，我们希望将变量 bus_min、car_min、electric_min、moto_min 成组重新命名为 traveltime2、traveltime3、traveltime1、traveltime4。只需要使用如下 rename 命令：

. rename (electric_min bus_min car_min moto_min) traveltime#, addnumber

我们可以使用 list 命名来检验 rename 之后的变量和之前变量的关系：

. list id choice_mode female age traveltime2 traveltime3 traveltime1 traveltime4 in 1/3

	id	choice~e	female	age	travel~2	travel~3	travel~1	travel~4
1.	1	car	0	40	15	10	10	8
2.	2	car	0	42	150	100	80	60
3.	3	electric	0	25	50	20	20	10

可以看出，数据集没有发生变化。但是不同方式出行时间的变量名发生变化。同理，可以将不同个体不同交通方式的月费用变量 bus_fare、car_fare、electric_fare 和 moto_fare 转换为 travelfare2、travelfare3、travelfare1、travel4。执行命令：

. rename (electric_fare bus_fare car_fare moto_fare) travelfare#, addnumber

将出行时间变量名后面的 1、2、3、4 放置到新的变量 mode 中，来代表出行时间的j属性指标。

4）用 reshape 命令实现宽数据集往长数据集的转换。用 reshape 命令生成变量 mode，同时将宽数据集转换为长数据集。

```
. reshape long traveltime travelfare, i(id) j(mode)
(note: j = 1 2 3 4)
Data                                wide    ->   long

Number of obs.                      5816    ->   23264
Number of variables                  190    ->    185
j variable (4 values)                       ->   mode
xij variables:
traveltime1 traveltime2 ... traveltime4     ->   traveltime
travelfare1 travelfare2 ... travelfare4     ->   travelfare
```

从输出结果可以看出，属性指标 j 为 1、2、3、4，即代表了四种交通方式。该 reshape 实现的是从宽数据集转换为长数据集。转换前的宽数据集中共有观测值 5816 个、变量 190 个，转换后观测值变为 23264 个、变量 185 个。将属性指标 j 的编码放置在变量 mode 中。x_{ij} 变量最终转换为 traveltime 和 travelfare。

选取个体编号 id 为 1、2、3 的样本，用 list 命令分别在宽数据集中显示结果：

	id	choice~e	female	age	travel~2	travel~3	travel~1	travel~4
1.	1	car	0	40	15	10	10	8
2.	2	car	0	42	150	100	80	60
3.	3	electric	0	25	50	20	20	10

个体编号 id 为 1、2、3 的样本，在长数据集中的形式，执行 list 命令：

```
. list id choice_mode female age mode traveltime travelfare if id <= 3,
  sepby(id)
```

	id	choice~e	female	age	mode	trave~me	trave~re
1.	1	car	0	40	1	10	20
2.	1	car	0	40	2	15	60
3.	1	car	0	40	3	10	500
4.	1	car	0	40	4	8	200
5.	2	car	0	42	1	80	80
6.	2	car	0	42	2	150	40
7.	2	car	0	42	3	100	360
8.	2	car	0	42	4	60	150
9.	3	electric	0	25	1	20	20
10.	3	electric	0	25	2	50	70
11.	3	electric	0	25	3	20	200
12.	3	electric	0	25	4	10	50

在 list 命令中，用 sepby（varlist）表明当变量列表 varlist 发生变化时，在显示

的表格中加横线区分。从表格中可以看出，将原来宽数据集中的 traveltime1、traveltime2、traveltime3、traveltime4 这四个变量 3 行共 12 个数据转换为长数据集中的两个变量 traveltime 和 mode，共有 12 行。变量 mode 的 1、2、3、4 表示四种交通方式，可以用标签标注。在之前的宽数据集中，有标签名 mode，对应了编码 1、2、3、4 和 electric、bus、car、moto 之间的关系，所以将标签名 mode 赋予变量 mode，执行命令：

`. label values mode mode`

另外，变量 choice_mode 表明当前个体选择的通勤交通方式。如第一和第二个体，选择小汽车方式（car）作为通勤交通方式；第三个体选择电动自行车方式（electric）作为通勤交通方式。可以将样本变量 choice_mode 和变量 mode 配合起来，表示个体具体选择的通勤交通方式。如当样本变量 mode 为 1，电动自行车方式时，对个体 1 而言，选择的方式为不是电动自行车，可以令 choice_mode 为 0；当 mode 为 car，小汽车方式时，个体 1 的 choice_mode 为 1。可以生成新的 0 – 1 型变量 choice，来代表对应不同 mode 情况下，个体的选择。执行命令：

`. gen choice = (choice_mode == mode)`

将整理后的数据集另存为"Shaoxing2013 Commute long. dta"。用 choice 变量取代 list 命令中的 choice_mode 变量，再次观察前三个被调查者的相关数据：

`. list id choice female age mode traveltime travelfare if id <= 3, sepby(id)`

	id	choice	female	age	mode	trave~me	trave~re
1.	1	0	0	40	electric	10	20
2.	1	0	0	40	bus	15	60
3.	1	1	0	40	car	10	500
4.	1	0	0	40	moto	8	200
5.	2	0	0	42	electric	80	80
6.	2	0	0	42	bus	150	40
7.	2	1	0	42	car	100	360
8.	2	0	0	42	moto	60	150
9.	3	1	0	25	electric	20	20
10.	3	0	0	25	bus	50	70
11.	3	0	0	25	car	20	200
12.	3	0	0	25	moto	10	50

从中可以看出，第一个样本变量 id 表示被调查者的编号，在长数据集中有重复不唯一，因为每一个被调查者个体还对应了四种通勤交通方式的选择。数据集中的每一行观测值代表了某（i）个个体对某（j）种交通方式的相关属性。每一个个体对应的四行观测值，称为一个"case"。在该数据集中，一个 case 即为一个被调

查者个体。每一行观测值，称为一个"observation"。

choice 为体现个体实际选择的交通方式的 0 – 1 型变量，为 1 时，对应的选项变量 mode 取值就是个体选择的通勤交通方式。因为 choice 变量体现了具体选择的结果，所以在选择建模中，该变量通常作为因变量或结果变量。

female 和 age 是和个体相关的特征，所以在同一个个体不同的交通方式中，这类变量不发生变化。而 traveltime、travelfare 和交通方式 mode 相关，所以不同个体不同方式下，traveltime、travelfare 都有所变化。

拥有这类个体编号、选择结果、选项变量、个体相关变量（case_specific variable）、选项相关变量（alternative – specific variable）的数据集称为选择数据集。在 STATA 中，选择数据集是拟合选择模型的输入格式。

在 STATA 中使用 cm 系列模型拟合长的选择数据集时，如果在观测值中存在缺失数据，默认观测值所在的 case，都不参与模型拟合的运算。如果在 cm 系列模型中增加选项参数 altwise（alternativewise），那么在有缺失观测值的 case 内，只有缺失观测值不参与模型拟合运算，同 case 内其他不缺失的观测值，则参与到拟合的运算中。

8.4.2 选择数据集的定义

在 STATA16 版本以后，用于拟合选择数据集的模型使用 cm 为前缀。如果要使用以 cm 为前缀的各种命令，必须先用 cmset 命令定义选择数据集。在截面数据中，所谓定义选择数据集，就是确定选择数据集中两个关键样本变量：case 的编号变量和选项变量。对于个体选择行为，case 编号变量就是个体的编号，选项变量就是个体在选择时所面临的分类选项变量。

cmset 命令用于管理用选择模型拟合选择数据集时的相关设置，可以将内存中的数据集定义为选择模型可用的数据集，简称选择数据集。对于截面数据（cross – sectional data），可以用 cmset 命令确定数据集中 case 分类及选项分类的样本变量。对于面板数据（panel data），cmset 命令可以用来确定面板变量、时间间隔和选项变量。不带任何参数的 cmset 命令可以显示当前内存中数据集的选择设定情况。详见 [CM] cmset。对于截面数据，cmset 的命令语法为：

cmset caseidvar altvar [, force]

cmset caseidvar, noalternatives

其中，caseidvar 为体现 case 编号的变量；altvar 为表示选项的变量。选项 no-alternatives，表明数据集中没有选项变量。命令"cmset, clear"为去除对当前数据集所做的选择相关设置。

在上一节的例子中，被调查个体的编号变量 id 即为 case 的 id；体现出行方式的 mode 变量，即为选项变量。所以定义数据集"Shaoxing2013 Commute long.dta"的命令为：

```
. cmset id mode
caseid          variable:   id
alternatives    variable:   mode
```

从结果可以看出，通过 cmset 命令，将 caseid 设定为数据集中的 id 变量；将选项 alternatives 设定为数据集中的 mode 变量。

8.4.3 选择数据集的描述性统计

通过 cmset 命令定义的选择数据集，具有一些自身的特性。可以通过一系列 cm 命令，来迅速了解这些特性。

1. 列表显示选择集的 cmchoiceset 命令

cmchoiceset 命令用于提取选择数据集的所有选择集，并用列表的形式显示。其命令语法为：

cmchoiceset [varname] [if] [in] [, options]

其中，varname 一般为和个体相关的变量（case-specific variable），可以显示在不同选择集中，变量 varname 的频数，以 case 为单位。如果要以观测值，即以行为单位显示频数，可以在 options 中用选项 <u>observations</u>。详见 [CM] cmchoiceset。

以数据集"Shaoxing2013 Commute long.dta"为例，以 case 为单位显示不同选择集的频数。执行命令：

```
. cmchoiceset
Tabulation of choice-set possibilities
```

Choice set	Freq.	Percent	Cum.
1 2 3 4	5,816	100.00	100.00
Total	5,816	100.00	

Total is number of cases.

在该选择数据集中，case 即为被调查个体，共有 5816 个被调查者。另外，选择数据集"Shaoxing2013 Commute long.dta"中，目前只有一个选择集"1 2 3 4"。如果选择数据集中只有一个选择集，那么将其称为平衡的数据集。如果在一个选择数据集中存在多个选择集，称为非平衡的数据集。在 cm 系列的估计命令中，选择数据集可以平衡、可以非平衡。但是在非 cm 系列的选择模型估计命令中，往往会要求拟合的数据集只能有一个选择集，是平衡的。

另外，如果在 cm 系列模型的拟合过程中，发现个别观测值有缺失，但是用 altwise 选择保留了同 case 下其他未缺失的观测值，这时对于该 case 而言，选择集就发生了变化，缺少了缺失观测值对应的选项，这样的数据集依然是非平衡。因为观测值缺失而造成的数据集非平衡，可以用"cmchoiceset if e(sample)"来观察实际参与模型拟合的样本数据集中的选择集。

在建立本例中的数据集时，已经定义了交通方式的标签名为 mode，可以用

label list命令显示如下：
```
. label list mode
mode:
           1 electric
           2 bus
           3 car
           4 moto
```

从结果中可以看出选择集"1 2 3 4"在数据集中具体的含义，即所对应的交通方式。可以在命令 cmchoiceset 中增加个体相关的变量，以观察个体在不同选择集中的频率变化。例如，观察性别变量 female 在选择集中的频率变化。

```
. cmchoiceset female
```
Tabulation of choice-set possibilities by female

Choice set	female 0	1	Total
1 2 3 4	3,274	2,542	5,816
Total	3,274	2,542	5,816

Total is number of cases.

如果选择数据集中有多个选择集，就可以看出在不同选择集中，个体相关变量的分布情况。

cmchoiceset 命令显示不同选择集的个体或样本观测值分布，如果想要显示选择集中每个选项的个体或观测值分布，就需要用到 cmtab 命令。

2. 列表显示选项分布的 cmtab 命令

在选择数据集中，总是有一个表示选择结果或输出的 0－1 型变量，在数据集"Shaoxing2013 Commute long.dta"中，为 choice 变量。该变量确定了在一个个体（case）中，最终被选中的选项。通过 cmtab 命令，能够统计被选中的选项频率分布，或者是被选中选项相关属性变量的频率分布。cmtab 命令语法如下：

cmtab varname [if] [in] [weight], choice(choicevar) [options]

其中，choice(choicevar) 为必选参数，用来定义表示选择结果的 0－1 型变量。varname 为被选中选项相关属性变量。在 options 中，可以使用参数 altwise，表明如果观测值有缺失，保留同 case 中其他未缺失的观测值；如果不使用该参数，cmtab 命令发现有缺失的观测值，会忽略缺失观测值所在的整个 case。当命令中存在 varname 时，在 options 中，还可以使用参数 colum 或 row，用来显示变量 varname 在列或行上的百分占比。详见 [CM] cmtab。

以数据集"Shaoxing2013 Commute long.dta"为例，输出的 0－1 型变量为 choice，显示选中选项的频率分布，执行命令：

```
. cmtab, choice(choice)
Tabulation of chosen alternatives (choice = 1)
```

mode	Freq.	Percent	Cum.
electric	2,766	47.56	47.56
bus	473	8.13	55.69
car	2,280	39.20	94.89
moto	297	5.11	100.00
Total	5,816	100.00	

从结果可以看出，使用电动自行车和小汽车作为通勤交通方式的个体最多，都在 2000 人以上。

还可以观察不同被选中通勤交通方式中性别的分布，执行命令：

```
. cmtab female, choice(choice)
Tabulation for chosen alternatives (choice = 1)
female is constant within case
```

	female		
mode	0	1	Total
electric	1,381	1,385	2,766
bus	224	249	473
car	1,419	861	2,280
moto	250	47	297
Total	3,274	2,542	5,816

可以在 choice（choice）后增加参数 colum 或 row，能够分别统计在不同选项内不同性别的百分占比或同一选项内不同性别的百分占比。

3. 描述性统计选择数据集中变量的 cmsummzrize 命令

cmsummzrize 命令能够对选择数据集中被选中选项的相关变量进行描述性统计。其命令语法为：

cmsummarizevarlist [if] [in] [weight], choice (choicevar) [options]

其中，choice（choicevar）为必选参数，和 cmtab 命令一样。varlist 为待统计的被选中选项的相关样本变量列表。在 options 中，同样有参数 altwise；还有非常重要的参数 statistics（statname [⋯]），该参数和 tabstat 命令的参数含义一致，可以统计 varlist 的样本量（n）、均值（mean）、最大值（max）、最小值（min）、标准差（sd）等统计量。详见 [CM] cmsummarize。

以数据集 "Shaoxing2013 Commute long.dta" 为例，选择结果的 0-1 型变量为 choice。首先观察被调查个体年龄，在不同通勤交通方式中的均值和中位数。执行命令：

```
. cmsummarize age, choice(choice) stats(mean p50) format(%5.2f)
Statistics by chosen alternatives (choice = 1)
    age is constant within case
Summary for variables: age
    by categories of: _chosen_alternative (choice = 1)
```

_chosen_alternative	mean	p50
electric	37.10	39.00
bus	33.79	35.00
car	36.39	38.00
moto	38.24	40.00
Total	36.61	38.00

从中可以看出，不同通勤交通方式中的年龄均值和中位数有明显差异，骑摩托车个体年龄的均值和中位数最大，选择公交方式个体年龄均值和中位数最小。

还可以统计被选中通勤交通方式的出行时间均值、中位数和标准差。执行命令：

```
. cmsummarizetraveltime, choice(choice) stats(mean p50 sd) format(%5.2f)
Statistics by chosen alternatives (choice = 1)
Summary for variables: traveltime
    by categories of: _chosen_alternative (choice = 1)
```

_chosen_alternative	mean	p50	sd
electric	19.39	15.00	13.48
bus	35.48	30.00	22.10
car	20.60	20.00	12.88
moto	18.77	15.00	15.44
Total	21.14	20.00	14.89

从结果可以看出，电动自行车和摩托车平均通勤时间最短，公交方式通勤时间最长；但是小汽车方式的标准差最小，均值和中位数最为接近，说明相对其他交通方式而言，小汽车方式的可靠性较高，通勤时间分布较为聚集。公交方式通勤时间标准差最大，说明其分布较为离散，在一定程度上反映了公交方式可靠性不如小汽车方式高。

8.5 条件 logit 模型

在上文用 mlogit 命令估计的多项 logit 模型中，主要考虑了自变量为个体相关的情况,即自变量为决策者个体特征,不会随因变量中类别或选项不同而有所差异。还有一类自变量,可能随着选项或个体的不同而有所差异,称为选项相关变量。比如因变量为交通方式,不同交通方式的通勤时间会随着交通方式和个体的差异而不同。这时就无法使用 mlogit 模型来估计选项相关变量对类别因变量的影响,而需要用到条件 logit 模型(conditional logit model, CLM)。

在条件 logit 模型中,选择第 j 个选项的概率公式为

$$\Pr(y_n = j | z_n) = \frac{\exp(z_{nj}\gamma)}{\sum_{i=1}^{J} \exp(z_{ni}\gamma)} \quad (8.24)$$

其中,z_{nj} 为第 n 个个体对应第 j 个选项自变量的向量值。如果因变量为出行的交通方式,z_{nj} 为第 n 个出行者使用第 j 种交通方式时所需花费的时间。γ 为待估计参数,表示出行时间对选择某一种交通方式相对于基准方式概率的影响。需要注意的是,如果因变量的类别有 J 个,那么对每一个个体而言,选项相关自变量就有 J 个取值。

对于个体相关的自变量,如选择个体的性别、年龄、职业等,仅会随个体变化,而不会随选项变化。如果设 x_n 为第 n 个个体的属性特征向量,β_j 为其对选择第 j 个选项相对于基准选项概率的影响。那么条件 logit 模型可以为

$$\Pr(y_n = j | x_n, z_n) = \frac{\exp(z_{nj}\gamma + x_n\beta_j)}{\sum_{i=1}^{J} \exp(z_{ni}\gamma + x_n\beta_i)}, \beta_1 = 0 \quad (8.25)$$

在 STATA16 版本之前,可以使用 asclogit 命令来估计条件 logit 模型。但是在 STATA16 版本中,推荐使用 cmclogit 命令来估计。无论是 cmclogit 命令还是 asclogit 命令,其实都是 clogit 命令的特例,估计过程中都会调用 clogit 命令。需要注意的是,cmclogit 命令特别为选择数据集设计,具有一些 clogit 命令所不具备的特性。如 cmclogit 命令能够很好地处理选择模型中数据缺失的问题,能够验证选项相关和个体相关自变量取值,并且 STATA 16 还为 cmclogit 特别设计了更新版本的 margins 命令来解释选择模型的估计结果。另外,mlogit 命令只能处理具有个体相关自变量的选择数据,所以实质上是既能处理个体相关自变量、又能处理选项相关自变量 cmclogit 命令的特例。

8.5.1 cmclogit 命令

cmclogit 命令用于拟合 McFadden 选择模型,是拟合条件 logit 模型命令 clogit 的一种特例。cmclogit 命令必须使用格式化的选择数据集,能够同时估计个体相关和选项相关自变量的系数。其命令语法为:

cmclogitdepvar [indepvars] [if] [in] [weight] [, options]

其中，depvar 为因变量，为 1 时表明个体选择的选项，为 0 时表明个体没有选择的选项。在每一个 case 中（即一个个体的选择数据），只能有一个选项被选择。

在 options 中，用 casevars（varlist）来定义个体相关的自变量，如性别、年龄、职业等，不随选项而随个体发生变化的量，如果因变量共有 J 个选项，那么每一个个体相关自变量将会有 $J-1$ 个系数；用 basealternative（#）定义效用的基准选项。

cmclogit 命令使用的选择数据集必须是通过 cmset 命令格式化过的长数据集。在选择数据集中，如果因变量有 J 个选项，每一个个体或决策者对应着 J 个样本观测值（数据集中的一行），每一行样本观测值对应一个选项。将对应某一个个体的 J 行样本观测值称为一个"case"。在 cmclogit 命令中，各个个体所对应的选项或者所对应的样本观测值个数可以相等，也可以不相等。相等称为选择集平衡，不相等称为选择集不平衡。在生活中，不平衡的选择集更加常见，如不是每个个体所能接触到的通勤交通方式都相同。

假设通过 cmset 命令格式化的选择数据集中因变量的选项或分类有 J 种；和选项相关的自变量有 p 个，那么对于第 n 个个体，选项相关的自变量取值就是为 $J \times p$ 的矩阵 X_n。设个体相关的自变量有 q 个，因为个体相关自变量和选项无关，所以对第 n 个个体而言，个体相关自变量取值为 $1 \times q$ 的向量 z_n。那么效用函数可以写成：

$$U_n = X_n\beta + (z_nA)' + \varepsilon_n \qquad (8.26)$$

其中，U_n 为第 n 个个体的效用向量，个体 n 有多少个选项，就有多少个对应的效应，如果第 j 个选项对第 n 个个体而言不可用，也就是不在个体 n 的可选范围内，那么在效用向量中会忽略第 j 个选项，最后在选择数据集中个体实际选中的选项，也就是 cmclogit 命令中设定的因变量为 1 的选项效用最大。β 为 $p \times 1$ 选项相关自变量的系数向量，$A = (\alpha_1, \cdots, \alpha_J)$ 为个体相关自变量 $q \times J$ 的系数矩阵。ε_n 为服从 1 类广义极值分布的 $J \times 1$ 随机向量，均值为欧拉－马绍罗尼常数（Euler－Mascheroni constant），约为 0.577，方差为 $\pi^2/6$。

对于个体相关自变量的系数，由于效用差才有意义，所以需要将 A 中一个向量设定为 0 向量。通常，如果设定因变量的第 k 个选项为基准项，那么设定 $\alpha_k = 0$。在 cmclogit 命令中，可以用选项参数 basealternative（）来设定基准项。

1. cmclogit 命令的使用

以数据集"Shaoxing2013 Commute long.dta"为例，使用 cmclogit 命令估计条件 logit 模型。我们再次用 list 命令显示数据集中用于拟合模型的主要变量，执行命令：

```
. list id mode choice female age salary traveltimetravelfare if id <= 3,
sepby(id)
```

	id	mode	choice	female	age	salary	trave~me	trave~re
1.	1	electric	0	0	40	6	10	20
2.	1	bus	0	0	40	6	15	60
3.	1	car	1	0	40	6	10	500
4.	1	moto	0	0	40	6	8	200
5.	2	electric	0	0	42	6	80	80
6.	2	bus	0	0	42	6	150	40
7.	2	car	1	0	42	6	100	360
8.	2	moto	0	0	42	6	60	150
9.	3	electric	1	0	25	5	20	20
10.	3	bus	0	0	25	5	50	70
11.	3	car	0	0	25	5	20	200
12.	3	moto	0	0	25	5	10	50

在输出的结果中，id 为个体编号，每相邻四行 id 编号都相同，表明是同一个个体，也称为一个"case"。mode 为一个 case 中，个体所能使用的交通方式，可以看作个体的选择集。choice 为个体在选择集中具体做出的选择，比如对于第一个个体，就选择了 car 作为通勤方式，则对应的 choice 为 1，其他为 0，该变量也是 cmclogit 命令的因变量，可以看成个体选择的结果。female、age 和 salary 为个体相关自变量，仅随个体发生变化，不随选项发生变化，也就是在一个 case 内保持不变。

需要注意的是 salary 变量中，编码含义为：1 为 1000 元以下 1；2 为 1000～2000 元；3 为 2000～3000 元；4 为 3000～5000 元；5 为 5000～8000 元；6 为 8000 元以上。为了便于模型估计结果的解释，将原 salary 的 6 个编码转化为 3 个，2000 元及以下编码为 1，标签为"Low"，即低收入；2000～5000 元，编码为 2，标签为"Medium"，即中等收入；5000 元以上，编码为 3，标签为"High"，即高收入。用 recode 命令：

```
. recode salary (1/2 = 1 "Low") (3/4 = 2 "Medium") (else = 3 "High"),
gen(salarycat3)
(20540 differences between salary and salarycat3)
```

在选择数据集中，traveltime 和 travelfare 为选项相关属性，在每个 case 内对应不同的选项取值都不相同。下面以 choice 为因变量，traveltime 和 travelfare 为选项相关自变量，female、age 和 salarycat3 为个体相关自变量，拟合 McFadden 的条件 logit 模型。需要注意的是，female 和 salarycat3 为分类变量，age、traveltime 和 travelfare 为连续变量。

```
. cmclogit choice traveltime travelfare, casevars(i.female i.salarycat3 age)
note: variable traveltime has 46 cases that are not alternative-specific;
there is no within-case variability
note: variable travelfare has 23 cases that are not alternative-specific;
there is no within-case variability
Iteration  0:  log likelihood =  -5824.045
Iteration  1:  log likelihood =  -5753.9626
Iteration  2:  log likelihood =  -5712.5961
Iteration  3:  log likelihood =  -5712.275
Iteration  4:  log likelihood =  -5712.2749
Conditional logit choice model              Number of obs     =   23,264
Case ID variable: id                        Number of cases   =    5816
Alternatives variable: mode                 Alts per case: min=       4
                                                           avg=     4.0
                                                           max=       4
                                            Wald chi2(14)     =  894.60
Log likelihood = -5712.2749                 Prob> chi2  =     0.0000
```

choice	Coef.	Std. Err.	z	P>|z|	[95% Conf. Interval]	
mode						
traveltime	-.0178329	.0021205	-8.41	0.000	-.0219889	-.0136769
travelfare	.0011177	.0000938	11.91	0.000	.0009338	.0013016
electric	(base alternative)					
bus						
1.female	.0220738	.1028725	0.21	0.830	-.1795526	.2237002
salarycat3						
Medium	.011321	.124086	0.09	0.927	-.2318831	.2545252
High	.0649532	.1764599	0.37	0.713	-.2809019	.4108082
age	-.0209638	.0044181	-4.74	0.000	-.0296232	-.0123044
_cons	-1.012275	.1649311	-6.14	0.000	-1.335534	-.6890156
car						
1.female	-.2774812	.0636445	-4.36	0.000	-.4022222	-.1527403
salarycat3						
Medium	.5523984	.0883096	6.26	0.000	.3793147	.7254822
High	1.847887	.1026433	18.00	0.000	1.64671	2.049064
age	-.0229992	.0030148	-7.63	0.000	-.0289081	-.0170902
_cons	-.5424559	.120589	-4.50	0.000	-.778806	-.3061058
moto						
1.female	-1.641069	.166543	-9.85	0.000	-1.967488	-1.314651
salarycat3						
Medium	-.1126771	.1621834	-0.69	0.487	-.4305507	.2051965
High	.1701652	.1972105	0.86	0.388	-.2163602	.5566907
age	-.000873	.0054065	-0.16	0.872	-.0114696	.0097237
_cons	-1.866729	.222113	-8.40	0.000	-2.302062	-1.431395

输出结果首先给出两个警告，选项相关变量 traveltime 和 travelfare 分别在 46 个和 23 个 case 中，没有表现出不同选项上的差异化。对于这种异常数据，我们可以删除。

选项相关变量 traveltime 为出行者的通勤时间，单位为 min，在模型估计结果中系数为负。因为基准项为电动自行车方式，所以 traveltime 显著为负的系数可以解释为：当出行时间增加时，选择公交、小汽车或摩托车方式的概率会降低。对于公交方式，年龄 aged 的系数显著为负，说明相对于效用基础项，即电动自行车方式而言，随着年龄的增加，人们更加愿意骑电动自行车，而不是坐公交车。对于小汽车方式，性别 female 系数显著为负，说明相对于电自动行车而言，男性更加愿意使用小汽车出行。

2. 模型估计结果的解释

实际上，对于 cmclogit 命令的输出结果，由于模型的非线性，除了根据系数的正负号，以及 z 检验的显著性以外，很难得到更多的信息。比如如果想基于选择数据集知道以下问题的答案：

1）通过条件选择模型，预测得到各种通勤交通方式的比例是多少？

2）当个体的收入从"medium"变为"high"时，那么选择小汽车作为通勤交通方式的概率会发生什么变化。当个体的年龄从 30 岁变为 40 岁时，小汽车方式的选择概率可能会发生什么变化？

3）如果随着城市交通拥堵的加剧，出行时间普遍增长了 10min，那么各种交通方式的选择概率会发生什么变化？

要回答上述问题，我们需要使用计算边际变化的命令 margins。需要注意的是，在 STATA16 版本及以后中，这里的 margins 命令专门为了选择模型设置了一些独有的选项参数，以提高该命令在计算选择模型效应的适应性和便利性。其命令语法为：

margins [marginlist] [, options]

其中，marginlist 为在选择模型估计结果中出现的因子变量或交叉变量列表。在 options 中，outcome（outcomes [, altsubpop]）用来定义某一个特定选项，计算这个选项的边际效应，括号里的 outcomes 可以为选项变量的值或标签。默认计算因变量所有选项的边际效应。altsubpop 用于非平衡选择集的数据集。

如果在 margins 命令的 at（）中使用了选项相关变量，那么需要用 alternative (alts) 指定一个选项，表明计算的效应是当选项相关变量发生变化时，指定选项的选择概率发生的变化。

如果 marginlist 中为个体相关属性，那么可以通过在 margins 命令中增加 contrast 选项参数，来检验每一个选项在不同个体属性水平间的差异。如个体相关变量为 female，因变量为交通方式，那么增加 contrast 选择参数后，检验的是每一种交通方式在不同性别上预测选择概率的差异。如果是选项相关属性，同理。

(1) 平均期望预测概率

首先，我们使用 margins 命令计算各个选项被选择的平均预测概率。

```
. margins
```

Predictive margins   Number of obs = 23,264
Model VCE : OIM
Expression : Pr(mode1 selected), predict()

	Margin	Delta-method Std. Err.	z	P>|z|	[95% Conf. Interval]	
_outcome						
electric	.4755846	.0061921	76.80	0.000	.4634482	.4877209
bus	.0813274	.0035498	22.91	0.000	.0743698	.0882849
car	.392022	.005916	66.26	0.000	.3804269	.4036171
moto	.051066	.0028505	17.91	0.000	.0454791	.0566529

从输出结果可以看出，根据模型预测结果，城市中人们使用电动自行车方式通勤的期望选择概率为 47.56%，公交车为 8.13%，小汽车为 39.20%，摩托车为 5.11%。

(2) 个体相关连续变量的边际效应

如果估计的选择模型中个体相关的连续自变量发生变化，那么出行方式的选择概率会发生什么变化？在上文建立的条件 logit 模型中，年龄为和个体相关的连续属性。一个人从青年、中年，最后到退休前，选择小汽车方式的概率会发什么变化呢？我们可以考虑年龄从 25 岁变化到 60 岁，以每 5 岁为一个间隔，用带 at () 选项参数的 margins 命令。需要注意的是，用 margins 命令的 outcome (alt) 选项参数指定我们感兴趣的通勤方式，这里为小汽车。在通过 cmset 命令定义的选择数据集"Shaoxing2013 Commute long. dta"中，选项变量为 mode，可以用 label list mode 命令查看，其编码为 1、2、3、4，标签为 electric、bus、car 和 moto，分别代表电动自行车、公交车、小汽车和摩托车方式。如果要计算选择小汽车方式预测概率的效应，可以直接用选项变量的编码 outcome (3)，或者使用编码对应的标签 outcome (car)。

```
. margins,at(age=(25(5)60)) outcome(car)
```

Predictive margins   Number of obs = 23,264
Model VCE : OIM
Expression : Pr(mode1 selected), predict()
Outcome : car
1._at : age   =   25
2._at : age   =   30
3._at : age   =   35
4._at : age   =   40
5._at : age   =   45
6._at : age   =   50

| 7._at | : age | = | 55 | | | | |
| 8._at | : age | = | 60 | | | | |

| | | Delta-method | | | | | |
	Margin	Std. Err.	z	P>|z|	[95% Conf. Interval]	
_at						
1	.440218	.0091108	48.32	0.000	.4223612	.4580748
2	.4196836	.0070778	59.30	0.000	.4058115	.4335558
3	.3991862	.0059717	66.85	0.000	.3874818	.4108905
4	.3788148	.006178	61.32	0.000	.3667062	.3909235
5	.358656	.0074584	48.09	0.000	.3440378	.3732742
6	.3387917	.009257	36.60	0.000	.3206483	.3569352
7	.3192989	.0112136	28.47	0.000	.2973207	.3412771
8	.3002484	.0131537	22.83	0.000	.2744676	.3260291

我们可以用 marginsplot 命令直接绘制出随着年龄变化选择小汽车方式平均概率的变化。

.marginsplot

从图 8.3 可以看出，随着年龄的增大，选择小汽车作为通勤方式的预测平均概率在不断降低。那么不同年龄间隔之间选择小汽车方式概率的差异是否显著呢？比如，相邻 5 岁的通勤者之间选择小汽车方式的概率，是否在统计上有显著性差异呢？我们可以使用带 contrast（suboptions）选项参数的 margins 命令。

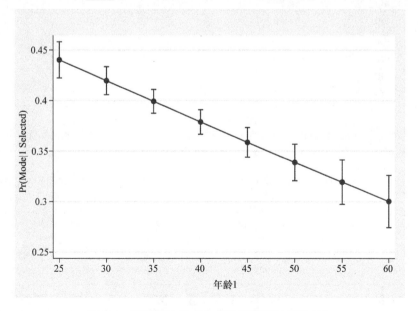

图 8.3　随年龄小汽车方式选择预测概率的变化

在 suboptions 中，可以用 atcontrast（op[._at]）来比较用选项参数 at（）定

义的类别，op. 为比较操作符（operators 的简写），当 op 为 r 时，表明将 at（）中定义的每个类别和基准类别比较。

当 op 为 a 时，表明比较 at（）定义的某个类别和下一个类别，如用 at（age =（25（5）60））将通勤者的年龄分为 25，30，35，…，60 的类别，如果使用选项参数 contrast（atcontrast（a）），那么比较的是 25 岁和 30 岁之间、30 岁和 35 岁之间……55 岁和 60 岁之间。

当 op 为 ar 时，比较的是当前类别和前一个类别，如上例中，就是比较 30 岁和 25 岁、35 岁和 30 岁……60 岁和 55 岁之间。

另外，在 suboptions 中，还可以用 effects 来表示需要在结果中显示置信区间和 p 值；用 nowald 表示不显示 Wald 检验的结果。

接着上例，我们增加 constrast 的选项参数，执行命令：

```
. margins, at(age=(25(5)60)) outcome(car) contrast(atcontrast(ar) effects nowald)
Contrasts of   predictive margins      Number of obs =   23,264
Model VCE    : OIM
Expression   : Pr(mode1 selected), predict()
Outcome: car
1._at   : age          = 25
2._at   : age          = 30
3._at   : age          = 35
4._at   : age          = 40
5._at   : age          = 45
6._at   : age          = 50
7._at   : age          = 55
8._at   : age          = 60

                       Delta-method
               Contrast   Std. Err.      z    P>|z|    [95% Conf. Interval]

         _at
  (2 vs 1)    -.0205344   .0030543   -6.72   0.000    -.0265207   -.014548
  (3 vs 2)    -.0204975   .0029706   -6.90   0.000    -.0263198   -.0146752
  (4 vs 3)    -.0203713   .002866    -7.11   0.000    -.0259886   -.014754
  (5 vs 4)    -.0201589   .0027407   -7.36   0.000    -.0255305   -.0147872
  (6 vs 5)    -.0198643   .0025956   -7.65   0.000    -.0249515   -.014777
  (7 vs 6)    -.0194928   .0024324   -8.01   0.000    -.0242602   -.0147254
  (8 vs 7)    -.0190506   .0022533   -8.45   0.000    -.023467    -.0146341
```

从输出结果可以看出，30 岁和 25 岁比较，选择小汽车方式的期望概率减少了 0.0253，35 岁和 30 岁比较，减少了 0.0205。在 0.001 水平下，5 岁之间间隔的通勤者对于小汽车方式的选择概率都有显著性差异。

相对于公交车方式的选择而言，年龄的差异是否会导致公交方式选择概率有显著性变化呢？我们可以直接将 outcome（car）中的 car 替换为 bus，执行 margins 命令：

```
. margins, at(age=(25(5)60)) outcome(bus) contrast(atcontrast(ar) effects nowald)
```

```
Contrasts of    predictive margins       Number of  obs =   23,264
Model VCE   :  OIM
Expression  :  Pr(mode1 selected), predict()
Outcome: bus
1._at   :  age              = 25
2._at   :  age              = 30
3._at   :  age              = 35
4._at   :  age              = 40
5._at   :  age              = 45
6._at   :  age              = 50
7._at   :  age              = 55
8._at   :  age              = 60
```

	Contrast	Delta-method Std. Err.	z	P>|z|	[95% Conf. Interval]	
_at						
(2 vs 1)	-.0045667	.0018073	-2.53	0.012	-.008109	-.0010244
(3 vs 2)	-.0045514	.0016507	-2.76	0.006	-.0077867	-.0013161
(4 vs 3)	-.00451	.0014937	-3.02	0.003	-.0074376	-.0015825
(5 vs 4)	-.0044442	.0013379	-3.32	0.001	-.0070665	-.0018219
(6 vs 5)	-.0043558	.001185	-3.68	0.000	-.0066784	-.0020333
(7 vs 6)	-.0042474	.0010364	-4.10	0.000	-.0062786	-.0022161
(8 vs 7)	-.0041212	.0008935	-4.61	0.000	-.0058725	-.0023699

可同时绘制概率预测曲线（图 8.4）：

```
. marginsplot
```

从结果可以看出，随着年龄的变化，选择公交方式的概率有着微微的减少。如果选择 0.001 为水平，那么 45 岁以前的变化并不显著，45 岁以后选择公交方式的期望概率会有显著性减少。

如果我们不用 outcome（）选项参数指定出行方式，那么 margins 命令会计算所有方式选项的效应。计算不同年龄下所有出行方式选择概率的预测变化趋势：

```
. quietly margins, at(age=(25(5)60))
. marginsplot
```

从图 8.5 可以看出，随着年龄的增长，电动自行车和小汽车方式选择概率从暂时有交错到有较大差别，前者增加，后者降低；而公交和摩托车方式趋向于一致。

从图 8.5 可以看到，25 岁时，小汽车和电动自行车方式选择的期望概率非常接近，那么两者之间是否有显著性区别呢？换句话说，25 岁的年轻人，在选择小

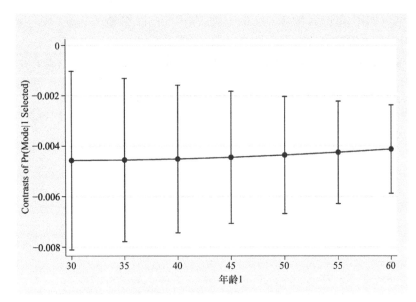

图 8.4　随年龄变化不同类别之间选择概率的变化

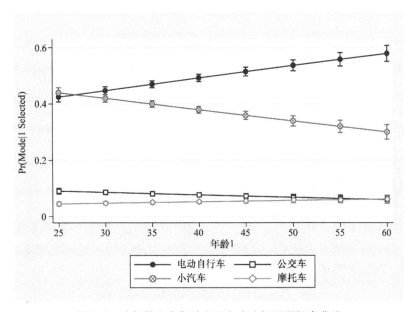

图 8.5　随年龄变化各种交通方式选择预测概率曲线

汽车和电动自行车作为通勤方式上，是否有显著性差别呢？

和上例中我们用 atcontrast（ ）比较 at（ ）中类别不同的是，现在要比较的是同一年龄段中不同因变量类别，也就是输出结果的类别，我们可以用 outcomecontrast（op）来实现输出结果类别间的比较，op 同样是操作符。

为了验证 25 岁通勤者在小汽车和电动自行车选择概率上差异的显著性，首先用 outcome（）限定 car 和 electric 两种通勤方式，再用 contrast（outcomecontrast(r)）来实现两种方式之间的比较。

```
. margins, at(age=30) outcome(car electric) contrast(outcomecontrast(r)
 effects nowald)
Contrasts of   predictive margins     Number of obs  =   23,264
Model VCE    : OIM
Expression   : Pr(mode1 selected), predict()
at           : age             = 30
```

	Contrast	Delta-method Std. Err.	z	P>|z|	[95% Conf. Interval]	
_outcome (car vs electric)	-.0275573	.0132934	-2.07	0.038	-.0536119	-.0015027

从结果中可以看出，如果选择 0.01 水平，那么 25 岁通勤者在小汽车和电动自行车方式选择概率间无法发现显著性差异。

（3）个体相关类别变量的边际效应

上文我们讨论的是反映个体特征的连续变量，以年龄 age 为例。决策者个体还可以有很多分类的特征，比如性别 female、收入水平 salarycat3 等。分类特征在进入 cmclogit 估计命令时，要使用因子变量的形式，即在变量名前加"i."。

首先考虑性别因素，用 label define 命令定义标签名 female_label，其中 0 为男性，1 为女性；然后用 label values 命令给性别变量 female 加载标签，执行命令：

```
. label define female_label 0 "male" 1 "female"
. label values female female_label
```

静默执行 cmclogit 估计命令：

```
. quietly cmclogit choice traveltime travelfare, casevars(i.female
 i.salarycat3 age)
```

因为 female 以因子变量形式进入估计模型，所以在 margins 命令中，可直接跟随在 margins 的后面。我们用 outcome（car）选项参数选定小汽车方式，执行命令：

```
. margins female, outcome(car)
Predictive margins                     Number of obs  =   23,264
Model VCE    : OIM
Expression   : Pr(mode1 selected), predict()
Outcome      : car
```

	Margin	Delta-method Std. Err.	z	P>|z|	[95% Conf. Interval]	
female						
male	.406537	.0080576	50.45	0.000	.3907445	.4223296
female	.3736075	.0091687	40.75	0.000	.3556372	.3915779

从结果可以看出，男性选择小汽车方式的平均期望概率为 0.4065，女性为 0.3736。那么男性选择小汽车方式的概率是否显著要高于女性呢？我们同样可以使用带 contrast（）选项参数的 margins 命令。由于 female 在模型中为因子变量，所以没有在 at（）中体现取值，也就不需要使用 atcontrast（ar）这样的选项参数。对于因子变量，我们可以直接使用比较操作符"ar."或"r."，详见［R］contrast。执行命令：

```
. margins r.female, outcome(car) contrast(nowald effects)
Contrasts of   predictive margins              Number of obs =    23,264
Model VCE    : OIM
Expression   : Pr(mode1 selected), predict()
Outcome : car
```

	Contrast	Delta-method Std. Err.	z	P>|z|	[95% Conf. Interval]	
female (female vs male)	-.0329295	.0124185	-2.65	0.008	-.0572694	-.0085896

从结果可以看出，女性选择小汽车方式的平均概率显著小于男性，$p<0.01$。

（4）选项相关连续变量的边际效应

选项相关变量会同时随着个体和选项的变化而变化。比如在选择数据集"Shaoxing2013 Commute long.dta"中，选项相关变量就有 traveltime 和 travelfare，单位分别为 min 和元。

如果城市交通发生拥堵，小汽车方式的通勤时间会增长，假设公交、电动自行车和摩托车的通勤时间保持不变，那么各种通勤方式的平均选择预测概率会发生怎样的变化？

我们可以使用包含 generate（）命令的 at（）选项参数来指定选项相关连续变量发生的变化，如通勤时间 traveltime 增长了 15min，可以写为 at（traveltime = generate（traveltime + 15））。另外，需要指定选择小汽车方式的通勤时间才发生变化，我们可以使用带 alternative（alts）选项参数的 margins 命令。另外，为了能够将小汽车通勤时间增加了 15min 和没有发生变化时的情况做比较，用选项参数 at（traveltime = generate（traveltime））来表示通勤时间不变的情况。执行命令：

```
. margins, at(traveltime=gen(traveltime))
at(traveltime=gen(traveltime+15)) alternative(car)
Predictive margins                          Number of obs =    23,264
Model VCE    : OIM
Expression   : Pr(mode1 selected), predict()
```

```
Alternative      : car
1._at            : traveltime         = traveltime
2._at            : traveltime         = traveltime+15
```

	Margin	Delta-method Std. Err.	z	P>|z|	[95% Conf. Interval]	
_outcome#_at						
electric#1	.4755846	.0061921	76.80	0.000	.4634482	.4877209
electric#2	.5162828	.0077489	66.63	0.000	.5010951	.5314704
bus#1	.0813274	.0035498	22.91	0.000	.0743698	.0882849
bus#2	.0884342	.0039202	22.56	0.000	.0807508	.0961176
car#1	.392022	.005916	66.26	0.000	.3804269	.4036171
car#2	.3391513	.0081821	41.45	0.000	.3231147	.355188
moto#1	.051066	.0028505	17.91	0.000	.0454791	.0566529
moto#2	.0561317	.003171	17.70	0.000	.0499166	.0623468

为了更加形象地显示结果，我们用带 xdimension（_outcome）选项参数的 marginsplot 来绘图，选项参数表明将横坐标设置为通勤方式。执行命令：

. marginsplot, xdimension(_outcome)

从图 8.6 可以看出，当小汽车通勤方式的出行时间增加了 15min，公交车和摩托车方式的预测选择概率基本保持不变，电动自行车方式的预测选择概率会提高，小汽车方式选择概率会降低。换句话说，当交通拥堵发生，导致小汽车方式延误提高时，人们更多会去选择电动自行车方式。

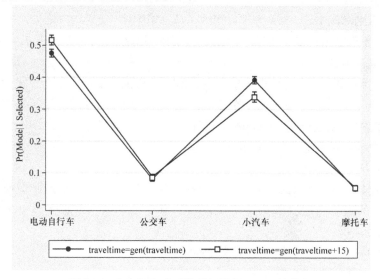

图 8.6　小汽车方式通勤时间增加 15min 的情况

那么上述方式选择的平均概率变化是否显著呢？我们同样可以使用 contrast（）选项参数。因为这里的 margins 命令使用了 at（），所以我们可以在 contrast（）中使用 atcontrast（r）。执行命令：

```
. margins, at(traveltime=gen(traveltime))
at(traveltime=gen(traveltime+15)) alternative(car) contrast(atcontrast(r))
nowald effects)
Contrasts of   predictive margins                Number of obs =   23,264
Model VCE    : OIM
Expression : Pr(mode1 selected), predict()
Alternative    : car
1._at  : traveltime       = traveltime
2._at  : traveltime       = traveltime+15
```

	Contrast	Delta-method Std. Err.	z	P>|z|	[95% Conf. Interval]	
_at@_outcome						
(2 vs 1) electric	.0406982	.0046204	8.81	0.000	.0316425	.0497539
(2 vs 1) bus	.0071068	.000882	8.06	0.000	.005378	.0088356
(2 vs 1) car	-.0528707	.0060166	-8.79	0.000	-.064663	-.0410783
(2 vs 1) moto	.0050657	.000665	7.62	0.000	.0037622	.0063691

从中可以看出，$p<0.001$ 水平下，所有方式的预测选择概率变化都是显著的。

如果城市采用了公交优先的策略，通过信号交叉口公交优先、大规模实施公交专用道，使得公交方式的通勤时间平均减少了 5min，那么在交通拥堵的前提下，即小汽车方式的通勤时间增加 15min 的前提下，各种通勤方式的预测选择概率会发生怎样的变化呢？

因为通勤时间 traveltime 为选项相关的影响因素，无法在 margins 的选项参数 at（）中实现选项相关变量关于 k 种因变量类别不同的变化，$1<k \leqslant J$，J 为因变量总的类别或选项数。

在上述问题中，要求小汽车方式的通勤时间增加 15min，公交方式的通勤时间同时减少 5min。我们可以定义一个新的出行时间变量 newtime，用其来反映不同通勤方式对应关于通勤时间 traveltime 的变化。

首先令 newtime 变量和 traveltime 一致：
```
. gen newtime = traveltime
```

在数据集"Shaoxing2013 Commute long. dta"中，变量 mode 通过取值 1、2、3、4 代表不同的通勤方式，其中 2 为公交、3 为小汽车方式。对于公交方式，减少 5min 的通勤时间：
```
. replace newtime = newtime - 5 if mode == 2
(5,816 real changes made)
```

对于小汽车方式，增加 15min 的通勤时间：
```
. replace newtime = newtime + 15 if mode == 3
(5,816 real changes made)
```

然后用选项参数 at（traveltime = gen（newtime））定义 newtime 变量，就可以反映

两种通勤方式的时间变化。为了便于比较，同时还要加入 at（traveltime = gen（traveltime）），用来表明通勤时间没有发生变化的情况。另外，由于是两种交通方式的通勤时间同时发生变化，所以还要增加选项参数 alternative（simultaneous）。执行命令：

```
. margins, at(traveltime=gen(traveltime)) at(traveltime=gen(newtime))
alternative(simultaneous)
Predictive margins                              Number of obs     =     23,264
Model VCE    : OIM
Expression   : Pr(mode1 selected), predict()
1._at        : traveltime       = traveltime
2._at        : traveltime       = newtime

------------------------------------------------------------------------------
             |            Delta-method
             |     Margin   Std. Err.      z    P>|z|     [95% Conf. Interval]
-------------+----------------------------------------------------------------
 _outcome#_at|
  electric#1 |   .4755846   .0061921    76.80   0.000     .4634482    .4877209
  electric#2 |   .5117839   .0074263    68.92   0.000     .4972286    .5263392
       bus#1 |   .0813274   .0035498    22.91   0.000     .0743698    .0882849
       bus#2 |   .0957378   .0044765    21.39   0.000      .086964    .1045116
       car#1 |    .392022    .005916    66.26   0.000     .3804269    .4036171
       car#2 |   .3367765   .0083721    40.23   0.000     .3203675    .3531855
      moto#1 |    .051066   .0028505    17.91   0.000     .0454791    .0566529
      moto#2 |   .0557019    .003139    17.74   0.000     .0495495    .0618542
------------------------------------------------------------------------------
```

直接绘制图形：

```
. marginsplot, xdimension(_outcome)
```

从图8.7可以看出，公交方式的预测选择概率有微微的提升，但是这个提升是否显著呢，我们可以用contrast（）选项参数进行检验，执行命令：

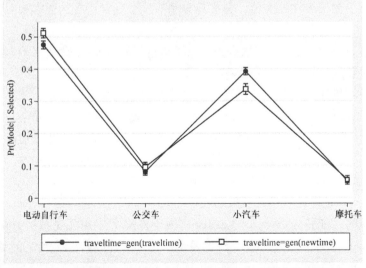

图8.7　公交和小汽车通勤时间发生变化时方式选择概率的变化

```
. margins, at(traveltime=gen(traveltime)) at(traveltime=gen(newtime))
   alternative(simultaneous) contrast(atcontrast(r) nowald effects)
Contrasts of   predictive margins      Number of   obs  =     23,264
Model VCE     : OIM
Expression   : Pr(mode1 selected), predict()
1._at     : traveltime      = traveltime
2._at     : traveltime      = newtime
```

	Contrast	Delta-method Std. Err.	z	P>|z|	[95% Conf. Interval]	
_at@_outcome						
(2 vs 1) electric	.0361993	.0040252	8.99	0.000	.0283101	.0440886
(2 vs 1) bus	.0144104	.0018655	7.72	0.000	.0107541	.0180667
(2 vs 1) car	-.0552455	.0062905	-8.78	0.000	-.0675747	-.0429164
(2 vs 1) moto	.0046358	.0006043	7.67	0.000	.0034514	.0058203

从结果可以看出，公交方式的预测平均选择概率显著提升了 0.0144，$p < 0.001$。

8.5.2　clogit 命令

clogit 估计命令和 cmclogit 一样，都是用来估计条件 logit 模型。我们完全可以用上文 cmclogit 命令的例子，用 clogit 命令再来实现，比较两种命令的异同。

在使用数据集"Shaoxing2013 Commute long.dta"实现 clogit 命令的估计之前，首先要去除包含有缺失值的"case"，这是因为 clogit 命令不能像 cmclogit 命令一样处理样本数据中个体选择集有缺失的情况。在一个"case"中，即观测一个个体面对各种选项的样本观测值中，如果有一个变量存在缺失值，那么在 cmclogit 命令估计时，会将这个个体的所有观测数据，即整个"case"全部删除。而在 clogit 命令中，如果一个变量存在缺失值，那么只会删除这个变量所在的样本观测值，也就是一行记录。

在通过 cmset 定义的选择数据集中，可以通过 cmsample 命令来检验因变量、个体相关变量和选项相关变量是否存在问题。模型估计命令所用到的样本数据集称为估计数据集，估计数据集往往可能会和原始的样本数据集有差异，差异产生的原因是在估计时会删除可能存在缺失或不符合估计模型前提条件的样本观测值。cmsample 命令就能标识在执行选择模型估计命令时，样本数据集变成估计数据集过程中，被删除的样本观测值，并给出被删除的原因。cmsample 命令语法为：

cmsample [varlist] [if] [in] [weight] [, options]

其中，varlist 为选项相关变量列表；options 可以为 choice（choicevar），用于检验选择模型的因变量；casevars（carlist）用于检验个体相关变量；generate（newvar [, replace]）用于生成一个新的变量，包含删除样本观测值的原因。详见 [CM] cmsample。

在选择数据集"Shaoxing2013 Commute long.dta"中，执行 cmsample 命令：
. cmsample traveltime travelfare, choice(choice) casevars(female age salarycat3) gen(flag)

Reason for exclusion	Freq.	Percent	Cum.
observations included	23,264	100.00	100.00
Total	23,264	100.00	

没有发现有问题的数据，此时 flag 中所有值都为 0。如果有 flag 不为 0 的情况，可直接用命令 drop if flag！=0 来删除。

在 clogit 命令中，个体相关变量必须和选项关联起来，因为对于个体相关变量模型估计的是个体特征相对某个选项的系数。在本例中，选项变量为 mode，其标签 mode 代表的含义为：
. label list mode
mode:
    1   electric
    2   bus
    3   car
    4   moto

以个体相关变量 female 为例。在选择模型中，实际上需要估计针对不同通勤方式下，性别变量 female 的系数，体现性别对不同通勤方式选择概率的影响。在估计命令中体现性别变量 female 对电动自行车方式选择概率的影响，可以通过 1.mode＊i.female；体现性别变量 female 对公交方式选择概率的影响，通过 2.mode＊i.female；体现性别变量 female 对小汽车选择概率的影响，通过 3.mode＊i.female；体现性别变量 female 对摩托车选择概率的影响，通过 4.mode＊i.female。由于效用差才有意义，所以实际上不需要在估计命令中写全四个，出现三个即可。另外，上述四个因子变量的相乘，可以用因子乘法符号来表示，即 i.mode#i.female。另外，考虑到各种通勤方式的常数项，在估计命令中还要增加一项 i.mode，估计命令中就变为 i.mode i.mode#i.female。实际上，因为 i.female 在选择模型中直接作为自变量时，组内方差不会发生变化，不起作用，所以估计命令可以变为 i.mode i.female mode#female，这种形式等价于 mode##female。所以，执行 clogit 估计命令：
. clogit choice traveltime travelfare mode##female mode##c.age mode##salarycat3, group(id)
note: 1.female omitted because of no within-group variance.
note: age omitted because of no within-group variance.
note: 2.salarycat3 omitted because of no within-group variance.

```
note: 3.salarycat3 omitted because of no within-group variance.
Iteration 0:   log likelihood = -5824.0452
Iteration 1:   log likelihood = -5753.9627
Iteration 2:   log likelihood = -5712.5961
Iteration 3:   log likelihood =  -5712.275
Iteration 4:   log likelihood = -5712.2749
Conditional (fixed-effects) logistic regression
                                           Number of obs   =   23,264
                                           LR chi2(17)     =  4700.83
                                           Prob> chi2      =   0.0000
Log likelihood =   -5712.2749               Pseudo R2      =   0.2915
```

choice	Coef.	Std. Err.	z	P>|z|	[95% Conf. Interval]	
traveltime	-.0178329	.0021205	-8.41	0.000	-.0219889	-.0136769
travelfare	.0011177	.0000938	11.91	0.000	.0009338	.0013016
mode						
bus	-1.012275	.1649311	-6.14	0.000	-1.335534	-.6890156
car	-.5424559	.120589	-4.50	0.000	-.778806	-.3061058
moto	-1.866729	.222113	-8.40	0.000	-2.302062	-1.431395
female						
female	0	(omitted)				
mode#female						
bus#female	.0220738	.1028725	0.21	0.830	-.1795526	.2237002
car#female	-.2774812	.0636445	-4.36	0.000	-.4022222	-.1527403
moto#female	-1.641069	.166543	-9.85	0.000	-1.967488	-1.314651
age	0	(omitted)				
mode#c.age						
bus	-.0209638	.0044181	-4.74	0.000	-.0296232	-.0123044
car	-.0229992	.0030148	-7.63	0.000	-.0289081	-.0170902
moto	-.000873	.0054065	-0.16	0.872	-.0114696	.0097237
salarycat3						
Medium	0	(omitted)				
High	0	(omitted)				
mode#salarycat3						
bus#Medium	.011321	.124086	0.09	0.927	-.2318831	.2545252
bus#High	.0649532	.1764599	0.37	0.713	-.2809019	.4108082
car#Medium	.5523984	.0883096	6.26	0.000	.3793147	.7254822
car#High	1.847887	.1026433	18.00	0.000	1.64671	2.049064
moto#Medium	-.1126771	.1621834	-0.69	0.487	-.4305507	.2051965
moto#High	.1701652	.1972105	0.86	0.388	-.2163602	.5566907

从结果可以看出，和 cmclogit 命令的估计结果一致。

第 9 章 巢式 logit 模型

由于简单的形式、简便的计算、广泛可用的估计软件包，多项 logit 模型获得了非常广泛的应用。然而，所有这些优点的代价是多项 logit 模型的前提假设条件——效用误差或扰动项的独立同分布（independence of identically distributed，IID），这一假设再结合 logistics 分布，产生了具有封闭（closed-form）形式的 logit 模型，导致了模型具备选项无关独立特性（independence from irrelevant alternatives，IIA）。多项 logit 模型是效用的误差项联合服从广义极值（generalized extreme value）分布时的一种特例。不可观测项的联合广义极值分布允许选项之间具有相关性，当所有选项之间相关性为零时，广义极值分布就变成了独立极值分布，此时的广义极值模型也就是标准的 logit 模型。

实际上，由于选项之间往往存在着一定的相关性，所以选项效用误差项之间独立同分布的假设在很多实际场景中并不一定会成立。比如当个体面临地铁、公交和小汽车的选择时，地铁和公交都属于公共交通，对出行者而言这两种方式在某些无法直接观测的属性上存在着相似性，如相对固定的线路、相对的可靠性等。巢式 logit 模型（nested logit model）就可以用来捕获不同选项在无法直接观测属性上的相似性，具体方法是将具有相似特性的选项归为一类，或称为巢（nest），也就是将整个选择集划分为具有互斥性的选择子集，有相似特性的选项在同一个选择子集内。

9.1 巢式 logit 模型的推导

若有 J 个选项的选择集 C，被划分为具有互斥性的 m 个类别或巢。那么选择第 j 个选项的概率为

$$P(j|C) = \sum_{m=1}^{M} \Pr(j|m,C)\Pr(m|C) \qquad (9.1)$$

由于决策者只能选择一个类别中的某一个选项，那么其他类别条件下的选择概率都为 0，所以式（9.1）中等号右侧的连加项中，只能有一项，也就是一个类别下选择 j 选项的概率和选择该类别概率乘积不为零。换句话说，只要选项 j 不属于第 m 类，那么该类别条件下选择 j 选项的概率为零，即 $\Pr(j|m,C)=0$。另外，我们假设在一个类别内的选项独立于选择集 C 中的其他类别，那就意味着选择集 C 作为条件可以去掉，即 $\Pr(j|m,C)=\Pr(j|m)$。综合上述两条推导，我们可以将式（9.1）进一步整理为

$$P(j|C) = \Pr(j|m)\Pr(m|C) \qquad (9.2)$$

其中，j 是属于类别 m 中的选项。先来观察公式（9.2）中等号右侧第一项 $\Pr(j|m)$，为在给定类别 m 前提下，选择第 j 个选项的概率。根据效用最大化理论，选择 j 选项的概率其实是选择 j 选项的效用大于类别 m 中其他选项效用的概率。定义类别 m 中第 j 个选项的效用为

$$U_j = V_j + \varepsilon_j = V_j + \varepsilon_m + \varepsilon_{jm} \qquad (9.3)$$

其中，V_j 为 j 选项效用的可观测项。效用的不可观测项 ε_j 被分解为两项：ε_m 为类别 m 的不可观测项或误差项，在类别 m 内对所有选项都一样，体现了类别 m 中选项共同的不可观测因素；ε_{jm} 为 m 类别内 j 选项的误差项，体现了类别 m 中选项 j 独有的不可观测因素。

基于效用公式（9.3），给定类别 m 时选择 j 选项的概率为

$$\begin{aligned}\Pr(j\mid m) &= \Pr(U_j > U_i, i \in C_m) \\ &= \Pr(V_j + \varepsilon_m + \varepsilon_{jm} > V_i + \varepsilon_m + \varepsilon_{im}, i \in C_m) \\ &= \Pr(V_j + \varepsilon_{jm} > V_i + \varepsilon_{im}, i \in C_m)\end{aligned} \quad (9.4)$$

从公式中可以看出，类别 m 的误差项 ε_m 被消去。我们进一步假设类别 m 中 j 选项的误差项服从尺度参数为 μ_m 的广义极值分布（ExtremeValue，EV），且不同个体间误差项相互独立同分布。那么可以得到在 m 类中选择 j 选项的 logit 模型概率公式：

$$\Pr(j\mid m) = \frac{e^{\mu_m V_j}}{\sum_{i \in C_m} e^{\mu_m V_i}} \quad (9.5)$$

需要注意的是，式（9.5）中不同的类别 m 有不同的尺度参数 μ_m。从式（9.2）中可以看出，个体面临选择集 C 时选择 j 选项的概率是 m 类中选择 j 选项的概率乘以选择 m 类的概率，即 $\Pr(j\mid m) \times \Pr(m\mid C)$。

同样根据效用最大化理论，选择第 m 类的概率等于 m 类中效用最大选项的效用大于任何其他类中选项效用的概率，即

$$\Pr(m\mid C) = \Pr(\max_{j \in C_m} U_j > \max_{i \in C_l} U_i, \forall l \neq m) \quad (9.6)$$

将式（9.3）代入式（9.6），可以得到：

$$\begin{aligned}\Pr(m\mid C) &= \Pr(\max_{j \in C_m} U_j > \max_{i \in C_l} U_i, \forall l \neq m) \\ &= \Pr(\max_{j \in C_m}(V_j + \varepsilon_m + \varepsilon_{jm}) > \max_{i \in C_l}(V_i + \varepsilon_l + \varepsilon_{il}), \forall l \neq m) \\ &= \Pr(\varepsilon_m + \max_{j \in C_m}(V_j + \varepsilon_{jm}) > \varepsilon_l + \max_{i \in C_l}(V_i + \varepsilon_{il}), \forall l \neq m)\end{aligned} \quad (9.7)$$

这里我们同样可以假设 ε_m 在 m 类中所有选项间相同。当在不同个体间独立且服从广义极值分布（EV），那么可以通过广义极值分布的性质推导得到：

$$\max_{j \in C_m}(V_j + \varepsilon_{jm}) \sim EV(\widetilde{V}_m, \mu_m) \quad (9.8)$$

其中

$$\widetilde{V}_m = \frac{1}{\mu_m}\ln\left(\sum_{j \in C_m} e^{\mu_m V_j}\right) \quad (9.9)$$

可以令

$$\varepsilon'_m \sim EV(0, \mu_m) \quad (9.10)$$

那么可以将两个服从同样分布的随机变量标记为相同：

$$\max_{j \in C_m}(V_j + \varepsilon_{jm}) = \widetilde{V}_m + \varepsilon'_m \quad (9.11)$$

将式（9.11）代入式（9.7），可以得到：

$$\Pr(m\mid C) = \Pr(\widetilde{V}_m + \varepsilon'_m + \varepsilon_m > \widetilde{V}_l + \varepsilon'_l + \varepsilon_l, \forall l \neq m) \tag{9.12}$$

我们可以将误差项合并在一起,生成一个新的误差项 $\widetilde{\varepsilon}_m = \varepsilon'_m + \varepsilon_m$,代入上述公式,可以得到:

$$\Pr(m\mid C) = \Pr(\widetilde{V}_m + \widetilde{\varepsilon}_m > \widetilde{V}_l + \widetilde{\varepsilon}_l, \forall l \neq m) \tag{9.13}$$

令误差项 $\widetilde{\varepsilon}_m$ 独立且同样服从尺度参数为 μ 的广义极值分布,那么得到选择 m 类的概率公式为

$$\Pr(m\mid C) = \frac{e^{\mu \widetilde{V}_m}}{\sum_p e^{\mu \widetilde{V}_p}} \tag{9.14}$$

将式 (9.5) 和式 (9.14) 都代入到式 (9.2) 中,可以得到:

$$\begin{aligned}
\Pr(j\mid C) &= \frac{e^{\mu_m V_j}}{\sum_{i \in C_m} e^{\mu_m V_i}} \frac{e^{\mu \widetilde{V}_m}}{\sum_p e^{\mu \widetilde{V}_p}} \\
&= \frac{e^{\mu_m V_j}}{\sum_{i \in C_m} e^{\mu_m V_i}} \frac{\exp\left(\frac{\mu}{\mu_m}\ln\left(\sum_{j \in C_m} e^{\mu_m V_j}\right)\right)}{\sum_p \exp\left(\frac{\mu}{\mu_p}\ln\left(\sum_{l \in C_p} e^{\mu_p V_p}\right)\right)} \\
&= \frac{e^{\mu_m V_j}}{\sum_{i \in C_m} e^{\mu_m V_i}} \frac{\left(\sum_{j \in C_m} e^{\mu_m V_j}\right)^{\frac{\mu}{\mu_m}}}{\sum_p \left(\sum_{l \in C_p} e^{\mu_p V_p}\right)^{\frac{\mu}{\mu_p}}}
\end{aligned} \tag{9.15}$$

其中,m 为包含选项 j 的选择子集或类别;$\widetilde{V}_m$ 被称为类别 m 效用的系统项,由于该项是式 (9.8) 中广义极值分布的均值,所以又被称为类别(巢)的期望最大效用。巢式 logit 模型的推导过程中,涉及的前提假设如下:

1) j 选项效用的误差项 ε_j 被分解为类别误差项 ε_m 和类别中选项 j 的误差项 ε_{jm}。

2) 各个类别内,j 选项效用误差项 ε_{jm} 在个体之间相互独立,且都服从尺度参数为 μ_m 的广义极值分布。

3) 类别效用的误差项 ε_m 在各类别之间相互独立。

9.2 估计命令 nlogit

巢式 logit 模型放松了在多项 logit 模型中的选项无关假设,将有类似特性的选项放在同一个类别或巢中。在 STATA 中,巢式 logit 模型的估计命令为 nlogit。需要注意的是,虽然巢式 logit 模型也是一种选择模型,但是样本数据集并不需要是用 cmset 命令定义的选择数据集。

9.2.1 数据集描述

我们这里用 STATA 16 版本中,介绍 nlogit 命令的数据集作为例子,可详见

[CM] nlogit。这个数据集中有 300 户家庭,他们面临着七家餐馆的选择。其中两家餐馆名为 Freebirds 和 Mama's Pizza,属于快餐(fast food)的类型;有三家的名称分别为 Café Eccel、Los Nortenos 和 Wings'N More,可被归为家庭餐厅(family restaurant)类别;还有两家高档餐厅(fancy restaurants),名为 Christopher's 和 Mad Cows。家庭在选择餐厅时受到家庭属性和餐厅特征的影响,影响因素见表 9.1。

表 9.1 家庭选择餐厅数据集中的变量

变量类型	变量名	说明
家庭属性	income	家庭收入,单位为千美元
	kids	家庭中小孩数
餐厅特征	rating	餐厅在当地美食排名中的星级,编号 0~5
	cost	平均每餐的人均消费
家庭感知的餐厅特征	distance	家庭和餐厅的距离,单位为英里
因变量	chosen	1 为选择,0 为没有选择
分组变量	family_id	家庭编号
选项变量	restaurant	标识选项编码的变量,其标签名为 names

用 use 命令将数据集载入内存,执行命令:
. use https://www.stata-press.com/data/r16/restaurant

然后用带选项参数 sepby() 的 list 命令显示家庭编号为 1 和 2 的 case,以家庭编号为分割,执行命令:

. list family_id restaurant chosen kids rating distance in 1/14,
   sepby(family_id)

	family~d	restaurant	chosen	kids	rating	distance
1.	1	Freebirds	1	1	0	1.245553
2.	1	MamasPizza	0	1	1	2.82493
3.	1	CafeEccell	0	1	2	4.21293
4.	1	LosNortenos	0	1	3	4.167634
5.	1	WingsNmore	0	1	2	6.330531
6.	1	Christophers	0	1	4	10.19829
7.	1	MadCows	0	1	5	5.601388
8.	2	Freebirds	0	3	0	4.162657
9.	2	MamasPizza	0	3	1	2.865081
10.	2	CafeEccell	0	3	2	5.337799
11.	2	LosNortenos	1	3	3	4.282864
12.	2	WingsNmore	0	3	2	8.133914
13.	2	Christophers	0	3	4	8.664631
14.	2	MadCows	0	3	5	9.119597

可以通过 label list 命令显示餐厅名和编号之间的对应关系：
```
. label list names
names:
    1  Freebirds
    2  MamasPizza
    3  CafeEccell
    4  LosNortenos
    5  WingsNmore
    6  Christophers
    7  MadCows
```

由于每个家庭可以选择 7 个餐厅，所以每个家庭在数据集中就有 7 个对应的观测值，构成了一个 case。当然，我们可以用上文介绍的 cmclogit 命令，建立条件 logit 模型。但是条件 logit 模型有 IIA 特性，即独立选项无关特性，也就是因变量两个选项的胜率比和其他选项无关。这意味着，如果某个心理因素能影响个体对某种选项相对于另一个选项的态度，那么这个心理因素不会再影响第三个选项。这其实是一个非常严格的设定，巢式 logit 模型通过将因变量的选项分组放松了这个假设。在本例中，如图 9.1 所示。

图 9.1　餐厅选择分组结构

树状结构的最底层为可被家庭选择的餐厅，也就是巢式 logit 模型的分类因变量。上一层为餐厅的类型，是在餐厅基础的集计，类别之间具有互斥性。在使用巢式 logit 模型时，有一些通用术语解释如下：

1）决策水平（level），即决策的阶段或层次。如上例中，对于餐厅的选择就有两个层次，第一个层次为餐厅的类型，第二个层次为具体类型中的餐厅。

2）底层（bottom level），最终决策的层。在上例中，就是被选择的七个餐厅层。

3）选项集（alternative set），给定决策层中所有可能的选项集合。

4）底层选项集（bottom alternative set），底层中所有可能选项的集合。底层选项集在计量经济中通常也被称为选择集（choice set）。在本例中，就是待选的七个餐厅。

5）选项（alternative），特定层中某个具体的选择项。如上例中的第一个层次中，快餐就是一个选项；在底层中，任意一个餐厅都是一个选项。

6）被选项（chosen alternative），观测到个体选择的选项。

需要注意的是，虽然具有层次的树状结构会使人误以为决策的次序是从高层到底层，但是在巢式 logit 模型中，并没有这样的前提假设。

9.2.2 模型的拟合

在 STATA 中估计巢式 logit 模型有三个步骤。

1. 定义巢的结构

用 nlogitgen 命令定义巢的结构，或是因变量类别的分枝结构。如交通方式为因变量，经常可以将私家车和出租车分为一类，因为两者有类似的选择枝属性，或者将电动自行车和自行车分为一类，将公交和地铁分为一类等。nlogitgen 的命令语法为：

nlogitgen newaltvar = altvar（branchlist）[，[no] log]

其中，newaltvar 为新的分类变量；altvar 为数据集中的选项变量，标识了个体每一种可能的选项；branchlist 为选项列表，即多个分组选项的集合，每一组分组选项是一个 branch，各个分组选项（branch）之间用逗号隔开，即 branchlist 为：

branch, branch [, branch…]

每一个分组选项（branch）的结构为：

[label:] alternative [| alternative [| alternative …]]

该结构中可以使用选项编码，也可以使用选项的标签。其中，label 为分组选项（branch）的标签，alternative 可以为底层选项的标签或编码。

在上例中，我们设定分类变量为 type，分组选项为三种：快餐厅（fast）、家庭餐厅（family）和高档餐厅（fancy）。如图 9.1 所示，每个餐厅都隶属于上述三个类别中的其中一种：快餐厅（fast）中有 Freebirds 和 Mama's Pizza；家庭餐厅（family）有 Café Eccel、Los Nortenos 和 Wings' N More；高档餐厅（fancy）有 Christopher's 和 Mad Cows。

如果使用餐厅选项变量 restaurant 的编码，那么快餐厅（fast）、家庭餐厅（family）和高档餐厅（fancy）的类别分组选项结构为：

fast: 1 | 2, family: 3 | 4 | 5, fancy: 6 | 7

如果使用餐厅选项变量 restaurant 的标签，那么快餐厅（fast）、家庭餐厅（family）和高档餐厅（fancy）的类别分组选项结构为：

fast: Freebirds | MamasPizza, family: CafeEccell | LosNortenos | WingsNmore, fancy: Christophers | MadCows

将类别分组选项结构整合到 nlogitgen 命令中，生成新的分类变量 type，执行命令：

```
. nlogitgen type = restaurant(fast: Freebirds | MamasPizza, family :
CafeEccell | LosNortenos | WingsNmore, fancy: Christophers | MadCows)
new variable type is generated with 3 groups
label list lb_type
lb_type:
           1 fast
           2 family
           3 fancy
```

从命令执行结果可以看出，生成了新的变量 type，被赋予了标签 lb_type，编码 1、2、3，分别代表 fast、family 和 fancy。

2. 显示树状结构

用 nlogittree 命令显示巢式 logit 模型的树状结构。nlogittree 命令语法如下：

nlogittreealtvarlist ［if］ ［in］ ［weight］ ［, nlogittree_options］

其中，altvarlist 为选项变量列表，用于定义树形结构。列表中第一个变量必须为底层选项，然后依次一直到代表顶层选项的变量。在本例中，底层选项变量为 restaurant，顶层选项变量为 type。在 nlogittree_options 中，可以用选项参数 choice（depvar）定义因变量，即数据集中实际做出的选择，本例中为 chosen 变量；选项参数 case（varname），使用变量 varname 来识别 case，本例中为 family_id；还可以使用选项参数 generate（newvar），来生成 newvar 变量识别有问题的样本观测值；最后还可以使用 nolabel 选项参数，在 nlogittree 命令的显示结果中用编码替代标签。

使用 nlogittree 命令显示数据集的树状结构：

```
. nlogittree restaurant type, choice(chosen) case(family_id) gen(problem)
tree structure specified for the nested logit model
  type     N      restaurant     N    k
  ─────────────────────────────────────
  fast    600  ┬─ Freebirds     300   12
               └─ MamasPizza    300   15
  family  900  ┬─ CafeEccell    300   78
               ├─ LosNortenos   300   75
               └─ WingsNmore    300   69
  fancy   600  ┬─ Christophers  300   27
               └─ MadCows       300   24

                      total    2100  300

k = number of times alternative is chosen
N = number of observations at each level
Note: At least one case has only one alternative; nlogit will drop these
cases.
```

从结果中可以看出，属于快餐厅的共有 600 个样本观测值，家庭餐厅有 900 个，高档餐厅有 600 个，并且给出了每个餐厅所属的类别以及对应的样本观测值。

k 表示被选择的次数，即选择某个餐厅的家庭总数。

3. 估计模型

用 nlogit 命令估计巢式 logit 模型。nlogit 命令语法为：

nlogitdepvar [indepvars] [if] [in] [weight] [|| lev1_equation || lev2_equation ···]] || altvar: [byaltvarlist], case(varname) [nlogit_options]

其中，depvar 为因变量，即数据集中表明实际选择的变量，在本例中为 chosen；indepvars 为选项相关自变量；case(varname) 用于定义识别 case 的变量，本例中为 family_id；lev1_equation 为顶层方程，第#层方程 lev#_equation 定义如下：

altvar: [byaltvarlist] [, base(# | lbl) estconst]

其中，altvar 为当前层的选项变量，在本例中第一层即顶层的选项变量为 type，第二层即底层的选项变量为 restaurant；byaltvarlist 为当前层想要计算回归系数的变量列表，该列表中的变量对应于当前层的每一个选项都会有一个系数，如果变量为个体相关，也就是对应所有选项的系数都一样；base(# | lbl) 用于定义当前层中的基准选项，默认以出现频率最高的选项为基准；estconst 是一个无法使用在底层的选项参数，表明估计当前层中每个选项的常数项，在树状结构中只能估计一个层中选项的常数项，如果在某个层方程中定义了 estconst，那么在底层中就必须给出选项参数 noconstant。

在 nlogit_optoins 中，noconstant 表明底层选项不估计常数项；base(# | lbl) 用于定义底层的基准选项；notree 表明不显示选项的树状结构。

在上例中，估计巢式 logit 模型的命令如下：

```
. nlogit chosen cost rating distance || type: income kids, base(family) ||
restaurant:, noconstant case(family_id) notreenolog
```

```
RUM-consistent nested logit regression    Number of obs  =  2,100
Case variable: family_id                  Number of cases =   300
Alternative variable: restaurant          Alts per case: min=    7
                                                         avg =  7.0
                                                         max =    7

                                          Wald chi2(7)   = 46.71
Log likelihood = -485.47331               Prob> chi2 =  0.0000
```

chosen	Coef.	Std. Err.	z	P>|z|	[95% Conf. Interval]	
restaurant						
cost	-.1843847	.0933975	-1.97	0.048	-.3674404	-.0013289
rating	.463694	.3264935	1.42	0.156	-.1762215	1.10361
distance	-.3797474	.1003828	-3.78	0.000	-.5764941	-.1830007

type equations

fast						
income	-.0266038	.0117306	-2.27	0.023	-.0495952	-.0036123
kids	-.0872584	.1385026	-0.63	0.529	-.3587184	.1842016
family						
income	0	(base)				
kids	0	(base)				
fancy						
income	.0461827	.0090936	5.08	0.000	.0283595	.0640059
kids	-.3959413	.1220356	-3.24	0.001	-.6351267	-.1567559

dissimilarity parameters

/type				
fast_tau	1.712878	1.48685	-1.201295	4.627051
family_tau	2.505113	.9646351	.614463	4.395763
fancy_tau	4.099844	2.810123	-1.407896	9.607583

LR test for IIA (tau=1): chi2(3) = 6.87   Prob > chi2 = 0.0762

首先，我们解析一下 nlogit 估计命令的组成。在估计命令中，"||"之前为第一个方程，定义了因变量 chosen，以及三个选项相关的自变量 cost、rating 和 distance，随着底层选项的不同，这三个自变量有着不同的取值。nlogit 命令估计了这三个选项相关自变量的系数，在估计结果表中的 restaurant 部分。

"||"之后为第二个方程，以顶层选项变量 type 为标识，紧跟了两个个体相关自变量 income 和 kids。对顶层的每一个选项，nlogit 命令都估计出了两个自变量的系数。因为 income 和 kids 为个体相关自变量，即在一个 case 内部，也就是对同一个个体而言，income 和 kids 不发生变化，所以需要在基准选项中将这两个变量的系数归一化为 0。在本例中，用 base（family）设定了家庭餐厅为基准顶层选项，所以 family 选项中 income 和 kids 的系数都为 0。

"||"间隔之后的第三个方程，以底层的选项变量 restaurant 为标识，在本例中，没有设定自变量，也就没有对应估计的系数。

估计命令输出结果中最后给出的是测量顶层选项随机项之间相关性的异质性参数（dissimilarity parameters）。如果该参数大于 1，表明模型的设定不符合随机效用最大化理论。条件 logit 模型是巢式 logit 模型的特殊形式，设定异质性参数同时为 1。

在模型估计输出结果的最后一行，给出了异质性参数的似然比检验，零假设为所有异质性参数都为 1。需要注意的是，只有当异质性参数同时为 1 时，模型才会出现条件 logit 模型的 IIA 特性。

9.3 IIA 特性的检验

IIA 即选项无关特性,指的是对多项和条件 logit 模型而言,一个选项相对于另一个选项的胜率比和其他选项无关。在本例中,假设一个家庭将在两个快餐店中(Freebirds 和 Mama's Pizza)做出选择,每个店被选中的概率各为 50%,此时选择这两个店的胜率比为 1。如相邻快餐店 Freebirds,又开了一家快餐店 Bill's Burritos,提供和 Freebirds 非常相似的食品和服务。根据 IIA 特性,选择 Freebirds 和 Mama's Pizza 的胜率比和第三个店 Bill's Burritos 无关,应该还是 1,任意选择两个餐厅的胜率比都为 1 的话,那么选择这三个店的概率都相同,为 33.33%。

但实际情况中,往往是因为 Freebirds 和 Bill's Burritos 两家相邻很近,又提供类似的服务和食物,所以这两个餐厅会共享原来 Freebirds 的比例,50%。这样 Freebirds 和 Bill's Burritos 被选的比例实际上各为 25%。但是对 Freebirds 和 Mama's Pizza 而言,胜率比发生了变化,从 1 变为 0.5,违反了 IIA 特性。巢式 logit 模型可以通过将 Freebirds 和 Bill's Burritos 放到一个类别中的方式,实现对 IIA 特性的放松。

IIA 特性源于效用的误差项独立同分布的假设。因为误差项独立同分布,所以在误差项中无法包含共同影响选项的一些潜在信息,这样当新增一个选项后,也就无法影响原有选项之间的胜率比。

在上例中,模型拟合结果的最后一行,用似然比检验所有顶层选项异质性参数是否为 1。由于树状结构的定义具有随机性,顶层选项也具有随机项,不同顶层选项的组合,可能会导致检验的结果自相矛盾。我们可以用 hausman 来进行不受树状结构干扰的 IIA 检验。

Hausman 在 1978 年提出了一种服从 χ^2 分布的检验统计量,用来比较一致估计量 $\hat{\theta}_1$ 和有效估计量 $\hat{\theta}_2$ 之间的区别。零假设为 $\hat{\theta}_2$ 是真正总体参数的一致且有效估计量,也就是两个估计量之间没有系统性差异。如果存在系统性差异,那么我们就能怀疑有效估计量存在有偏。检验统计量为

$$H = (\boldsymbol{\beta}_c - \boldsymbol{\beta}_e)'(V_c - V_e)^{-1}(\boldsymbol{\beta}_c - \boldsymbol{\beta}_e) \tag{9.16}$$

其中,$\boldsymbol{\beta}_c$ 为一致估计量的系数向量;$\boldsymbol{\beta}_e$ 为有效估计量的系数向量;V_c 为一致估计量的协方差矩阵;V_e 为有效估计量的协方差矩阵。

hausman 的检验命令语法为:

hausman name-consistent [name-efficient] [, options]

其中,name-consistent 为用 estimates store 存储的模型估计结果名。可以用"."表示当前模型估计结果。在 options 中,选项参数 constant 表示显示估计的截距,也就是常数项;alleqs 表示使用所有的方程执行检验。详见 [R] hausman。

9.3.1 mlogit 模型的检验

以健康保险数据集为例，通过 hausman 命令来检验 mlogit 模型的 IIA 特性。首先载入数据集：

```
. use https://www.stata-press.com/data/r16/sysdsn3
(Health insurance data)
```

因变量为 insure，为分类变量，编码 1、2、3，分别代表赔付、预付和无保险，标签名为 insure，标签为 Indemnity、Prepaid、Uninsure。自变量为连续变量 age 和性别变量 male。首先拟合全模型，即考虑因变量所有类别，拟合命令如下：

```
. mlogit insure age male
Iteration 0:    log likelihood = -555.85446
Iteration 1:    log likelihood = -551.32973
Iteration 2:    log likelihood = -551.32802
Iteration 3:    log likelihood = -551.32802

Multinomial logistic regression              Number of obs    =    615
                                             LR chi2(4)       =   9.05
                                             Prob> chi2       = 0.0598
Log likelihood = -551.32802                  Pseudo R2        = 0.0081
```

insure	Coef.	Std. Err.	z	P>|z|	[95% Conf. Interval]	
Indemnity	(base outcome)					
Prepaid						
age	-.0100251	.0060181	-1.67	0.096	-.0218204	.0017702
male	.5095747	.1977893	2.58	0.010	.1219147	.8972346
_cons	.2633838	.2787575	0.94	0.345	-.2829708	.8097383
Uninsure						
age	-.0051925	.0113821	-0.46	0.648	-.0275011	.0171161
male	.4748547	.3618462	1.31	0.189	-.2343508	1.18406
_cons	-1.756843	.5309602	-3.31	0.001	-2.797506	-.7161803

将模型估计结果存储起来，命令为 allcats：

```
. estimate store allcats
```

如果多项 logit 模型符合 IIA 特性，那么如果我们去掉因变量中的一个类别，那么自变量的系数应该不会发生显著性的变化。所以我们去掉因变量 insure 中无保险的类别 uninsured，再次拟合模型：

```
. mlogit insure age male if insure != "Uninsure":insure
Iteration 0:    log likelihood =  -394.8693
Iteration 1:    log likelihood =  -390.4871
Iteration 2:    log likelihood = -390.48643
Iteration 3:    log likelihood = -390.48643
```

```
Multinomial logistic regression              Number of obs  =     570
                                             LR chi2(2)     =    8.77
                                             Prob> chi2     =  0.0125
Log likelihood = -390.48643                  Pseudo R2      =  0.0111
```

insure	Coef.	Std. Err.	z	P>|z|	[95% Conf. Interval]	
Indemnity	(base outcome)					
Prepaid						
age	-.0101521	.0060049	-1.69	0.091	-.0219214	.0016173
male	.5144003	.1981735	2.60	0.009	.1259874	.9028133
_cons	.2678043	.2775563	0.96	0.335	-.276196	.8118046

需要注意的是,在估计命令中 insure ! = "Uninsured": insure 表明因变量 in-sure 不等于标签为"Uninsured"的类型,因为标签"Uninsured"对应的编码为 3,所以估计命令等同于 insure ! = 3。"Uninsured": insure 意味着变量 insure 中标签为"Uninsured"对应的值。

用 hausman 命令检验模型拟合结果和全模型拟合结果,用"."表示当前去掉了一个因变量选项后的模型拟合结果:

```
. hausman . allcats, alleqs constant
```

	── Coefficients ──			
	(b)	(B)	(b-B)	sqrt(diag(V_b-V_B))
	.	allcats	Difference	S.E.
age	-.0101521	-.0100251	-.0001269	.
male	.5144003	.5095747	.0048256	.0123338
_cons	.2678043	.2633838	.0044205	.

```
b = consistent under Ho and Ha; obtained from mlogit
B = inconsistent under Ha, efficient under Ho; obtained from mlogit
    Test:  Ho:  difference in coefficients not systematic
                chi2(3) = (b-B)'[(V_b-V_B)^(-1)](b-B)
                        =    0.08
Prob>chi2 =     0.9944
              (V_b-V_B is not positive definite)
```

从结果可以看出,结果不显著,说明无法拒绝零假设,意味着无法证明 IIA 特性被违反。需要注意的是,在用 Hausman 检验不同模型拟合系数之间的差异时,要确保离散选择模型的基准选项一致。

9.3.2 clogit 模型的检验

再次回到餐厅的选择问题,我们想要检验顶层选项之间,是否能保持 IIA 特性。载入餐厅数据集 restaurant.dta,首先估计全模型。因为巢式 logit 模型是条件 logit 模型的特例,所以我们可以用 clogit 命令来估计。需要注意的是,在使用 clogit

命令时，对于个体相关变量，即不随选项变化而变化的变量，需要和选项指标变量交叉相乘，得到相对于某种选项的个体相关变量。以收入 income 为例，将其分别和顶层选项的快餐（fast）以及高档餐厅（fancy）交叉，和家庭餐厅（family）的交叉项系数设定为 0。

顶层选项变量为 type，编号为 1、2、3，分别代表快餐厅、家庭餐厅和高档餐厅。可以用逻辑判断（type == 1）来表示样本观测值是否为快餐厅。生成收入和快餐厅的交叉项：

. gen incFast = (type == 1) * income

同理，生成收入和高档餐厅（type 为 3）的交叉项，命令如下：

. gen incFancy = (type == 3) * income

选择个体相关变量 kids，即家庭的小孩数量，和快餐厅以及高档餐厅做交叉：

. gen kidFast = (type == 1) * kids

. gen kidFancy = (type == 3) * kids

以 chosen 为因变量，cost、rating 和 distance 为选项相关自变量，income 和 kids 为个体相关自变量（通过和顶层选项交叉得到 incFast、incFancy、kidFast、kidFancy），识别 case 的变量为 family_id，用 clogit 命令拟合全模型：

. clogit chosen cost rating distance incFast incFancy kidFast kidFancy, group(family_id) nolog

Conditional (fixed-effects) logistic regression

```
                                      Number of obs  =    2,100
                                      LR chi2(7)     =   189.73
                                      Prob> chi2     =   0.0000
Log likelihood = -488.90834           Pseudo R2      =   0.1625
```

chosen	Coef.	Std. Err.	z	P>|z|	[95% Conf. Interval]	
cost	-.1367799	.0358479	-3.82	0.000	-.2070404	-.0665193
rating	.3066622	.1418291	2.16	0.031	.0286823	.584642
distance	-.1977505	.0471653	-4.19	0.000	-.2901927	-.1053082
incFast	-.0390183	.0094018	-4.15	0.000	-.0574455	-.0205911
incFancy	.0407053	.0080405	5.06	0.000	.0249462	.0564644
kidFast	-.2398757	.1063674	-2.26	0.024	-.448352	-.0313994
kidFancy	-.3893862	.1143797	-3.40	0.001	-.6135662	-.1652061

将估计结果用 estimate sore 存储到 fullset 中：

. estimate store fullset

然后去除基准类别，即家庭餐厅，顶层选项变量 type 为 2，需要注意的是，在去掉家庭餐厅的类别后，高档餐厅作为基准类别，则和高档餐厅相关的个体相关变量 incFancy 和 kidFancy 的系数就需要归一化为零，也就是要在估计命令中去掉这两个变量。估计命令为：

第 9 章 巢式 logit 模型

```
. clogit chosen cost rating distance incFastkidFast if type != 2,
group(family_id) nolog
note: 222 groups (888 obs) dropped because of all positive or
all negative outcomes.
Conditional (fixed-effects) logistic regression
                                          Number of obs   =    312
                                          LR chi2(5)      =  44.35
                                          Prob> chi2      = 0.0000
Log likelihood =   -85.955324             Pseudo R2       = 0.2051
```

chosen	Coef.	Std. Err.	z	P>|z|	[95% Conf. Interval]	
cost	-.0616621	.067852	-0.91	0.363	-.1946496	.0713254
rating	.1659001	.2832041	0.59	0.558	-.3891698	.72097
distance	-.244396	.0995056	-2.46	0.014	-.4394234	-.0493687
incFast	-.0737506	.0177444	-4.16	0.000	-.108529	-.0389721
kidFast	.4105386	.2137051	1.92	0.055	-.0083157	.8293928

当前估计结果存储在 "." 中，用 hausman 命令检验其和 fullset 之间在系数上是否有显著性区别，执行命令：

```
. hausman . fullset
```

	―― Coefficients ――			
	(b)	(B)	(b-B)	sqrt(diag(V_b-V_B))
	.	fullset	Difference	S.E.
cost	-.0616621	-.1367799	.0751178	.0576092
rating	.1659001	.3066622	-.1407621	.2451308
distance	-.244396	-.1977505	-.0466456	.0876173
incFast	-.0737506	-.0390183	-.0347323	.015049
kidFast	.4105386	-.2398757	.6504143	.1853533

```
    b = consistent under Ho and Ha; obtained   from clogit
    B = inconsistent under Ha, efficient under Ho; obtained from clogit
 Test:  Ho: difference in coefficients not systematic
        chi2(5) = (b-B)'[(V_b-V_B)^(-1)](b-B)
                =   10.70
        Prob>chi2 =    0.0577
        (V_b-V_B is not positive definite)
```

检验结果发现，如果显著水平为 5%，那么无法拒绝零假设，即符合 IIA 特性，全模型和去掉一个选项的模型之间的估计系数，没有显著性差异。但如果设置水平为 10%，那么检验结果具有显著性，即违反 IIA 特性，表明如果把家庭餐厅纳入选项，高档餐厅相对于快餐厅的胜率比会发生变化。

第10章 混合 logit 模型

混合 logit 模型（mixed logit model）是离散选择模型的一种，不同时期的不同作者对混合 logit 模型进行了不同的命名，见表 10.1。

表 10.1 混合 logit 模型的命名

时间	学者	名称
1997	Ben - Akiva 等	混合 logit 模型（hybrid logit model）
2000	McFadden 和 Train	混合多项 logit 模型（mixed multinomial logit model）
2001	Ben - Akiva、Bolduc 和 Walker	logit 核模型（logit kernel model）
2005	Cameron 和 Trivedi	随机参数模型（random - parameters model）

混合 logit 模型和 probit 模型不一样的是并不要求模型的误差项服从分布，但是和 probit 模型一样的是很难用解析的方法求解模型，一般使用仿真的方法。所以计算机速度的提高和仿真算法的改进，使得混合 logit 模型得到了大规模的应用。

10.1 混合 logit 模型的推导

在混合选择模型中，选项概率为标准 logit 模型概率在参数密度函数上的积分，我们可以用如下公式来表达：

$$P_{ni} = \int L_{ni}(\beta) f(\beta) d\beta \tag{10.1}$$

其中，$L_{ni}(\beta)$ 为参数 β 相关的标准 logit 模型概率公式，即

$$L_{ni}(\beta) = \frac{e^{V_{ni}(\beta)}}{\sum_{j=1}^{J} e^{V_{nj}(\beta)}} \tag{10.2}$$

$f(\beta)$ 为参数 β 的概率密度函数。$V_{ni}(\beta)$ 为效用的可观测项。如果效用函数为线性，那么 $V_{ni}(\beta) = \beta' x_{ni}$。将式（10.2）代入式（10.1），即可得到混合 logit 模型的概率公式：

$$P_{ni} = \int \left(\frac{e^{V_{ni}(\beta)}}{\sum_{j=1}^{J} e^{V_{nj}(\beta)}} \right) f(\beta) d\beta \tag{10.3}$$

从公式可以看出，混合 logit 模型实质上是标准 logit 模型的概率在不同 β 取值上的加权均值。在统计学中，多个函数的加权均值被称为混合函数（mixed function），实现权重的密度称为混合分布（mixing distribution）。

多项 logit 模型其实是混合 logit 模型的一种特例，即当混合 logit 模型中参数 β 为固定值 b 时，概率密度函数 $f(\beta)$ 为 1；不为 b 时，$f(\beta)$ 为 0，则此时混合

logit 模型就退化为多项 logit 模型。

当 β 为一系列不同的定值时，概率密度函数 $f(\beta)$ 可以离散。例如假设 β 有 M 个可能的取值，被标记为 b_1，b_2，$\cdots$，b_M，β 为第 m 个值的概率为 s_m。此时，混合 logit 模型就成为心理学和市场学里经常用到的潜在类别模型（latent class model），概率公式为

$$P_{ni} = \sum_{m=1}^{M} s_m \left(\frac{e^{b'_m x_{ni}}}{\sum_j e^{b'_m x_{nj}}} \right) \qquad (10.4)$$

通常一个群体可以按照一定的属性分为不同的类别，每个类别的子群体有着独特的偏好或行为选择的模式。利用潜在类别模型可以同时估计每个子群体的参数 b 以及子群体人数的占比。

实际上，真正意义上的混合 logit 模型中，参数 β 的概率密度函数 $f(\beta)$ 连续。如参数 β 可以设定服从均值为 b、协方差为 W 的正态分布，那么此时混合 logit 模型的概率公式就为

$$P_{ni} = \int \left(\frac{e^{V_{ni}(\beta)}}{\sum_{j=1}^{J} e^{V_{nj}(\beta)}} \right) \phi(\beta \mid b, W) \, d\beta \qquad (10.5)$$

其中，$\phi(\beta \mid b, W)$ 为均值是 b、协方差为 W 的正态概率密度函数。我们需要通过拟合实证数据估计 b 和 W。通过定义为不同的分布形式，混合 logit 模型可以解释任何一种基于效用最大化理论的行为。

混合 logit 模型中，有两类参数：一类是来自于多项 logit 模型的参数，即 β；另外一类是用来描述 β 分布的参数，如上面的 b 和 W。实际上，在很多研究中，更多是估计后一类参数。往往将描述 β 分布的参数命名为 θ，则概率密度函数通常表示为 $f(\beta \mid \theta)$。混合 logit 模型的概率公式可以表示为

$$P_{ni} = \int L_{ni}(\beta) f(\beta \mid \theta) \, d\beta \qquad (10.6)$$

可以看出，选择概率不取决于 β，而是 θ 的函数。和多项 logit 模型中的效用随机项 ε 一样，β 会被积分掉。

混合 logit 模型可以从效用最大化理论推导得到。如决策者 n 面临 J 个选项，其效用为

$$U_{nj} = \boldsymbol{\beta}'_n x_{nj} + \varepsilon_{nj} \qquad (10.7)$$

其中，x_{nj} 为和选项以及决策者相关的可观测客观变量；$\boldsymbol{\beta}'_n$ 为个体 n 相对于客观变量的系数向量，代表了个体 n 的偏好；ε_{nj} 为随机项，具有独立同分布的统计特性。每一个决策者，或者个体对应的系数都不相同，那么在总体中，随着个体的变化，对应系数也不断发生变化，假设系数的变化服从密度为 $f(\beta)$ 的分布。$f(\beta)$ 为关于参数 θ 的函数，这里的 θ 可以为 β 的均值和方差。此时，除了 β 可变动外，效用函数的其余部分都和标准的 logit 模型一致。

决策者在选择选项 i 时，表明相对于其他选项，他从选项 i 上获取的效用最大，即 $U_{ni} > U_{nj} \forall j \neq i$。此时，决策者很明确地知道自己的 $\boldsymbol{\beta}_n$ 以及相对于所有选项的 ε_{nj}。而研究者从旁观的角度，无法知道 $\boldsymbol{\beta}_n$ 以及 ε_{nj}，只能观察到 x_{nj}。如果研究者能直接观察到 $\boldsymbol{\beta}_n$，那么选择概率就是标准的 logit 模型，ε_{nj} 为具有独立同分布特性的随机项，选择概率取决于（条件于）系数 $\boldsymbol{\beta}_n$，公式如下：

$$L_{ni}(\boldsymbol{\beta}_n) = \frac{e^{\boldsymbol{\beta}_n' x_{ni}}}{\sum_j e^{\boldsymbol{\beta}_n' x_{nj}}} \tag{10.8}$$

但是实际上，研究者并不知道系数 $\boldsymbol{\beta}_n$，并且系数为服从密度为 $f(\boldsymbol{\beta})$ 的随机变量，所以选择概率是 $L_{ni}(\boldsymbol{\beta}_n)$ 相对于所有 $\boldsymbol{\beta}_n$ 的积分，公式如下：

$$P_{ni} = \int \left(\frac{e^{\boldsymbol{\beta}_n' x_{ni}}}{\sum_j e^{\boldsymbol{\beta}_n' x_{nj}}} \right) f(\boldsymbol{\beta}) \, d\boldsymbol{\beta} \tag{10.9}$$

式（10.9）即为混合 logit 模型。

10.2 估计命令 cmmixlogit

在 STATA 16 中，用 cmmixlogit 命令估计混合 logit 模型。该模型中可以包括随个体变化的个体属性变量（case-specific variable），如收入、年龄、受教育程度等；也可以包括随选项变化的选项特征变量（alternative-specific variable），选项特征变量也可能随个体发生变化，如出行时间、费用等。在混合 logit 模型中，选项特征变量的系数可以是固定的常量，也可以是服从一定分布的随机变量。如果系数为随机变量，那么模型可以体现选项之间的相关性，也就意味着放松了多项 logit 模型的 IIA 特性。

在离散选项领域，个体会选择让其拥有最高效用值的选项。效用本质上是一个潜在心理变量，由可观测的个体属性变量、选项特征变量、变量的随机系数以及效用随机项等构成。对于混合 logit 模型而言，第 n 个个体选择第 j 种选项的效用为

$$U_{nj} = \boldsymbol{x}_{nj} \boldsymbol{\beta}_n + \boldsymbol{w}_{nj} \alpha + z_n \delta_j + \varepsilon_{nj} \tag{10.10}$$

其中，$\boldsymbol{\beta}_n$ 为随个体变化的随机系数；$\boldsymbol{x}_{nj}$ 为选项特征变量向量；$\boldsymbol{w}_{nj}$ 为选项特征变量向量，但其系数 α 为固定常量；z_n 为个体属性变量向量，δ_j 为固定的选项特征系数；ε_{nj} 为效用随机项，服从一类广义极值分布。

cmmixlogit 命令能够估计出选项特征变量的固定系数 α，以及随机系数 β 的分布参数，即密度函数 $f(\beta)$ 的参数，如均值和方差等。需要注意的是，混合 logit 模型仅能估计出 $f(\beta)$ 的参数，并不能得到系数 β 本身的值。例如，随机系数 β 服从正态分布，那么混合 logit 模型能够估计得到正态分布的均值 μ 和方差 Σ。其语法命令如下：

cmmixlogit depvar [indepvars] [if] [in] [weight] [, options] depvar 为因变量，为 1 时表明选项被选中，为 0 表明选项没有被选中。在每一个 case 中，只能有一个选项被选中。indepvars 为选项特征变量。在 options 中，用 casevars（varlist）指定个体属性变量；用 random（varlist [，distribution]）指定服从一定分布的随机系数。

以数据集"Shaoxing2013 Commute long.dta"为例，该数据集为绍兴市 2013 年大规模居民出行调查的结果，并且已经转换为 STATA 的长数据类型。执行一个 list 命令来观察数据集中的数据结构：

. list id choice female age mode traveltime travelfare if id <= 3, sepby(id)

	id	choice	female	age	mode	trave~me	trave~re
1.	1	0	0	40	electric	10	20
2.	1	0	0	40	bus	15	60
3.	1	1	0	40	car	10	500
4.	1	0	0	40	moto	8	200
5.	2	0	0	42	electric	80	80
6.	2	0	0	42	bus	150	40
7.	2	1	0	42	car	100	360
8.	2	0	0	42	moto	60	150
9.	3	1	0	25	electric	20	20
10.	3	0	0	25	bus	50	70
11.	3	0	0	25	car	20	200
12.	3	0	0	25	moto	10	50

从 list 的输出结果中可以看到：每一个被观察个体有一个唯一编号 id。每个 id 对应了四行，表明每个个体对应四种不同的交通方式分别有一组观测值。每个样本个体都从 electric、bus、car 和 moto 中选择了一种，其中样本变量 choice 表示个体所选择的交通方式。female 和 age 为个体属性变量，只随个体发生变化，不随选项发生变化。traveltime 和 travelfare 随个体和选项发生变化，为选项特征变量。

首先，我们希望用混合选择 logit 模型来估计出行时间（traveltime）和出行费用（travelfare）对出行方式选择的影响。假设人们对于出行费用的偏好具有异质性，即不同个体对出行费用因素的系数是随机变量；而人们对出行时间的偏好是固定的，即出行时间的系数为一个常数。

在估计之前，我们首先要用 cmset 命令将数据集"Shaoxing 2013 commute long.dta"格式化为选择数据集。cmset 命令的第一个参数为 case 编号，即个体编号，在数据集中为 id；第二个参数为选项变量，在数据集中为 mode，其中存储了四种交通方式，那么格式化命令为：

. cmset id mode
caseid variable: id
alternatives   variable: mode

我们使用 cmmixlogit 命令估计模型。用选项参数 random（travelfare）来表示出行费用变量 travelfare 的系数为随机变量，将 traveltime 作为紧跟因变量 choice 的自变量，表明其系数为固定值。执行估计命令：

```
. cmmixlogit choice traveltime, random(travelfare)
Fitting fixed parameter model:
Fitting full model:
Iteration 0:    log simulated likelihood =  -7828.1728  (not concave)
Iteration 1:    log simulated likelihood =  -7108.2389  (not concave)
Iteration 2:    log simulated likelihood =  -6511.0347  (not concave)
Iteration 3:    log simulated likelihood =  -6168.3416  (not concave)
Iteration 4:    log simulated likelihood =  -6062.0833
Iteration 5:    log simulated likelihood =  -6033.1829
Iteration 6:    log simulated likelihood =  -6031.4411
Iteration 7:    log simulated likelihood =  -6031.4343
Iteration 8:    log simulated likelihood =  -6031.4343

Mixed logit choice model              Number of obs      =   23,264
Case ID variable: id                  Number of cases    =    5,816
Alternatives variable: mode           Alts per case: min =        4
                                                     avg =      4.0
                                                     max =        4

Integration sequence:       Hammersley
Integration points:                819      Wald chi2(2)    =   233.63
Log simulated likelihood = -6031.4343     Prob> chi2       =   0.0000
```

choice	Coef.	Std. Err.	z	P>|z|	[95% Conf. Interval]	
mode						
traveltime	-.018286	.002231	-8.20	0.000	-.0226587	-.0139133
travelfare	.0020573	.0001612	12.77	0.000	.0017414	.0023732
/Normal						
sd(travelfare)	.0020951	.0003635			.0014911	.0029437
electric	(base alternative)					
bus						
_cons	-1.750481	.0506591	-34.55	0.000	-1.849771	-1.65119
car						
_cons	-.9724268	.0535953	-18.14	0.000	-1.077472	-.8673819
moto						
_cons	-2.481043	.0634722	-39.09	0.000	-2.605447	-2.35664

LR test vs. fixed parameters: chibar2(01) =   58.75   Prob>= chibar2 = 0.0000

出行时间traveltime的估计系数为-0.0183，表明如果某种出行方式的出行时间增加，那么选择这种交通方式的概率会减少。出行费用travelfare的系数为随机变量，估计得到其均值为0.0020573，标准差为0.0020951。这说明在总体中随着个体的不同，他们对于出行费用的敏感程度都有所差异。cmmixlogit命令输出结果中的最后一行为似然比检验（LR test），其显著性表明我们可以拒绝travelfare系数固定不变的零假设。

10.2.1 积分点的设置

cmmixlogit通过蒙特卡洛积分法来计算似然值。正常情况下，只需要使用命令的默认设置，就可以实现积分的计算。如果在建模中，对最终确定的模型估计系数时，可以考虑使用intpoints（#），重新进行数值估计，其中#为积分点的个数。在上例中，积分点个数为819个。我们可以将积分点个数设置为1200个，重新用cmmixlogit估计模型。执行命令：

```
. cmmixlogit choice traveltime, random(travelfare) intpoints(1200)
Fitting fixed parameter model:

Fitting full model:

Iteration 0:    log simulated likelihood =  -7827.2612  (not concave)
Iteration 1:    log simulated likelihood =  -7101.0965  (not concave)
Iteration 2:    log simulated likelihood =  -6495.4382  (not concave)
Iteration 3:    log simulated likelihood =  -6152.9993  (not concave)
Iteration 4:    log simulated likelihood =  -6073.288
Iteration 5:    log simulated likelihood =  -6035.6456
Iteration 6:    log simulated likelihood =  -6031.5909
Iteration 7:    log simulated likelihood =  -6031.4345
Iteration 8:    log simulated likelihood =  -6031.4341

Mixed logit choice model              Number of obs      =   23,264
Case ID variable: id                  Number of cases    =    5,816
Alternatives variable: mode           Alts per case: min =        4
                                                     avg =      4.0
                                                     max =        4

Integration sequence:        Hammersley
Integration points:                1200    Wald chi2(2)  =   233.63
Log simulated likelihood = -6031.4341     Prob> chi2    =   0.0000
```

choice	Coef.	Std. Err.	z	P>|z|	[95% Conf. Interval]	
mode						
traveltime	-.0182862	.002231	-8.20	0.000	-.0226589	-.0139134
travelfare	.0020573	.0001612	12.76	0.000	.0017415	.0023732
/Normal						
sd(travelfare)	.0020952	.0003635			.0014912	.0029438
electric	(base alternative)					
bus						
_cons	-1.75048	.0506592	-34.55	0.000	-1.84977	-1.65119
car						
_cons	-.9724347	.053596	-18.14	0.000	-1.077481	-.8673885
moto						
_cons	-2.481039	.0634723	-39.09	0.000	-2.605443	-2.356636

LR test vs. fixed parameters: chibar2(01) = 58.75 Prob>= chibar2 = 0.0000

从结果可以看出，和之前的估计结果几乎没有区别。但是我们还是可以以更为精确的后者为最终结果。

10.2.2 边际效应的计算

基于上文模型估计的结果，我们可以使用 margins 命令估计选择不同交通方式人们的占比。执行命令：

```
. margins
Predictive margins                                Number of obs =   23,264
Model VCE    : OIM
Expression   : Pr(mode), predict()
```

	Margin	Delta-method Std. Err.	z	P>|z|	[95% Conf. Interval]	
_outcome						
electric	.475904	.0063969	74.40	0.000	.4633662	.4884417
bus	.0812785	.0035612	22.82	0.000	.0742986	.0882584
car	.3912023	.0061784	63.32	0.000	.3790928	.4033118
moto	.0516152	.0028935	17.84	0.000	.0459442	.0572863

从结果可以看出，平均有 8.13% 的出行者会选择公交方式出行。如果公交方式的出行时间降低 10%，那么出行者选择各种出行方式的比例会发生什么变化呢？我们可以使用带选项参数 at (traveltime = generate (traveltime * 0.9)) 以及 alternative (bus) 的 margins 命令来估计。执行命令：

```
. margins, at(traveltime=generate(traveltime*0.9)) alternative(bus)
Predictive margins                              Number of obs  =   23,264
Model VCE       : OIM
Expression      : Pr(mode), predict()
Alternative     : bus
at              : traveltime = traveltime*0.9
```

	Margin	Delta-method Std. Err.	z	P>|z|	[95% Conf. Interval]	
_outcome						
electric	.4738709	.0063993	74.05	0.000	.4613285	.4864133
bus	.0850218	.0037335	22.77	0.000	.0777043	.0923394
car	.3897144	.0061736	63.13	0.000	.3776144	.4018144
moto	.0513928	.0028817	17.83	0.000	.0457449	.0570408

从结果可以看出，如果公交出行时间降低了10%，那么平均选择公交方式的出行者所占比例会从8.13%增加到8.50%。说明公交出行时间对公交方式吸引力有一定影响。

10.2.3 随机系数的相关性

在通勤出行中，每个个体出行时间也不一样，同样具有个体的异质性。所以我们可以将出行时间和费用的系数都认为是随机系数，并允许这两个系数之间具有相关性，都服从多元正态分布。可以使用选项参数 random（traveltimetravelfare，correlated）。执行命令：

```
. cmmixlogit choice, random(travelfaretraveltime, correlated)
Fitting fixed parameter model:
Fitting full model:
Iteration 0:   log simulated likelihood = -7457.2835  (not concave)
（略）
Mixed logit choice model                Number of obs     =   23,264
Case ID variable: id                    Number of cases   =    5,816

Alternatives variable: mode             Alts per case: min=        4
                                                       avg =      4.0
                                                       max =        4

Integration sequence:       Hammersley
Integration points:                925  Wald chi2(2)     =    207.52
Log simulated likelihood = -6031.1393   Prob> chi2       =    0.0000
```

混合 logit 模型　第 10 章

	choice	Coef.	Std. Err.	z	P>|z|	[95% Conf. Interval]	
mode							
	travelfare	.0020726	.0001635	12.68	0.000	.0017521	.002393
	traveltime	-.019603	.0027125	-7.23	0.000	-.0249195	-.0142866
/Normal							
	sd(travelfare)	.002098	.0003795			.0014718	.0029906
	corr(travelfare,traveltime)	-.2529545	.9494164	-0.27	0.790	-.9778776	.9389922
	sd(traveltime)	.0106895	.0090411			.0020371	.056092
electric		(base alternative)					
bus							
	_cons	-1.752978	.0513644	-34.13	0.000	-1.85365	-1.652305
car							
	_cons	-.9886947	.0567098	-17.43	0.000	-1.099844	-.8775456
moto							
	_cons	-2.486176	.064493	-38.55	0.000	-2.61258	-2.359772

LR test vs. fixed parameters: chi2(3) =   59.34   Prob> chi2 = 0.0000
Note: LR test is conservative and provided only for reference.

估计得到出行费用（travelfare）和出行时间（traveltime）随机系数的均值为 0.0021 和 -0.0196。发现这两个系数之间的相关系数为 -0.2530，并不显著。

第11章 潜在类别模型

潜在类别模型（latent class models，LCM）用于识别和分析总体中具有潜在属性的类别。如我们可以将驾驶员按照性格分为保守型和激进型，这里体现性格的保守和激进提供了驾驶员分类的标准和依据。但是显然，性格无法直接观察，可以通过一些心理问题项间接测量。潜在类别模型也可以考虑如性别、年龄等可观测变量，和潜在变量一起，来划分总体中的类别，确定每个类别的比例，计算个体属于某个类别的概率。

潜在类别模型用一种不同于多项logit模型和混合logit模型的方法来处理样本数据中个体的异质性。潜在类别模型假设总体中个体服从离散分布，总体由有限类别构成，每个类别之间具有异质性，每个类别内部具有通用的参数。根据类别参数是固定还是随机，潜在类别模型可以分为标准模型和随机模型两类。

11.1 标准潜在类别模型

个体的行为取决于可观测的属性（如性别、年龄等）和无法观测具有异质性的潜在因素。我们可以通过潜在类别模型中离散分布的参数来分析这种潜在的异质性。假设总体中个体被分为 Q 类，每个类别包含哪些个体并不确定，是一个概率。若选项有 J 个，第 n 个个体位于选择环境 s 中，该个体在类别 q 中选择 j 选项的概率为

$$P_{njs}\mid q = \frac{\exp(\boldsymbol{x}_{ns,j}\boldsymbol{\beta}_q)}{\sum_{j=1}^{J}\exp(\boldsymbol{x}_{ns,j}\boldsymbol{\beta}_q)} = F(n,s,j\mid q) \tag{11.1}$$

在该模型中，每个个体面临的选择集可以不同。Lazarsfeld 和 Henry 在 1968 年为了从二项问题项中提取潜在态度因素，提出了潜在类别模型（latent class modeling，LCM）的方法。从问题项中提取公因子的方法还有因子分析。因子分析和潜在类别模型的区别在于：前者生成的潜在因子是连续变量，而后者假设生成的潜在因子是分类变量。Goodman 在 1974 年将潜在类别变量的类别个数扩展到二项以上，并设计使用极大似然的方法来实现模型的估计。近年来，潜在类别模型中用于提取潜在类别变量的可观测变量被扩展到多种类型，如名义变量、有序变量、连续变量和计数变量等，甚至是协变量。在本章，我们首先介绍可观测变量为名义变量的潜在类别模型。

潜在类别模型的输入为可观测的问题项，或可观测的指标变量。假设有 J 个问题项，对于每个问题项的回答选项为名义或有序变量。如在一项调查中，询问被调查者每周使用小汽车、公交车、出租车和电动自行车的频率，回答选项为"每周不使用""每周使用一两次""每周使用 2~4 次""每周使用 5 次及以上"。设每个问题项对应的可观测变量为 y_j，每个可观测变量包含的类别为 M_j。对应上面的例子，J 为 4，对应四种交通方式每周使用频率的问题项，M_1 到 M_4 都同样为 4。那

么回答选项的组合一共有 $M_1 \times M_2 \times M_3 \times M_4$ 种，对上例而言，就是 $4 \times 4 \times 4 \times 4$，即 256 种。也就意味着，任意一个被调查者，对这四个问题的回答将会是 256 种组合中的某一种。我们可以设某一个个体对这四个问题回答组合发生的概率为 $P(y_1, y_2, \cdots, y_J)$。潜在类别模型就是用于求解这些组合发生概率的模型。

潜在类别模型假设总体被划分为 C 个类别，但是我们并不知道每一个个体回答问题的组合属于哪一个类别。设潜在分类变量为 X，对于第 c 个类别而言，某个个体回答问题组合发生的概率为

$$P(y_1, y_2, \cdots, y_J) = \sum_{c=1}^{C} P(X=c) P(y_1, y_2, \cdots, y_J | X=c) \qquad (11.2)$$

其中，$P(X=c)$ 为潜在类别 c 出现的概率；$P(y_1, y_2, \cdots, y_J | X=c)$ 为个体回答问题的组合属于第 c 个类别的概率。所以每一个个体回答问题组合发生的概率为潜在类别发生的概率和回答问题组合属于这个类别概率的加权和。例如，假设共有两个潜在类别：$c=1$ 或 2，每个类别发生的概率分别为 0.6 和 0.4。假设对于四个问题项回答选项组合为 4、1、2、1，即每周使用小汽车 5 次及以上、不使用公交和电动自行车、可能会使用一两次的出租车。这个回答选择组合属于类别 1 的概率为 0.2，属于类别 2 的概率为 0.05。那么这个问题回答组合发生的概率为 $0.6 \times 0.2 + 0.4 \times 0.05 = 0.14$。

标准潜在类别模型的一个重要假设是可观测的指标变量或测量变量之间相互独立且互斥。如在上例中，对于四种交通方式出行频率问题的回答 y_1、y_2、y_3 和 y_4，都相互独立，其联合概率等于每个变量发生概率的乘积，即式（11.2）中的联合条件概率可变为

$$\begin{aligned} &P(y_1, y_2, y_3, y_4 | X=c) = \\ &P(y_1|X=c) P(y_2|X=c) P(y_3|X=c) P(y_4|X=c) \end{aligned} \qquad (11.3)$$

其中，$P(y_1|X=c)$ 为对于第一种交通方式出行频率回答为 y_1 时属于潜在类别 c 的概率，其他类推。例如，对于潜在类别 1 而言，选择四种交通方式出行频率的概率分别为 0.8、0.4、0.9、0.7，那么某个出行者对于潜在类别 1 出行模式发生的概率为 $0.8 \times 0.4 \times 0.9 \times 0.7 = 0.2$。将式（11.2）和式（11.3）组合起来，如果有 J 个客观变量，那么可得到标准潜在类别模型的公式：

$$P(y_1, y_2, \cdots, y_J) = \sum_{c=1}^{C} \left(P(X=c) \prod_{j=1}^{J} P(y_j | X=c) \right) \qquad (11.4)$$

标准潜在类别模型在建模过程中，希望能够找到在最小类别 C 前提下，使模型能够充分地解释可观测变量。通常的方法是，先假设只有一个潜在类别，那么一组可观测变量发生的概率为每个可观测变量发生概率的乘积，然后用实证数据去拟合这个模型；再假设有两个潜在类别，用实证数据去拟合。通过不断增加类别的数量，观察模型的拟合优度，选择最好的拟合优度指标组合，确定潜在类别的数量。

11.2 出行模式的数据描述

2021年1月4日到1月9日，在江苏省镇江市各大商场，开展了对自动驾驶汽车接受度的调查，形成了数据集"Acceptance of AV at Zhengjiang 2021.dta"。该数据集中共有样本489份。在数据集中，有五个变量fre_car、fre_bus、fre_taxi、fre_bike、fre_hailing，表示被调查者每周使用小汽车、公交、出租、自行车和网约车的频率。变量的标签为fre_lab，其含义和对应的编码，可通过label list 命令来观察：

```
. label list fre_lab
fre_lab:
           1 Never
           2 1 every week
           3 2~3 every week
           4 4~7 every week
```

即标签中，编码1为每周从不使用，2为每周使用1次，3为每周使用两三次，4为每周使用4~7次。以小汽车方式使用频率变量fre_car为例，用tabulate命令观察其频率分布：

```
. tabulate fre_car
```

fre_car	Freq.	Percent	Cum.
Never	277	56.65	56.65
1 every week	35	7.16	63.80
2~3 every week	60	12.27	76.07
4~7 every week	117	23.93	100.00
Total	489	100.00	

从中可以看到，在被调查群体中，每周不使用小汽车的个体占半数以上，达到56.65%。

为了便于后续的分析，需要将五个变量fre_car、fre_bus、fre_taxi、fre_bike、fre_hailing转化为长数据集。转化步骤如下：

(1) 生成宽数据集

使用keep命令，留存id、fre_car、fre_bus、fre_taxi、fre_bike、fre_hailing六个变量。id为被调查个体编号。执行命令：

```
. keep id fre_car-fre_hailing
```

(2) 将待合并变量改名

将小汽车、公交、出租车、自行车和网约车分别编号为1、2、3、4、5，将fre_car、fre_bus、fre_taxi、fre_bike、fre_hailing五个变量改名为fre1、fre2、fre3、fre4、fre5。执行命令：

```
. rename (fre_car-fre_hailing) fre#, addnumber
```

我们可以使用 describe 命令查看目前数据集中的变量名及对应的标签，执行命令：

```
. describe
Contains   data      from Acceptance of AV at Zhenjiang 2021.dta
obs:       489
vars:      6                                    20 Feb 2021 16:19

              storage   display    value
variable name  type     format     label       variable label

id             int      %10.0g                 id
fre1           byte     %10.0g                 fre_car
fre2           byte     %10.0g                 fre-bus
fre3           byte     %10.0g                 fre_taxi
fre4           byte     %10.0g                 fre_bike
fre5           byte     %10.0g                 fre_hailing
```

从输出结果可以看出，变量名发生了变化，如 fre_car 变为 fre1。

（3）将宽数据集转化为长数据集

转化的命令为 reshape。需要注意的是，在宽数据集中，id 为样本观测值的唯一编号，那么在转化为长数据集后，我们需要生成一个新的变量来标识每周出行频率的类型，如是小汽车出行还是公交出行。设新生成的变量为 mode，执行命令：

```
. reshape long fre, i(id) j(mode)
(note: j = 1 2 3 4 5)
Data                                wide   ->   long

Number of obs.                       489   ->   2445
Number of variables                    6   ->      3
j variable (5 values)                      ->   mode
xij variables:
                          fre1 fre2 ... fre5  ->   fre
```

从输出结果中可以看出，将原有的 6 个变量转化为 3 个变量。其中 id 变量保留，fre1、fre2、fre3、fre4、fre5 合并为变量 fre，并新生成 mode 变量来标识出行方式，且 1、2、3、4、5 分别为 car、bus、taxi、bike、hailing。我们可以用 label define 命令生成一个标签来存储出行方式和编码之间的对应关系：

```
. label define mode_lab 1 "Car" 2 "Bus" 3 "Taxi" 4 "Bike" 5 "Hailing"
```

并且将生成的标签 model_lab 赋予变量 mode：

```
. label value mode mode_lab
```

可以用 codebook 命令观察 mode 变量：

```
. codebook mode
```

mode
───

                   type: numeric (byte)
                  label: mode_lab

                  range: [1,5]   units: 1
          unique values: 5   missing .: 0/2,445

              tabulation: Freq.   Numeric   Label
                            489   1   Car
                            489   2   Bus
                            489   3   Taxi
                            489   4   Bike
                            489   5   Hailing

从输出结果可以看出，mode 取值 1 到 5，对应五种交通方式。

我们还可以使用 list 命令直接观察数据集，执行命令：

```
. list in 11/20
```

	id	mode	fre
11.	3	Car	1
12.	3	Bus	2
13.	3	Taxi	3
14.	3	Bike	2
15.	3	Hailing	1
16.	4	Car	1
17.	4	Bus	1
18.	4	Taxi	1
19.	4	Bike	4
20.	4	Hailing	1

可以看出，第三位被调查者，每周出租车使用频率最高，公交和自行车次之；第四位被调查者，主要使用自行车出行。

为了进一步明确数据集中 fre 变量的含义，我们赋予其一个标签"Frequency of trips every week"，执行命令：

```
. label variable fre "Frequency of trips every week"
```

可以使用带 by () 选项参数的绘图命令 twoway histogram，实现不同交通方式直方图的显示。为美观起见，我们只显示小汽车、公交、出租和网约车四种交通方式，所以使用了 if mode ！= 4，即出行方式不为自行车。执行命令：

```
. twoway histogram fre if mode != 4, discrete by(mode)
```

从图 11.1 可以看出，各种交通方式中，出租车的使用频率和私家小汽车的频率相反，小汽车使用频率呈现两极分化。公交和网约车方式的使用频次较为类似，但是高频使用公交的比例要高于网约车。

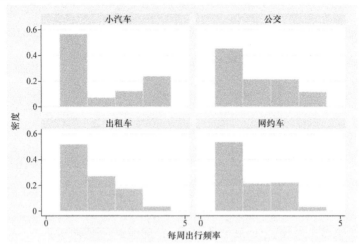

图 11.1　不同出行方式的每周使用频率

11.3　模型拟合和类别选取

11.3.1　建立潜在类别模型

为了简化问题，我们将"Acceptance of AV at Zhengjiang 2021.dta"数据集中表示每周使用小汽车、公交、出租、自行车和网约车频率的有序类别变量 fre_car、fre_bus、fre_taxi、fre_bike、fre_hailing 转化为二项变量，即某种交通工具每周不使用为 0，每周使用频次为 1 次及以上为 1。我们可以令新的表示交通工具每周使用频次的二项变量为 bfre_car、bfre_bus、bfre_taxi、bfre_bike、bfre_hailing。因为使用频率的编码中，1 为每周从不使用，2 为每周使用 1 次、3 为每周使用两三次，4 为每周使用 4~7 次，所以转化的命令为：

. recode fre_car (1 = 0 "infrequent") (2/4 = 1 "frequent"), gen(bfre_car)
(489 differences between fre_car and bfre_car)
. recode fre_bus (1 = 0 "infrequent") (2/4 = 1 "frequent"), gen(bfre_bus)
(489 differences between fre_bus and bfre_bus)
. recode fre_taxi (1 = 0 "infrequent") (2/4 = 1 "frequent"), gen(bfre_taxi)
(489 differences between fre_taxi and bfre_taxi)
. recode fre_bike (1 = 0 "infrequent") (2/4 = 1 "frequent"), gen(bfre_bike)
(489 differences between fre_bike and bfre_bike)
. recode fre_hailing (1 = 0 "infrequent") (2/4 = 1 "frequent"), gen(bfre_hailing)
(489 differences between fre_hailing and bfre_hailing)

为了拟合潜在类别模型，我们首先需要确定潜在变量的类别数。假设人们出行交通模式的类别潜变量有两个，那么五种交通方式对应的系数，在不同类别中应该有不同的值。令 α 为 logistic 模型中待估计的截距，那么第一个类别模型为

$$\Pr(\text{car} = 1 \mid C = 1) = \frac{\exp(\alpha_{11})}{1 + \exp(\alpha_{11})} \quad (11.5)$$

$$\Pr(\text{bus} = 1 \mid C = 1) = \frac{\exp(\alpha_{21})}{1 + \exp(\alpha_{21})} \quad (11.6)$$

$$\Pr(\text{taxi} = 1 \mid C = 1) = \frac{\exp(\alpha_{31})}{1 + \exp(\alpha_{31})} \quad (11.7)$$

$$\Pr(\text{bike} = 1 \mid C = 1) = \frac{\exp(\alpha_{41})}{1 + \exp(\alpha_{41})} \quad (11.8)$$

$$\Pr(\text{hailing} = 1 \mid C = 1) = \frac{\exp(\alpha_{51})}{1 + \exp(\alpha_{51})} \quad (11.9)$$

相应的，对于第二个类别，有类似的公式。

$$\Pr(\text{car} = 1 \mid C = 2) = \frac{\exp(\alpha_{12})}{1 + \exp(\alpha_{12})} \quad (11.10)$$

$$\Pr(\text{bus} = 1 \mid C = 2) = \frac{\exp(\alpha_{22})}{1 + \exp(\alpha_{22})} \quad (11.11)$$

$$\Pr(\text{taxi} = 1 \mid C = 2) = \frac{\exp(\alpha_{32})}{1 + \exp(\alpha_{32})} \quad (11.12)$$

$$\Pr(\text{bike} = 1 \mid C = 2) = \frac{\exp(\alpha_{42})}{1 + \exp(\alpha_{42})} \quad (11.13)$$

$$\Pr(\text{hailing} = 1 \mid C = 2) = \frac{\exp(\alpha_{52})}{1 + \exp(\alpha_{52})} \quad (11.14)$$

我们也可以通过多项 logit 模型，得到每一个类别发生的概率：

$$\Pr(C = 1) = \frac{e^{\gamma_1}}{e^{\gamma_1} + e^{\gamma_2}} \quad (11.15)$$

$$\Pr(C = 2) = \frac{e^{\gamma_2}}{e^{\gamma_1} + e^{\gamma_2}} \quad (11.16)$$

其中，γ_1 和 γ_2 分别为多项 logit 模型的截距。由于效用差才有意义，我们可以将 γ_1 设定为 0。

11.3.2　模型拟合命令

潜在类别模型是结构方程模型中的一种，其拟合命令为 gsem。在 STATA 中，结构方程模型的拟合命令有两个：sem 和 gsem。前者用于拟合标准的线性结构方程模型，因变量为连续变量；后者用于拟合广义的结构方程模型，因变量可以是连续、二项、有序、计数或多项变量，模型除了线性以外，还可以是 logit、probit、ordinal logit 等。在 sem 中，潜变量必须为连续变量；而在 gsem 拟合的模型中，潜变量可以是连续或分类变量，但是在一个模型中，潜变量只能为连续和分类变量中

的一种。

在数据集"Acceptance of AV at Zhengjiang 2021.dta"中,有五个二项变量 bfre_car、bfre_bus、bfre_taxi、bfre_bike、bfre_hailing,代表了出行者对于五种交通方式每周的出行频率。我们可以基于这五个变量,生成类别潜变量,拟合潜在类别模型。

在拟合模型之前,首先需要确定潜在类别的数量,然后可以使用只有截距的 logistic 回归,去拟合二项观测变量。例如,我们首先假设出行者的出行模式可以分为两类,拟合命令如下。在命令中箭头的右侧没有其他变量,这是因为我们使用的可观测变量都为二项变量,拟合的是只有截距的回归模型,命令中的 logit 表明使用了 logistics 回归模型。选项参数中的 lclass()用于定义潜在分类变量及分类数,如在下面的命令中,潜在类别变量为 C,分类数为 2。

```
. gsem (bfre_car bfre_bus bfre_taxi bfre_bike bfre_hailing <- ), logit lclass(C 2)


Fitting class model:

Iteration 0:    (class) log likelihood = -310.52994
Iteration 1:    (class) log likelihood = -310.52994

Fitting outcome model:

Iteration 0:    (outcome) log likelihood = -1219.9124
Iteration 1:    (outcome) log likelihood = -1213.7743
Iteration 2:    (outcome) log likelihood = -1213.6474
Iteration 3:    (outcome) log likelihood = -1213.6472
Iteration 4:    (outcome) log likelihood = -1213.6472

Refining starting values:

Iteration 0:    (EM) log likelihood = -1562.7827
Iteration 1:    (EM) log likelihood = -1568.0203
Iteration 2:    (EM) log likelihood = -1567.6395
Iteration 3:    (EM) log likelihood = -1566.2463
Iteration 4:    (EM) log likelihood = -1564.7648
Iteration 5:    (EM) log likelihood = -1563.3757
Iteration 6:    (EM) log likelihood = -1562.1043
Iteration 7:    (EM) log likelihood = -1560.9451
Iteration 8:    (EM) log likelihood = -1559.8872
Iteration 9:    (EM) log likelihood = -1558.9202
```

```
Iteration 10:   (EM) log likelihood = -1558.0345
Iteration 11:   (EM) log likelihood = -1557.2219
Iteration 12:   (EM) log likelihood = -1556.4749
Iteration 13:   (EM) log likelihood = -1555.7871
Iteration 14:   (EM) log likelihood = -1555.1528
Iteration 15:   (EM) log likelihood = -1554.5669
Iteration 16:   (EM) log likelihood =  -1554.025
Iteration 17:   (EM) log likelihood = -1553.5231
Iteration 18:   (EM) log likelihood = -1553.0575
Iteration 19:   (EM) log likelihood = -1552.6252
Iteration 20:   (EM) log likelihood = -1552.2232
Note: EM algorithm reached maximum iterations.

Fitting full model:
Iteration 0:   log likelihood = -1474.4686
Iteration 1:   log likelihood = -1474.3458
Iteration 2:   log likelihood =  -1474.297
Iteration 3:   log likelihood = -1474.2862
Iteration 4:   log likelihood = -1474.2835
Iteration 5:   log likelihood = -1474.2828
Iteration 6:   log likelihood = -1474.2827
Iteration 7:   log likelihood = -1474.2827
Generalized structural equation model        Number of obs =    448
Log likelihood = -1474.2827
```

	Coef.	Std. Err.	z	P>|z|	[95% Conf. Interval]	
1.C	(base outcome)					
2.C						
_cons	.1996576	.1956031	1.02	0.307	-.1837175	.5830326

```
Class          : 1

Response       : bfre_car
Family         : Bernoulli
Link           : logit

Response       : bfre_bus
Family         : Bernoulli
Link           : logit

Response       : bfre_taxi
Family         : Bernoulli
Link           : logit
```

```
Response      : bfre_bike
Family        : Bernoulli
Link          : logit

Response      : bfre_hailing
Family        : Bernoulli
Link          : logit
```

	Coef.	Std. Err.	z	P>|z|	[95% Conf. Interval]	
bfre_car						
_cons	.2006259	.1716467	1.17	0.242	-.1357954	.5370472
bfre_bus						
_cons	-.5596143	.185384	-3.02	0.003	-.9229602	-.1962683
bfre_taxi						
_cons	-15.54038	686.5912	-0.02	0.982	-1361.234	1330.154
bfre_bike						
_cons	-.4777693	.1622661	-2.94	0.003	-.795805	-.1597336
bfre_hailing						
_cons	-1.501792	.3339444	-4.50	0.000	-2.156311	-.8472734

```
Class         : 2

Response      : bfre_car
Family        : Bernoulli
Link          : logit

Response      : bfre_bus
Family        : Bernoulli
Link          : logit

Response      : bfre_taxi
Family        : Bernoulli
Link          : logit

Response      : bfre_bike
Family        : Bernoulli
Link          : logit

Response      : bfre_hailing
Family        : Bernoulli
Link          : logit
```

	Coef.	Std. Err.	z	P>|z|	[95% Conf. Interval]	
bfre_car						
_cons	-.4131834	.1384807	-2.98	0.003	-.6846006	-.1417662
bfre_bus						
_cons	.8328123	.1509272	5.52	0.000	.5370003	1.128624
bfre_taxi						
_cons	1.891585	.6170869	3.07	0.002	.6821165	3.101053
bfre_bike						
_cons	-.054499	.1344184	-0.41	0.685	-.3179542	.2089562
bfre_hailing						
_cons	.7684034	.1492591	5.15	0.000	.475861	1.060946

潜在类别模型的拟合输出结果比较长。其中,"Fitting class model:""Fitting outcome model:"和"Refining starting values:"这三个部分,是拟合命令寻找潜在类别模型初始值的过程。第一张表格"Generalized structural equation model"给出的是多项 logit 模型对于潜在变量 C 的估计系数。"Class:1"下面的表格给出的是对于潜在变量 C 第一个类别 logistics 回归模型的拟合结果。"Class:2"下面的表格给出的是对于潜在变量 C 第二个类别 logistics 回归模型的拟合结果。

我们可以通过 estatlcmean 命令计算出每一种类别中被调查者选择每一种交通方式的边际均值或概率。由于我们使用的是二项 logistic 回归,所以这个均值也就是每个类别中选择某种交通方式的概率。命令 lcmean 具体是指 Latent class marginal means,即潜在类别边际均值。执行命令:

. **estatlcmean**

Latent class marginal means　　　　　　　　　Number of obs = 448

	Margin	Delta-method Std. Err.	[95% Conf. Interval]	
1				
bfre_car	.5499889	.0424827	.4661032	.6311253
bfre_bus	.3636367	.0428988	.2843551	.4510898
bfre_taxi	1.78e-07	.0001223	0	1
bfre_bike	.382779	.0383369	.3109236	.4601513
bfre_hailing	.1821583	.0497499	.1037429	.3000051
2				
bfre_car	.3981491	.0331836	.3352353	.4646177
bfre_bus	.6969492	.0318775	.6311143	.7555849
bfre_taxi	.8689361	.0702777	.6642109	.9569362
bfre_bike	.4863786	.0335797	.4211744	.5520498
bfre_hailing	.6831754	.0323066	.61677	.7428712

输出表格分为两个部分，对应着两个潜在类别。在第一个类别中，人们通常选择小汽车出行的概率为 0.55，不选择小汽车出行的概率为 1 − 0.55 = 0.45；第二个类别中，选择小汽车出行的概率为 0.40。相对来说，第一个类别喜好小汽车出行，而第二个类别更加偏向于公共交通。

我们还可以通过 estatlcprob 命令来计算总体中属于每个类别个体的比例。这里的 lcprob 具体指 Latent class marginal probabilities，即潜在类别边际概率。执行命令：

`. estatlcprob`

Latent class marginal probabilities   Number of obs =   448

		Margin	Delta-method Std. Err.	[95% Conf. Interval]	
C					
1		.4502508	.0484167	.3582351	.5458006
2		.5497492	.0484167	.4541994	.6417649

从输出结果可以看出，总体中有 45% 的个体属于第一个类别，55% 的个体属于第二个类别。

我们还可以使用带参数 classposteriorpr 的 predict 命令来计算每个个体属于某个潜在类别的概率。将个体属于类别 1 的概率放在变量 classpost1 中；属于类别 2 的概率放在变量 classpost2 中。执行命令：

`. predict classpost*, classposteriorpr`

用 list 命令显示数据集中的第一个样本，可以使用 abbrev（#）参数，#为显示变量名的长度，因为 classpost1 有 10 个字符，为了显示全可以用 abbrev（10）。执行命令：

`. list id age sex edu classpost* in 1, abbrev(10)`

	id	age	sex	edu	classpost1	classpost2
1.	311	25	2	本科或大专毕业	.9681887	.0318113

从中可以看出，编号 311 的个体，25 岁，女性，我们通过她对五种交通方式使用频率问题的回答判断，她属于第一个潜在类别的概率高达 97%。我们通常可以以 0.5 为阈值，判断某个个体是否期望属于某个潜在类别。

生成一个新的变量 expclass 来存储个体所隶属的潜在类别，取值 1 或 2，表明属于第一个或第二个潜在类别。可以默认每个个体都属于潜在类别 1，即 expclass 为 1，如果 classpost2 大于 0.5，那么就在 expclass 上加 1。执行命令：

`. gen expclass = 1 + (classpost2>0.5)`

用 tabulate 查看变量 expclass 的频率分布，执行命令：

```
. tabulate expclass
```

expclass	Freq.	Percent	Cum.
1	215	47.99	47.99
2	233	52.01	100.00
Total	448	100.00	

可以看出，有 215 个个体属于潜在类别 1，233 个个体属于潜在类别 2。

11.3.3 拟合优度和类别选取

通常可以使用似然比卡方值（Likelihood – ratio chi – squared）G^2 来衡量潜在类别模型中问题项回答选项组合发生的频率 $\hat{\mu}_{y_1,\cdots,y_J}$ 和可观测问题项实际回答选择组合发生频率 $n_{y_1,\cdots,y_J}$ 的差异，公式如下：

$$G^2 = 2\sum \left(n_{y_1,\cdots,y_J} \ln\left(\frac{n_{y_1,\cdots,y_J}}{\hat{\mu}_{y_1,\cdots,y_J}}\right) \right) \quad (11.17)$$

如果潜在类别模型和实际数据拟合得足够好，那么 G^2 应该足够小。如果模型和数据是完美拟合，那么 G^2 为 0。实际上，G^2 测量的是模型无法解释的部分。当样本量 N 足够大时，G^2 服从 χ^2 分布，其自由度 df 为所有问题回答选项个数所有可能的组合数减去 1，再减去自由参数的个数。例如，有四个问题项，每个问题项回答选项的个数为 M_1、M_2、M_3 和 M_4，则回答选项个数所有可能的组合数为 $M_1 \times M_2 \times M_3 \times M_4$，自由参数个数为

$$N_{\text{para}} = (C-1) + C((M_1-1) + (M_2-1) + (M_3-1) + (M_4-1)) \quad (11.18)$$

如果自由度 df 小于 0，那么意味着潜在类别模型无法被识别，也就是没有唯一的最优估计参数。

通常用信息准则 AIC 和 BIC 来比较具有不同分类数潜在类别模型之间的优劣。AIC 和 BIC 的详细解释见 6.4.3 节信息标准指标。在潜在类别模型的拟合优度指标中，以 BIC 为例，其计算公式为

$$\text{BIC} = -2\text{LL} + \ln(N)N_{\text{para}} \quad (11.19)$$

其中，LL 为对数似然值（Log – Likelihood），N 为样本量。潜在类别模型的 AIC 和 BIC 值越低，表明模型的拟合效果越好。

在 STATA 中，如果潜在类别模型中所有的可观测变量都为分类变量，我们可以使用 estatlcgof 进行似然比检验，通过检验参数的估计量选择合适的潜在类别数。命令 lcgof 指 Latent class goodness – of – fit statistics，即潜在类别的拟合优度统计。接上文例子，执行命令：

```
. estatlcgof
```

Fit statistic	Value	Description
Likelihood ratio		
chi2_ms(20)	40.667	model vs. saturated
p > chi2	0.004	
Information criteria		
AIC	2970.565	Akaike's information criterion
BIC	3015.718	Bayesian information criterion

从结果可以看出，G^2的值为0.004，且在1%的水平下可以拒绝原假设，即我们建立的模型和饱和模型（saturated model）显著不等同。另外，还得到了AIC和BIC的值，这两个值可以帮助我们比较具有不同类别数的潜在类别模型的拟合优劣。

当前的潜在类别模型为两个类别，可以使用estimates store命令将模型拟合结果存在twoclass中，执行命令：

```
. estimates store twoclass
```

同样，拟合只有一个类别的潜在类别模型，并将拟合结果存储在oneclass中。执行命令：

```
. quietly gsem (bfre_car bfre_bus bfre_taxi bfre_bike bfre_hailing <- ), logit lclass(C 1)
. estimates store oneclass
```

用estatlcgof命令查看一个类别的潜在类别模型拟合优度，执行命令：

```
. estatlcgof
```

Fit statistic	Value	Description
Likelihood ratio		
chi2_ms(26)	180.802	model vs. saturated
p > chi2	0.000	
Information criteria		
AIC	3098.701	Akaike's information criterion
BIC	3119.225	Bayesian information criterion

从结果可以看出，可以拒绝零假设。拟合三个类别的潜在类别模型，将拟合结果存在threeclass中，并计算拟合优度。执行命令：

```
. quietly gsem (bfre_car bfre_bus bfre_taxi bfre_bike bfre_hailing <- )
, logit lclass(C 3)
. estimates store threeclass
. estatlcgof
```

```
Fit statistic              Value      Description

Likelihood ratio
      chi2_ms(14)          16.855     model vs. saturated
        p > chi2            0.264

Information criteria
             AIC          2958.753    Akaike's information criterion
             BIC          3028.534    Bayesian information criterion
```

可以看出，有三个类别的潜在类别模型，无法拒绝零假设，即我们建立的模型和饱和模型（saturated model）显著等同。我们可以使用 estimates stats 命令，将三种类别数的潜在类别模型的拟合优度在一张表中显示。estimates stats 主要用来显示采用极大似然估计模型的相关统计量，包括 AIC 和 BIC。执行命令：

`. estimates stats oneclasstwoclassthreeclass`

Akaike's information criterion and Bayesian information criterion

Model	N	ll(null)	ll(model)	df	AIC	BIC
oneclass	448	.	-1544.35	5	3098.701	3119.225
twoclass	448	.	-1474.283	11	2970.565	3015.718
threeclass	448	.	-1462.376	17	2958.753	3028.534

Note: BIC uses N = number of observations. See [R] BIC note.

从结果可以看出，有两个类别的潜在类别模型有最小的 BIC 值，有三个类别的潜在类别模型有最小的 AIC 值。综合考虑，建议使用三个类别的潜在类别模型。

附录 A STATA 软件基础

1. 关于 STATA 的基础知识

STATA 除了有非常多的计算命令外，还能够将这些命令及计算结果相互组合运算，实现研究者自己创立算法——STATA 的命令编程。在命令编程中，有一些基础的操作，需要研究者非常熟悉，下面做一个简单的介绍。

（1）操作运算符和逻辑运算符

STATA 中的算数运算符主要有 +、-、*、/、^，即加、减、乘、除、指数。逻辑运算符为!、~、|、&，即非、或、和。= = 为等于运算符。! = 或 ~ = 为不等于。

（2）STATA 的在线资源

STATA 有较为丰富的在线资料，可以从以下网站找到使用 STATA 的相关资料：

http：// www. ats. ucla. edu/ stat/ Stata/

http：// statcomp. ats. ucla. edu/ Stata/

http：// www. Stata. com/ links/

另外，还可以通过搜索引擎搜索"问题 in STATA"，往往能得到意想不到的收获。另外，还可以将在使用 STATA 过程中遇到的问题写成邮件，发送给 tech - support@ Stata. com。

（3）STATA 的命令

STATA 提供的命令非常丰富，需要注意的是，命令本身都是小写，对于变量，大小写敏感。通常 STATA 的命令语法形式为：

[prefix command：] command [varlist] [if] [in] [, options]

方括号里面的部分是可选项，不一定要出现在具体执行的命令中。prefix command 为正式命令的前缀命令，很多情况下可以是 by varname, sort：，用来分类显示之后命名运行的结果。varlist 是变量列表名，表示命令 command 操作的对象变量。if 为条件判断，可以提取我们感兴趣的数据或筛去不希望参与命令计算的数据。in 为限制被操作的记录范围，比如 in 5/10 确定了数据集中 5 行至 10 行的数据。options 为命令的可选参数，具体可以通过 help command 命令来查阅手册，了解详细的参数选项。

（4）STATA 中操作数据的常用命令

每次在 STATA 中打开新的数据集，都相当于把数据文件读入到内存中，供 STATA 计算选用。如果我们要清空当前内存，可以用 clear 命令。如果要删除数据集中的某个变量，可以用 drop 命令。为了谨慎起见，可以在使用 drop 命令删除某个变量前，用 preserve 命令保存当前所有变量，在执行完 drop 命令后，可以用 restore 命令恢复用 drop 删除的变量。在进行命令编程时，有时一行过长，可以用/// 将命令截断，不影响命令的执行。

2. 用项目管理器组织 STATA 的文件

在 STATA 中使用的文件类型很多，比如数据文件（ *. dta）、程序文件

（*.do）、图形文件（*.gph）等。如果全部以文件的形式存在磁盘的文件夹中，会比较散乱，使用起来也不方便。在 STATA 中提供了一种很好管理这些文件的工具——项目管理器（Project Manager）。

要打开项目管理器的界面，首先在 STATA 界面中打开 Do-file 编辑器，从菜单栏选择 Window->Do-file Editor->New Do-file Editor，或者在命令输入框中执行命令：doedit。在打开的 Do-file 编辑器界面的菜单栏中选择 File->New->Project…。这时系统会提示输入项目名称，这里将项目名设为"behavior"，保存为 behavior.stpr 文件。此时 Do-file 编辑器变为项目管理器界面，如图 A.1 所示。

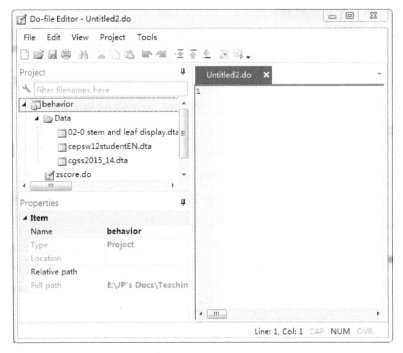

图 A.1　项目管理器界面

在树形结构的管理器下方为属性面板，用于显示当前选中项（项目、组或文件）的属性。属性中，Name 为名称，Type 为类型，具体有项目（project）、分组（group）和文件（document）三类。Relative Path 指选中项文件存储路径形式，包括相对路径（Relative to project）和绝对路径（Absolute path）。如果把一个项目需要用到的文件都放在一个文件夹中，包括项目文件，这时使用相对路径，可以很方便地将该文件夹移植到其他计算机上，打开项目文件，文件组织形式会保持完好。对于占用空间较大的数据或者要调用其他项目经常修改的 do 文件，这时可以考虑使用绝对路径。

3. ado 文件简介

一个 ado 文件相当于定义了一个 STATA 命令，但不是所有的 STATA 命令都通过 ado 文件来实现。比如经常用来做描述性统计的"summarize"命令，是 STATA 的一个内置命令；而用来获取均值或方差置信区间的"ci"，则是一个 ado 文件形成的命令。实际上，从执行结果和速度来看，ado 文件写成的命令和 STATA 内置命令并无区别。

ado 文件其实是包含 STATA 程序的文本文件。当我们在 STATA 的命令输入框中，输入一个命令时，STATA 首先在其内置命令中寻找，如果没有找到，则会在特定的目录下，寻找是否有和输入命令同名的 ado 文件。如果发现了这样的 ado 文件，STATA 就会将文件载入内存，并执行。但这样的载入、执行过程会非常迅速，我们几乎无法察觉 ado 文件和内置命令在执行时的区别。

另外，ado 文件往往还伴随有一个同名但扩展名为 *.sthlp 的帮助文件。例如上文的"ci"命令，存在一个 ci.ado 文件以及 ci.sthlp 文件。前者用来存储执行 ci 命令的程序或代码；后者用来响应命令"help ci"，显示命令"ci"的使用帮助。

(1) ado 文件的确定和查看

可以通过命令"which"来询问一个命令是否是 ado 文件还是内置命令。如果是 ado 文件，可以直接给出该文件的存储地址。详见 [R] which。

例如，查询命令"summarize"是内置命令还是 ado 文件，可以执行：

```
. which summarize
built-in command:   summarize
```

结果显示 summarize 为 STATA 的内置命令。再比如，可以查询常用的线性回归命令"regress"，执行：

```
. which regress
G:\software\Stata16SE\Stata16\ado\base\r\regress.ado
*! version 1.3.2  28feb2018
```

可以看出，regress 命令来源于"regress.ado"文件，并且 which 命令还给出了这个 ado 文件的详细地址、版本号以及更新时间。如果确定了一个命令来源于 ado 文件，那么可以用 type 或 viewsource 命令来具体查看 ado 文件的内容。详见 [D] type 和 [P] viewsource。例如，要显示"regress.ado"文件的详细内容，可以执行（输出结果略）：

```
. type "G:\software\Stata16SE\Stata16\ado\base\r\regress.ado"
```

如果用 viewsource 命令，需要给出完整的 ado 文件名（包含扩展名），并且 ado 文件的详细内容不是显示在结果输出窗口，而是显示在"view"视窗中。执行（输出结果略）：

```
. viewsource regress.ado
```

Viewsource 命令不仅可以用来查看 ado 文件的内容，还可以查看帮助文件 sthlp 的内容，如查看回归命令 regress 帮助文件内容，执行：

```
. viewsource regress.sthlp
```

(2) ado 文件的位置

上文介绍到，如果在命令输入框中输入一个 ado 文件命令，那么 STATA 会在特定目录去寻找该文件，并载入内存后执行。那么 STATA 会在哪些目录中去搜索 ado 文件呢？我们可以用 adopath 命令，来显示这些目录。详见 [P] sysdir。执行：

. adopath
[1] (BASE)   "G:\software\Stata16SE\Stata16\ado\base/"
[2] (SITE)   "G:\software\Stata16SE\Stata16\ado\site/"
[3]   "."
[4] (PERSONAL) "C:\Users\Administrator\ado\personal/"
[5] (PLUS)   "C:\Users\Administrator\ado\plus/"
[6] (OLDPLACE) "c:\ado/"

从输出结果可以看出，STATA 会在 6 个文件夹中搜索 ado 文件。其中 BASE 中是安装 STATA 以及官方升级时，给定的 ado 文件。

PERSONAL 中是我们自己的 ado 文件，只要将自己写好的 ado 文件复制到这个文件夹即可。

PLUS 是我们自己安装，但不是自己写的 ado 文件。安装的来源可能是 STATA 的期刊，或者 SSC 服务。往往通过 net 命令安装的 ado 文件都存储在这个文件夹中。详见 [R] net。

其他文件夹的详细介绍见 [U] 17.5 Where does STATA look for ado – files。

如果想要将自己定义的文件夹加入 STATA 的 ado 文件夹清单中，可以用 adopath 命令来实现。如：

. adopath + d:\ado

如上述命令，就将 "d：\ ado" 目录加入了 STATA 搜索 ado 文件的文件夹清单中。

(3) ado 文件编程相关

在编写 ado 文件的命令时，要求一个 ado 文件中只存储一个程序，并且 ado 文件名和程序名要完全一致。当第一次输入 ado 文件命令时，STATA 会搜索到这个文件，将程序载入内存，然后执行。如果再次输入同样的命令，STATA 会直接从内存中执行 ado 文件的命令。显然，如果在输入两次命令期间，对 ado 文件进行了改动，第二次命令的执行无法体现改动。所以通常在调试 ado 程序时，将程序第一行写成 "capture program drop programname"，表明在执行程序前，自动清除内存中原有的程序。彻底完成所有的程序调试后，可以去掉这行语句，以提高程序的执行效率。

在调试程序过程中，可以用 "set trace on" 命令来跟踪程序的执行过程，便于调试，详见 [P] trace。最终完成程序的调试后，想要发布 ado 文件，可以参看 https: //www.stata.com/support/faqs/resources/sharing – a – command/。

4. STATA 命令行程序

STATA 命令行程序和 do 文件不一样，不需要在每次执行先载入再运行，而是可以和类似 summarize 等系统命令一样直接执行。想要编写 STATA 的命令行程序，首先需要理解 STATA 如何解析命令行，如何区分命令行中哪些单词是命令，哪些是参数，哪些是变量等。

（1）解析 STATA 命令行的方法

在编写 STATA 的 ado 程序命令时，往往需要将程序命令所需的样本变量或函数参数传递到程序中。例如 summarize 命令，需要跟随一个样本变量列表 varlist，表明对样本变量列表 varlist 中的变量进行描述性统计，这里的 varlist 就是要传递到命令 summarize 中的参数。如统计性别的命令：sum female。该命令行中的 sum 为命令，female 为要传递进命令程序 sum 中的参数——样本变量。在编写 STATA 的命令程序时，首先需要能够解析用户输入的命令行，知道哪个字符串是命令，哪个是样本变量参数，哪个是选项参数等。解析 STATA 命令行的方法有四种：

1）如果用户定义的命令行为 cmd arg1 arg2 …的形式，即在命令后直接跟随参数，那么在 cmd 的程序中，会自动将用户输入的第一个参数 arg1 的内容存储在本地宏`1'中，第二个参数 arg2 存储在本地宏`2'中……在编写程序中，可以直接使用`1'、`2'……如生成 z 值的程序中，在使用时命令语法为 zscore varname rawdata，其中 varname 为样本变量；rawdata 为待转变为 z 值的原始数据，那么在程序 zscore 中，可以直接用宏`1'和`2'来代表 varname 和 rawdata，参与运算。宏`0'为用户输入命令之后关于参数的字符串，如命令"logit mode_car female"，在其程序中宏`0'就代表字符串"mode_car female"。

2）在程序中使用`1'、`2'虽然方便，但是参数比较多时，不容易记忆参数代表的含义。我们可以在程序中使用 args 声明命令行中的第一个、第二个、第三个……传入参数。如 5.3.2 节中我们用 args 声明 lnfj、mu、sigma 等参数，即 args lnfj mu sigma，然后在程序中可以直接以宏的形式使用这些参数，如`lnfj'、`mu'、`sigma'。根据 args 后声明参数的位置，在输入命令行时，就要依次将参数放置在命令之后。

3）在程序中使用 syntax 来声明参数。syntax 有一定的语法规则，实际上是对 STATA 命令的一种高级正则解析方法，即将命令解析为变量、if、in，以及各种选项参数的组合，并传入程序中供使用。详见［P］syntax。

4）在程序中使用 gettoken 来解析命令行。gettoken 是一种低级解析命令行的方法，和 syntax 相比，更加灵活，但使用起来也较为繁琐，因为要对命令中的变量或参数进行额外的检验。详见［P］gettoken。gettoken 的命令语法为：

gettoken emname1 [emname2]: emname3 [, parse ("pchars") quotesqed (lmacname) match (lmacname) bind]

其中，emname 为宏名，选项参数 parese ("pchars") 是指用字符串"pchars"

来分割截取命令，默认分割字符串为空格。gettoken 将宏 emname3 中的字符串用 parse（"pchars"）中的 pchars 字符进行分割，如果没有定义选项参数 parse，默认用空格作为分隔符。将宏 emname3 分割后的第一个字符串存入宏 emname1 中，如果定义了 emname2，则将从 emname3 中去除第一个字符串余下的字符串，存入 emname2 中。gettoken 命令的解析功能如图 A.2 所示。

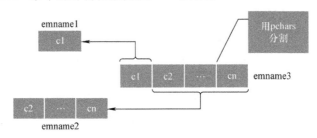

图 A.2　gettoken 命令的解析功能

如对于命令"logit mode_car female i.salarycat3"，可以用 gettoken 进行解析：
gettoken first second : 0

因为宏`0'代表了命令之后的参数字符串"mode_car female i.salarycat3"，所以存储在宏`first'中的是字符串"mode_car"，存储在宏`second'中的字符串为"female i.salarycat3"。如果把第二个宏 emname2 也设定为`0'，那么就可以实现依次提取分隔`0'后每一个字符串的功能。如：
gettoken first 0 : 0

得到的宏`first'中的字符串为"mode_car"，再次执行：
gettokensecond0 : 0

得到的宏`second'中的字符串为"female"，再次执行：
gettokenthird0 : 0

得到的宏`third'中的字符串为"i.salarycat3"。

（2）标准化的 STATA 命令行

STATA 的标准命令行其实是非常贴近自然语言的一种命令方式。在前文介绍各种 STATA 命令时，我们总会首先给出命令的标准语法。如 logit 模型估计命令的语法为：

logit depvar [indepvars] [if] [in] [weight] [, options]

其中，logit 为模型估计的命令，depvar 为因变量，自变量 indepvars 被加了中括号表明是可选项，然后跟随的可选项为 if、in、weight，最后是参数选项 options。这是一个标准的 STATA 命令行，包括命令，命令要计算或处理的对象变量名，命令涉及的样本范围、权重，以及可选参数选项。syntax 能够把这样一个标准的 STATA 命令行解析为程序中可以使用的各种宏，便于写出清晰明了的代码。所以 syntax 使用的前提是用户使用标准化的 STATA 命令行。可以将 STATA 标准化的命令行抽象为：
    cmd [varlist | namelist | anything]
        [if]
        [in]
        [<u>using</u>filename]
        [= exp]
        [weight]
        [, options]

其中，cmd 为命令，varlist、namelist 和 anything 只能选择其一。

附录 B　STATA 命令详解

1. 在 STATA 中直观地观察数据

在行为统计学中,对数据的使用与处理其实和去医院看病有非常类似的地方。在医院,医生首先看到患者,会有一个非常直观的印象,比如性别、高矮、胖瘦、容貌、谈吐等;然后会通过各种诊断器械,得到患者的各种生理指标;再根据这些生理指标,凭借自己的专业知识和经验,进行分析,找到病因;最后依据分析的结果,开出诊断的处方,有针对性地建议患者采取各种治疗措施。

当我们拿到样本数据时,一样先要对数据有一个直观的印象。就好像在 Excel 表格中数据的展现方法一样,我们可以在 STATA 中通过各种方式,提取我们感兴趣的变量,截取部分展现在我们的面前。然后,利用描述性统计方法,稍微深入了解数据的基本特征,如下文介绍的频率分布。最后利用各种推论性统计方法,计算验证变量之间的关系、样本统计量和总体参数之间的关系等。

所以,首先我们介绍一些在 STATA 中能直观观察数据的方法,本部分所用 STATA 为 16 的 SE 版本。以中国教育追踪调查(china education panel survey, CEPS)的数据为例,整合了 2013—2014 学年的基线数据和 2014—2015 学年的跟踪数据。我们可以用如下命令对数据集有个初步直观的印象。

(1) describe 命令

describe 命令是对内存中的整个数据集或某些变量,汇总性地给出变量个数、样本量、变量类型、名称等信息。命令语法为:

<u>d</u>escribe [varlist] [, memory options]

其中,describe 中的字母 d 给了下画线,表明在命令框中,可以将命令最短缩写为一个字母 d。这意味着在命令框中,d、de、des……describe,都是同样的命令。详见 [D] describe。

以 CEPS 数据集为例,首先了解这个数据集的概况,载入数据集后,执行命令:

```
. describe, short
Contains data from E:\JP's Docs\Courses\choice analysis\Data\中国教育追踪
调查(2014-2015 学年)追访\cepsw12studentEN.dta
 obs:        19,958
 vars:          608                          23 Mar 2019 12:50
 Sorted by:
```

describe 是主命令,逗号后面的 <u>s</u>hort 是可选参数,最短我们可以用 s 表示这个参数。所以上述命令最短能写成:

```
. d, s
```

short 参数表明仅仅给出整个数据集的概要性信息。如上例中,给出了 CEPS 数据集中,有样本 19958 个,变量 608 个。如果没有逗号后面的参数 short,直接输入命令 d 后回车,STATA 会在概要信息后给出所有 608 个变量的名称、类型、格式、变量标签名和文件标签,直接造成滚屏效果。显然,这样无法直接观察所有的 608

个变量。但是我们可以选择感兴趣的变量,提取出来观察变量的名称、类型、格式、变量标签名和文件标签等信息。假如我们对 CEPS 数据集中的学生性别(a01)、上学方式(w2b16)和上学时间(w2b17)有兴趣,执行命令如下:

```
. describe a01 w2b16 w2b17

              storage    display    value
variable name  type      format     label    variable label
---------------------------------------------------------------
a01            byte      %8.0g      LABB     Your sex is
w2b16          byte      %38.0g     w2b16    How do you usually go to school from
                                              home?
w2b17          int       %8.0g               How long does it take from your home
                                              to school?
```

如上所示,给出了每个变量的名称。这三个变量都是字节型(byte),表明这三个变量的取值范围在 -127 到 100 之间,如果是 int 类型,范围为 -32767 到 32740 之间,long 和 float 更长,范围最大为 double。详见 [D] data types。数据格式以%开头,g 即 general,详见 [D] format。数值标签名,存储了变量值和标签之间的对应关系,下文会进一步解释。变量标签,相当于对变量的解释,如变量 a01 的标签为 "Your sex is",说明该变量存储了被调查学生的性别信息。要进一步了解变量 a01 的情况,可以用 codebook 命令。

(2) codebook 命令

codebook 命令是将变量名、标签和数据用密码本的形式展现出来。其命令语法为:

codebook [varlist] [if] [in] [, options]

varlist 为变量列表,表明可以输入一个及以上的变量名,用空格隔开,也就意味着可以同时查看多个变量的 codebook。在 options 中,如果用 compact,则可以将数据集中所有变量用简洁的形式展现。详见 [D] codebook。

还是利用 CEPS 数据集,例如要显示性别变量(a01)的详细情况,执行命令:

```
. codebook a01

-----------------------------------------------------------------------------
a01                                                               Your sex is
-----------------------------------------------------------------------------

              type:  numeric (byte)
             label:  LABB

             range:  [1,2]                        units:  1
     unique values:  2                         missing .:  742/19,958

        tabulation:  Freq.   Numeric  Label
                     9,875         1  Male
                     9,341         2  Female
                       742         .
```

从上述结果可以看出,变量 a01 的数据为字节数值型(numeric),值的标签名为 LABB，也就是当值为 1 时，标签为 Male，值为 2 时，标签为 Female。变量的取值范围为［1，2］，无重复数据为 2 个，就是 1 和 2。在 19958 个样本数据中，性别变量有 742 个缺失。最后给出了每种性别的频数。我们可以用同样的方法，去了解上学方式（w2b16）和上学时间（w2b17）这两个变量的详细信息。不仅可以用 describe 和 codebook 这两个命令了解变量的信息，还可以进一步更加直观地观察变量的数据，这时需要用到 list 和 edit 命令。

（3）list 命令

list 命令用于展示变量具体的数据。命令语法为：

list varlist[if][in][,options]

varlist 同样为变量列表，可以同时查看多个变量的数据。后面方括号里面的 if 为条件判断，可以用来筛选数据，in 为选择显示数据的行数。详见［D］list。

如上例中，显示性别（a01）、上学方式（w2b16）和上学时间（w2b16）的前 10 条记录，执行命令如下：

. list a01 w2b16 w2b17 in 1/10

	a01	w2b16	w2b17
1.	Female	By private car	20
2.	Male	By bicycle	30
3.	Male	By city bus	30
4.	Female	By private car	15
5.	.	By private car	25
6.	Female	By electric mobile/electric power cart	10
7.	Female	By private car	30
8.	Male	On foot	2
9.	Female	By private car	30
10.	Male	By bicycle	10

从结果可以看出，显示的是数值标签，但可以非常直观地看到，第一条记录中，学生为女性，由私家小汽车接送上学，上学时间为 20min。第五条记录的性别变量缺失。上述结果都是在 STATA 的命令结果显示框中显示，如果数据量较多，就会形成刷屏效果，想看到之前命令执行的结果需要翻很多页。为此，STATA 也提供了类似 excel 的数据表方式来展现数据，所用命令为 edit 和 browse。

（4）edit 和 browse 命令

edit 命令可以打开一张数据表，能够修改、增加、删除其中的数据。browse 命令和 edit 类似，但生成的数据表是只读状态，只能看，不能改动。命令语法分别为：

edit varlist［if］［in］［，nolabel］
browse varlist［if］［in］［，nolabel］

这两个命令只有一个参数 nolabel。如果不加这个参数，显示的数据表中变量如有值标签，则直接显示标签，有参数 nolabel 则直接显示数值。详见［D］edit。

例如要显示性别（a01）、上学方式（w2b16）和上学时间（w2b16）这三个变量所有的数据，执行命令：

`. browse a01 w2b16 w2b17`

执行结果如图 B.1 所示，行为记录，列为变量，因为没有加 nolabel 参数，所以变量 a01 和 w2b16 都直接显示为标签。

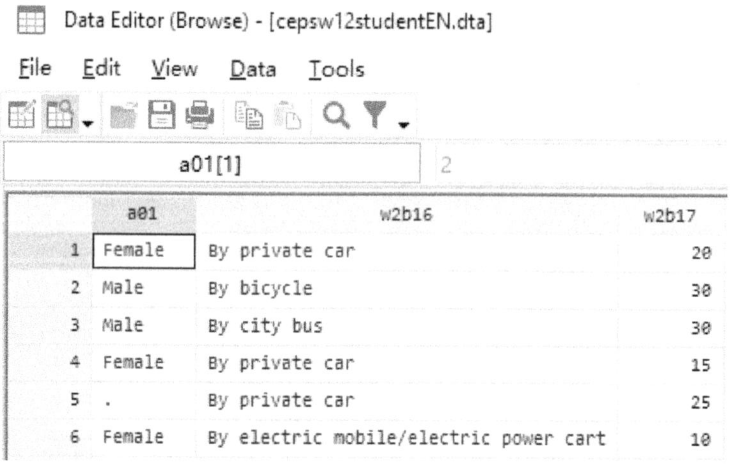

图 B.1　执行结果

2. 因子变量详解

因子变量是 STATA 对分类变量（categorical variable）表现形式的扩展。例如，假设高速公路上有三种限速措施，在 STATA 的数据集中用变量 measures 表示，具体值为 1、2 或 3。如果要生成 measures 的指标变量（indicator variable），就需要用命令 gen measure1 =（measures ==1）来实现。当 meaures 为 1 时，生成的指标变量 measures1 为 1；否则当 measures 为其他值时，measures1 为 0。

但如果用因子变量的表达方法就非常简便，直接用 i. measures。因为 measures 有三种类型，在加了 i. 前缀后，代表三种虚拟变量（virtual variable or dummy variable）：1b. measures、2. measures、3. measures。虚拟变量在数据集中并不出现，数据集中只存在变量 measures。当 measures 为 2 时，2. measures 为 1，当 measures 为除了 2 以外的其他值时，2. measures 为 0。3. measures 也类似。1b. measures 中的 b 是 base 的意思，表明这个虚拟变量中的值是基准值，都为 0。需要说明的是，虚拟变量并不是在加了前缀 i. 之后生成，而是在系统中本身就存在。例如，如果直接调用 2. measures，就能得到 measures 为 2 的指标变量。

在 STATA 中，我们将 i. measures 称为因子变量，或者更加准确地说，是应用了因子变量操作符的类别变量。因子变量操作符共有五种："i."、"c."、"o."、"#"

"##"。前三种为一元操作符。如"i."用来将单个类别变量定义指标变量,"c."表明后续紧跟的为连续变量。后两个为二元操作符,"#"意为成对变量的交叉,"##"为成对变量的阶乘。例如在一个数据集中,有类别变量 measures 和 gender,measures 取值1、2或3,gender 取值1或2。则 measures#gender 相当于 i.measures#i.gender,用#就可以省略 i.。因为 i.measures 相当于三个虚拟的指标变量:1b.measures、2.measures、3.measures,i.gender 相当于两个虚拟的指标变量:1b.gender、2.gender,所以 i.measures#i.gender 就等于两组变量的两两相乘,即1b.measures * 1b.gender、1b.measures * 2.gender、2.measures * 1b.gender、2.measures * 2.gender、3.measures * 1b.gender、3.measures * 2.gender。详细可参考 [U] 11.4.3 Factor variables。需要注意的是,在使用"i"操作符时,如果不用"ib#."指定基准水平,那么 STATA 会将水平值最低的设为基准,即通常设定 1.measures 为基准值。

3. 用 marginsplot 实现边际变化线性拟合图的绘制

因为在带交叉项的回归方程中,交通分区区位属性可以为城区和非城区,所以用 marginsplot 绘制的图形是城区和非城区两种情况下小汽车拥有量和出行量之间的拟合直线,如图 B.2 所示。在用 marginsplot 绘制图形时,要满足以下要求。

(1) 去除图形中置信区间的标识

为了突出重点,去除置信区间的标识,只要在 marginsplot 命令后带参数 noci 即可。

(2) 标记回归方程

分别在两条回归直线附近,标记回归方程,即在图形中标记文字,需要调用 marginsplot 选项"twoway_options"选项"added text options"选项中的 text(text_arg)函数,该函数中 text_arg 的语法命令为:

loc_and_text [loc_and_text ...] [, textoptions]

其中,loc_and_text 的语法命令为:

$#_y #_x$ " text" [" text" ...]

$#_y #_x$ 为文字标记在图形上的坐标。在"textoptions"中,选项"placement (compassdirstyle)"用来指定文字标识和坐标 $#_y #_x$ 之间的相对位置,"compassdirstyle"默认为"c",表明文字位于坐标的正中间;"e"表明文字在坐标的东面,即右侧;"w"表明文字在坐标的西面,即左侧。详见 [G-3] added_text_options。

(3) 用 SMCL 绘制方程

text(text_arg)函数中的文字"text"可使用 STATA 的文字标识和控制语法 (Stata Markup and Control Language,SMCL)。类似于 HTML 语言的标签,可以定义 "text"中字符的字形、字体和特殊字符等格式。例如,为了在回归直线附近标识回归方程,回归方程中的字母字体为 TimesNewRoman 的斜体。Windows 系统中 TimesNewRoman 字体在 SMCL 中的标签为 {stSerif},斜体的标签为 {it}。系数 b_1

中的1为下角标，其标签为｛subscript｝。详见［G-4］text — Text in graphs。

(4) 绘制散点

在两条回归直线交叉的地方，标记一个散点，计算可得交叉点坐标应为(35，330)。在 marginsplot 的选项中，可以使用 addplot (plot)，其中 plot 为插入的图形，可以为散点(scatter)、直线(line)或直方图(histogram)。详见［G-3］addplot_option。本例中只要增加一个两条直线交叉处的散点，所以考虑使用绘制散点的命令 scatteri 即可，其命令语法为：

twowayscatteri$\#_y\#_x$ [($\#_{clockposstyle}$)] ["text for label"] [, options]

其中，$\#_y\#_x$ 为散点的坐标，$\#_{clockposstyle}$ 为散点的标签相对于散点的位置，用时钟方向表示，如标签在散点的右侧，就是3点钟方向，即(3)。详见［G-2］graph twowayscatteri。本例中，散点坐标为(35, 330)，在图上要显示的标签为(34.70, 330.06)，标签在散点的右下角5点钟方向，所以命令为：scatteri 330 35 (5) " (34.70, 330.06) "。

(5) 绘制图例

图上有三种图形：两条回归直线和一个散点，需要用 legend ( ) 选项进一步规范整理。关于 legend ( ) 选项使用方法详见［G-3］legend_options。在本例中，三个图形的图例分别为 urban、rural 和 intersection point，并且可以把这三个图例放在一行中，所以命令为：legend (order (1 " urban" 2 " rural" 3 " intersection") row (1))。

(6) 取消标题

消除图形的标题，用选项 title("")。

根据以上要求和说明，执行命令：

```
marginsplot, noci text(700 125
"{stSerif}{it:tripnum}={it:a}+{it:b}{subscript:2}{it:cars}", place(e))
text(1990 225
"{stSerif}{it}tripnum=a+b{subscript:1}+(b{subscript:2}+b{subscript:3})cars", place(w)) addplot((scatteri 330 35 (5) "{stSerif}(34.70, 330.06)"),
legend(order(1 "urban" 2 "rural" 3 "intersection") row(1)))  title("")
```

4. 标准正态分布和标准 Gumbel 分布的概率密度图的绘制

1) 绘制标准正态分布曲线。使用 twoway function 命令，对于标准正态分布，使用概率密度函数 normalden (x)。取横坐标范围为 -5 ~ 5。绘制命令如下：

. twoway function y = normalden(x), range(-5 5)

2) 为了在标准正态分布的均值0处绘制一条垂线，并使垂线的样式和标准正态分布曲线有所区别，用"‖"间隔符，重新绘制一条垂线。在 STATA 中，绘制即时直线的命令为 pci，pc 指配对坐标 (paired - coordinate, pc)，i 指即时命令 immediate。详见［G-2］graph twoway pci。该命令的语法为：

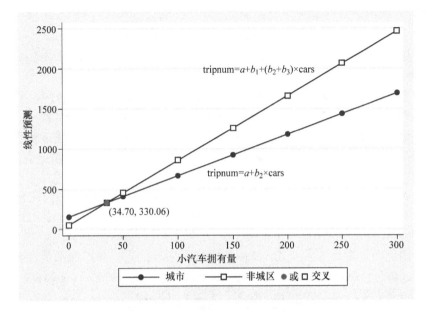

图 B.2 marginsplot 绘制直线拟合

twoway pci #y1 #x1 #y2 #x2 [(#clockposstyle)] ["text for label"] [, options]

其中，#y1 #x1 和#y2 #x2 分别为直线的起点和终点坐标；#clockposstyle 为时钟方位，取值为 [0, 12] 的整数，表明标签的方位，其分布如图 B.3 所示。

标签 "text for label" 起作用，需要将 pci 绘制的直线投射为顶端有符号标识的配对直线（paired-coordinate capped-symbol plot, pccapsym），即 recast（pccapsym）。如果要定义直线两端符号的类型，可以用选项 mark_options 中的 msymbol（symbolstyle）设置，详见 [G-3] marker options。当 symbolstyle 为"i"时，表明端点不显示，即添加选项 msymbol（i）。

直线的样式设置在命令 twoway function 的 cline_options 设置的 lpattern（linepatternstyle）设置中，其中 linepatternstyle 为要设置线段的样式，详见 [G-4] linepatternstyle。在这里我们选择用短横线"-"线型。

图 B.3 时钟方位分布

在标准正态分布均值 0 处，密度值为：
. dis "y_top = " normalden(0)
y_top = .39894228

所以命令如下：
. twoway function y = normalden(x), range(-5 5) || pci 0.3989 0 0 0 (2) "0.3989", recast(pccapsym) lpattern("-")

此时发现图中有标准正态分布曲线和均值垂线,可以在图例 legend() 中用 label() 或 order() 把这两种线分别标签为 "Normal" 和 "Mean",即 legend(label(1 "Normal") label(2 "Mean"))或 legend(order(1 "Normal" 2 "Mean"))。所以,命令变为:

. twoway function y = normalden(x), range(-5 5) || pci 0.3989 0 0 (2) "0.3989", recast(pccapsym) lpattern("-") legend(order(1 "Normal" 2 "Mean"))

3)绘制标准 Gumbel 分布曲线。根据标准 Gumbel 分布的概率密度函数,即公式 4.28,用 " || " 分隔,使用 function 绘制曲线,使分布显示范围和标准正态分布一致,也在 -5~5 之间。同时将 Gumbel 分布曲线添加到图例种。执行命令如下:

. twoway function y = normalden(x), range(-5 5) || pci 0.3989 0 0 (2) "0.3989", recast(pccapsym) lpattern("-") || function y = exp(-x)*exp(-exp(-x)), range(-5 5) legend(order(1 "Normal" 2 "Mean" 3 "Gumbel"))

4)图例的设置。为了美观,将图例定位于图形的右上角。和图例位置相关的设置在 legend([contents][location]) 的 locations 设置的 position(clockposstyle) 和 bplacement(compassdirstyle) 中,详见 [G-3] legend options。position(clockposstyle) 是设置图例在整个图形中的位置,clockposstyle 为 1~12 时表明在绘图区域外 1~12 点的方位,为 0 时表明在绘图区域内。bplacement(compassdirstyle) 是设置图例在绘图区域内的位置,compassdirstyle 取值为指南针方向的东 "ease"、南 "south"、西 "west"、北 "north"、中 "center" 以及这些方向的组合,例如本例中要将图例放置在绘图区域的右上角,就是东北角,compassdirstyle 取值为 "neast"。所以,设置图例位置的语句为 legend(position(0) bplacement(neast))。

另外,图例中,第一条函数曲线为标准正态分布,第二条为标准 Gumbel 分布。我们可以用 label(labelinfo) 来标注。为了使标注都位于一列,可以用 cols(1) 来限定。所以,命令更改为:

. twoway function y = normalden(x), range(-5 5) || pci 0.3989 0 0 (2) "0.3989", recast(pccapsym) lpattern("-") || function y = exp(-x)*exp(-exp(-x)), range(-5 5) legend(order(1 "Normal" 2 "Mean" 3 "Gumbel") cols(1) position(0) bplacement(neast))

5)从图中可以看出,标准 Gumbel 分布曲线和横坐标 x 为 0 处的垂线交点没有标注出来。可将 $x=0$ 代入标准 Gumbel 分布的概率密度函数中,得到:

. dis "y_g_top = " exp(0)*exp(-exp(0))
y_g_top = .36787944

可以使用 STATA 中即时带箭头直线的绘制命令 pcarrowi,来指出交点。详见 [G-2] graph twowaypcarrowi。该命令的语法和 pcarrow 几乎一样:

twowaypcarrowi#$_{y1}$#$_{x1}$#$_{y2}$#$_{x2}$[(#$_{clockposstyle}$)] ["text for label"], [options]

其中,#$_{y1}$#$_{x1}$ 指相对于箭头直线非箭头端点标签的位置。例如,本例中,箭头坐标即为交点坐标(0.3679,0),可以设定非箭头端坐标为(0.3679,-1)。因为箭头在图中指向右侧，所以非箭头端的标签最好放置在左侧，即 9 点位置。该箭头的绘制命令为 pcarrowi 0.3679 -1 0.3679 0 (9) "0.3679"。用 " ‖ " 分隔符将该命令加入到上述绘图命令中，得到：

twoway function y = normalden(x), range(-5 5) || pci 0.3989 0 0 0 (2) "0.3989",
recast(pccapsym) lpattern("-") || function y = exp(-x)*exp(-exp(-x)),
range(-5 5) || pcarrowi 0.3679 -1 0.3679 0 (9) "0.3679", legend(order(1
"Normal" 2 "Mean" 3 "Gumbel") cols(1) position(0) bplacement(neast))

5. mchange 命令详解

mchange 不是 STATA 的系统命令，是 SPost13 包中集成的命令。可以用 search spost13_ado 命令来搜索并安装 SPost13 包，然后才能使用 mchange 命令。mchange 实际上是对 margins 命令的进一步封装和输出结果的统计整理，可以用来计算边际效应的边际变化，即对特定自变量求关于概率公式的偏导，以及边际效应的离散变化，即特定自变量发生离散变化时的边际效应，自变量的离散变化可以为增长 1 个单位、增长一个标准差或增长任意值。margins 命令几乎所有的选项参数，都可以在 mchange 中使用。mchange 的命令语法为：

mchange [varlist] [if] [in], [mchange-options margins-options]

其中，varlist 为发生变化的自变量列表。要限定所有自变量都位于均值处，和 margins 命令一样，可以使用 atmeans 选项参数。计算边际效应使用 mchange 命令的思路是：

1）先确定发生变化的自变量，紧跟在命令 mchange 之后。

2）用 amount（change-amounts）确定选定自变量的变化形式，change-amounts 参数的取值及含义见表 B.1。

表 B.1 change-amounts 参数的取值及含义

参数	含 义
binary	表明自变量从 0 变到 1
marginal	表明自变量发生连续变化，求选择概率关于自变量的偏导，即边际效应的连续变化
one	表明自变量增长 1 个单位
range	表明自变量从最小值变到最大值，或者发生间隔性变化，间隔用 trim () 定义
sd	表明自变量发生一个标准差的变化
delta	表明自变量发生任意值 delta 的变化，用 delta () 定义变化的数值
all	发生上述所有变化

3）设置其余自变量的固定形式。可以用 atmeans，表示其余自变量位于均值处。或者用 at ()，可以设定任意自变量在任意值处。

4）用选项参数 statistics（statistics-names）设置 mchange 输出结果中的统计参数，其中 statistics-names 可选参数及含义见表 B.2。

表 B.2　statistics – names 可选参数及含义

参数	含义
change	给出边际效应的离散或连续变化值，为默认输出选项
pvalue	执行零假设为边际效应为 0 的检验，给出 p 值，为默认输出选项
zvalue	假设检验的 z 统计量值
se	边际效应的标准误，即 standard error
ci	边际效应的执行区间，即 confidence interval
ll	置信区间的下边界，即 low level
ul	置信区间的上边界，即 upper level
start	边际效应离散变化的初始值
end	边际效应离散变化的最终值
all	显示上述所有统计量

5）其他设置。用 brief 可以省略显示因变量不同取值情况下概率预测均值；用 decimals（#）设置输出结果的小数点后位数，默认为 3 位，因为边际效应往往是比较小的小数，建议取 6 位。

参 考 文 献

[1] HENSHER D A, ROSE J M, GREENE W H. Applied Choice Analysis 2nd Edition [M]. Cambridge: Cambridge University Press, 2015.
[2] TRAIN K E. Discrete Choice Methods with Simulation (Second Edition) [M]. Cambridge: Cambridge University Press, 2009.
[3] GOULD W, PITBLADO J, POI B. Maximum Likelihood Estimation with Stata Fourth Edition [M]. [S. l.]: Stata Press, 2010.
[4] GRAVETTER F J, WALLNAU L B. Statistics for the behavioral sciences [M]. Singapore: Cengage Learning, 2016.
[5] BALDWIN S A. Psychological Statistics and Psychometrics Using Stata [M]. [S. l.]: STATA Press, 2019.
[6] MOSHE B A, S R L. Discrete Choice Analysis – Theory and Application to Travel Demand [M]. Boston: MIT Press, 1985.
[7] SCOTT J L, JEREMY F. Regression Models for Categorical Dependent Variables Using Stata [M]. [S. l.]: Stata Press, 2014.